现代企业管理系列教材

人力资源开发与管理

刘善敏 编

科学出版社
北京

内 容 简 介

本书以战略性人力资源管理为基点，多层次、多维度地阐述了人力资源开发及人力资本投资的相关理论；系统阐述了人力资源管理各个专业模块设计的具体方法与内在联系，其中包括从战略角度对人力资源的规划，基于工作分析和人员素质测评的员工招聘，以组织战略目标为出发点的绩效指标分解和考核，对员工进行绩效考核基础上的培训与薪酬方案的设计；从员工绩效与组织绩效良性互动的角度，论述了职业生涯规划的设计、员工与组织之间劳动关系的处理、工作场所员工安全与健康方案的制订，以及组织文化的建设。

本书可作为经济管理类专业学生教材，也可供管理人员阅读、参考。

图书在版编目(CIP)数据

人力资源开发与管理/刘善敏编. —北京：科学出版社，2011.6
现代企业管理系列教材

ISBN 978-7-03-030297-7

Ⅰ.①人… Ⅱ.①刘… Ⅲ.①人力资源开发-教材②人力资源管理-教材
Ⅳ.①F241

中国版本图书馆 CIP 数据核字（2011）第 104484 号

责任编辑：王京苏／责任校对：李 影
责任印制：张 伟／封面设计：耕者设计工作室

科学出版社出版
北京东黄城根北街 16 号
邮政编码：100717
http://www.sciencep.com
北京厚诚则铭印刷科技有限公司 印刷
科学出版社发行 各地新华书店经销
*
2011 年 6 月第 一 版 开本：720 × 1000 1/16
2023 年 2 月第十七次印刷 印张：19 1/2
字数：390 000

定价：36.00 元

(如有印装质量问题，我社负责调换)

Preface 总序

随着经济全球化进程的加快和知识经济时代的到来，现代企业发展面临着越来越多变的外部环境，竞争态势亦愈加纷繁复杂。较之于发达国家的企业而言，我国企业的市场经济之路时间较短，在摸索中曲折前进。国有企业经历着从计划经济向市场经济转型的痛苦，政企不分、产权不明、责任不清等弊端影响着国有企业经营绩效的提高。一些成长较快的民营企业虽然具备某些规范意义上企业的特质，但也碰到如非确定性的行政干预、计划经济意识形态上的歧视和企业所有者行为短期化等诸多因素的影响，多种因素导致我国民营企业的存活率非常之低，平均寿命不足3年。

从总体上看，除了经济体制改革和国家宏观经济政策的调节外，经营环境的多变性、管理理念的滞后性、管理手段的单一性和企业家队伍的极度匮乏等因素制约了我国企业整体管理水平的提升。因此，如何尽快更新落后的管理理念？如何充分借鉴和吸纳国外企业的先进管理经验？如何短时间内提高管理者的业务素养？如何从人、财、物等方面完善现代企业管理？如何通过提高管理水平出效率？凡此种种都是亟待解决的现实问题。从某种程度上讲，本丛书的立项和付梓也正是为了解决以上问题作一种尝试。华南师范大学经济与管理学院组织部分骨干教师精心编写了现代企业管理系列教材，每本教材的主编教师都长期从事相关学科的教学和科研工作，具备丰富的教学经验和扎实的科研能力。在总结多年教学经验和企业实践的基础上，博采众长，充分吸收国内外同类教材的优点，推陈出新，力图编写出一套具有现代企业管理特色的、综合性的、既自成体系又具有实用性的教材。

本丛书具有以下几个特点：①逻辑清晰。教材的每一章均按照内容提要、学习要点、正文讲解、相关案例和课后习题五个部分的编排框架渐进展开，最大限度地契合了人们的认知规律和学习习惯，有助于提高学习效率；②实用性强。为了克服许多教材重理论轻实务的共同缺点，本丛书不仅在内容讲解中引用了大量鲜活的案例，而且在课后专门辟出一个相关案例部分，试图引导学生运用所掌握的理论知识解决企业管理中的实际问题，逐步培养学生思考问题和解决问题的能力；③体系完整。本丛书包括11本教材，从11个不同界面立体式剖析现代企业管理的方方面面，定性定量相结合分析企业管理中产生的种种问题，系统探讨解决这些问题的方法和途径，这对于全方位培养学生驾驭现代企业的综合能力将大有裨益；④适用对象广泛。本丛书既适合经济管理类学生学习，也适合广大企业管理者和相关管理部门培训使用。

本丛书包括11本教材，具体分工如下：林勇主编《资本运营理论与实务》，彭璧玉主编《中小企业战略管理》，邓顺国主编《电子商务运营管理》，曹宗平主编《客户服务管理》，高波主编《企业管理信息系统》，吴忠培主编《企业管理咨询与诊断》，纪志明主编《团队管理》，何晓兵主编《销售业务管理》，聂新军主编《企业内部控制》，刘善敏主编《人力资源开发与管理》，冯晖主编《现代物流学》。

本丛书的出版，一直得到华南师范大学经济与管理学院领导和老师的大力支持，在此表示感谢！同时，科学出版社张宁女士在丛书的立项和出版过程中付出了艰辛的劳动，在此亦表示谢意！最后，对本丛书中被参考和借鉴研究成果的各位专家和学者表示感谢！

由于本丛书的编写时间有限，加之编者水平有限，不足之处在所难免，恳请广大读者给予批评指正。

林　勇

华南师范大学经济与管理学院院长

2011年3月

Contents

目录

CHAPTER 1

第一章　人力资源管理概述

［内容提要］

本章主要介绍企业人力资源管理的整体框架内容，对人力资源、人力资本、人力资源管理的概念进行描述，重点剖析人力资源管理的角色与职能，列举人力资源管理的人性假设。

［学习要点］

1. 掌握人力资源、人力资本、人力资源管理的基本概念；
2. 结合实际分析人力资源管理部门和人力资源管理者的角色；
3. 掌握人力资源管理各职能内容；
4. 理解企业处于不同发展阶段时的人力资源管理各重要职能；
5. 了解人力资源管理的人性假设基础。

开篇案例[①]

百安居(中国)投资有限公司(B&Q (China) Investment Co., Ltd 简称百安居)，隶属于世界500强企业之一的英国翠丰集团(Kingfisher Group)，是欧洲第一、世界第三的大型国际装饰建材零售集团。翠丰集团2005年全球营业额超过80亿英镑，它旗下的百安居于1969年在英国的南安普敦市(Southampton)成立。经过30多年的成功发展，百安居在英国本土拥有超过300家装饰建材连锁店，是英国家喻户晓的装饰建材第一品牌。

1996年，百安居在中国台湾地区开设了第一家英国本土之外的连锁店，成功跨出向中国市场发展的第一步。1999年，经过对中国内地尤其是上海地区的深入市场调研，内地第一家百安居连锁店—— 上海沪太店于6月隆重开张。此后的5年里，百安居相继在中国内地20多座大城市开设了连锁仓储超市，百安居店遍布华东、华南、华北及华中地区，形成了真正意义上的全国连锁规模，并在各地消费者心目中树立起领先、可靠的品牌形象。

根据百安居的发展战略，2009年百安居在全国30多个城市开设100家连锁店，以每家店需200名左右员工计，百安居拥有超过16 000名的员工。仅从招聘方面看，整个百安居的招人计划是非常庞大的。百安居一年要开10~13家店，如果每家店平均要200人，每年则需要2000人左右，这还不包括供货商的销售代表。尽管销售代表是供货商派来的，并不是百安居的员工，但公司也需要管理他们，尤其是在客户服务方面，因为顾客会把他们当成百安居的员工，这样就加大了人力资源管理人员的工作量。

百安居的人力资源管理工作需要作出很多改变。公司需要有一个强有力的人力资源管理团队，这个团队必须有能力满足百安居业务高速增长的人才需求，公司授权掌管人力资源的副总裁发挥自主判断和创新能力，提出并实施适合公司发展需要的人力资源管理框架。

百安居将在全公司范围内进行人力资源管理政策和流程的变革，因为唯有实施改进和提高人力资源管理水平的方案，通过促进人力资源管理职能优化升级，才能够源源不断地发现、培养、塑造、成就企业快速发展所需要的大批成熟、优秀的人才，从而为企业快速发展提供强大的人力资源支撑和奋勇前进的持续动力。

从百安居人力资源管理改革的案例可以看出来，人力资源管理工作效果好坏决定了百安居在中国业务拓展的成功与否。也许您会联想到以下三个问题：

1. 现代企业的人力资源管理职能扮演着什么样的角色？
2. 百安居作为一个快速发展中的企业需要什么样的人力资源管理组织结构？
3. 在提升企业人力资源的同时，应该如何更好地控制快速膨胀的人力资源成本？

通过阅读本章内容，将会有助您回答以上问题。

---

① 改编自百安居(中国)投资有限公司人力资源部团队. 2007.百安居中国：人力资源管理升级行动. 人力资源管理，(8)：2.

第一节 人力资源管理相关概念

一、人力资源

人力资源(human resource，HR)，是指一定时期内组织中的人所拥有的能够被企业所用且对价值创造起贡献作用的知识、能力、技能、经验、体力等的总称，包括数量和质量两个纬度。数量就是组织中所拥有的人的数量；质量是指组织中的人所拥有的知识、能力、技能、经验、体力等的总和。

人力资源的特性可以归纳为以下四点。

(1) 效用性。人力资源同其他资源一样具有使用价值和价值，可以将组织内其他资源有机地整合起来，对实现组织目标和推动组织发展起着至关重要的作用。

(2) 能动性。人力资源是一种主动资源，这种资源可以通过激励实现资源价值的不断增长，也可能因为激励不当，而导致消极价值的产生，甚至影响组织的发展。

(3) 消耗性。人力资源在使用过程中，面临着生理性消耗、精神性消耗和家庭性消耗。

(4) 不均衡性。由于知识、能力、技能、经验、体力的差异，每个人力资源的效用是不同的，所以人力资源价值的分布呈现出不平衡性。

正因为人力资源有与其他资源不同的特性，人力资源管理因而与财务管理、生产管理、市场管理等其他组织管理的职能有着显著不同。人力资源管理是一门科学，更是一门艺术。

管理大师彼得·德鲁克说：“企业只有一项真正的资源——人。管理就是充分开发人力资源以做好工作。”

二、人力资本

人力资本(human capital)是作为一种生产要素而存在于人体内的具有经济价值的所有知识、技能、体力和健康等的总和，其能够在现在和未来为投资者带来一定的现金流。它反映了人力资源质量的差别。

人力资本的特性可以描述为以下五个方面。

(1) 不可分性。与财务资本不同，财务资本与所有者可以相互分离，如土地、货币和厂房，而人力资本与其所有者密不可分。

(2) 价值难以评估。人的技能与能力是一种隐藏信号，很难在事前进行评估，往往只能在工作过程中进行考核。

(3) 收益不确定性。当人力资本所有者不能被充分激励时，其资本就不能发挥正常价值，会出现贬值甚至完全丧失价值。

(4) 流动性。随着劳动力市场的统一和开放，劳动者的流动性进一步增大，在劳动者流动的同时，人力资本也随之流动。

(5) 溢出性。人力资本的效用与价值具有典型的溢出效应，通过学习、交流和示范，可以影响其他人力资本价值的发挥，增加企业内外人力资本总量。

那么，如何增加个体的人力资本？答案是进行人力资本的投资。人力资本投资的主要途径有四种。

(1) 教育投资。它是指以一定的成本支出为代价，获得在各种正规学校里系统地接受初等、中等、高等文化知识教育机会的一种投资活动，它是整个人力资本投资中最重要的投资渠道。

(2) 职业培训。它是指在正规的学校以外，由企业或其他机构为员工提高生产技术，学习和掌握新技能而举办和提供的教育与培训。如各种技术培训班、职工夜校、学徒制、现场技术示范活动等，侧重于实际生产知识与操作技能的培养。

(3) 医疗保健投资。它指的是通过医疗、卫生、营养、保健等投入方式以恢复、维持或提高个体的健康水平，进而提高个体生产能力的一种投资方式。

(4) 人力迁移投资。它是指通过花费一定的成本支出实现劳动力在地域间或产业间的迁移与流动，变更就业机会，以便更好地满足人们自身的偏好，创造更高的收入。

现代人力资源管理理论以人力资本理论为根据，人力资本理论是人力资源管理理论的基础部分和重要内容，两者都是在研究人力作为生产要素在经济增长和发展理论中的作用中产生的。

三、人力资源管理

(一) 人力资源管理概念

人力资源管理(human resource management)理论最早是由美国学者在20世纪80年代初提出的，随后迅速传入欧洲和世界其他地区。

人力资源管理是指组织为了实现既定的目标，运用现代管理措施和手段，对人力资源的取得、开发、保持和运用等方面进行管理的一系列活动的总和。

人力资源管理的基本任务是吸引、保留、激励与开发组织所需的人力资源，促成组织目标的实现。其职能通常包括人力资源规划、工作分析、招聘与选拔、职业生涯规划、培训与发展、绩效管理、薪酬福利管理、劳动关系等内容，人力资源管理的理论和实践基本上是围绕这些职能来展开(图 1-1)。

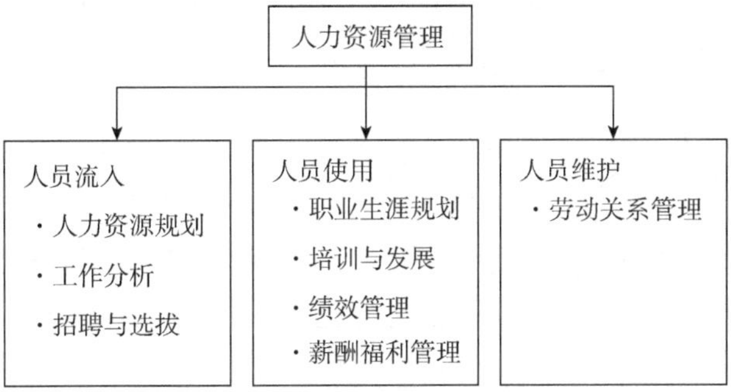

图 1-1　人力资源管理职能

(二) 人力资源管理发展阶段

企业对人的管理大致经历了三个发展阶段：人事管理、人力资源管理和战略性人力资源管理。各阶段在转变过程中具有以下四个主要特点。①

(1) 组织性质的转变。图 1-2 显示了早期管理阶段人事部门的地位和作用，在企业组织中各个层级都设立人事部门，但它是在各级直线部门的集中指挥和领导下，承担着人事管理的服务性和咨询性工作的参谋部门。图 1-3 说明了人力资源管理初级阶段人事部门的地位和作用，这时，部门的性质发生了微妙的变化，每个层级的人事部门除受到直线部门的指挥和监督外，还直接隶属于上一层级的领导，人事部门具有半独立性的地位，既具一定的参谋性又具一定的决策性。这种组织制度上的安排，更加强调了人力资源管理的控制性，以保障各个层级直线主管人事管理活动的政策性和公平性。图 1-4 体现了战略性人力资源管理部门的新变化。人事部门不再是服务性、咨询性和控制性的参谋部门，已经完全转变为足以直接影响到企业整体表现和绩效的重要决策部门，成为企业提升核心竞争力的动力源和直线主管部门的重要支撑系统。

(2) 管理角色的转变。随着企业人力资源管理目标、部门性质和地位的转变，从事人力资源管理的人员的角色也随之发生了重大的变化。近几年，国外的一些人

① 安鸿章. 2005. 试论战略人力资源管理. 中国人力资源开发，(3)：9-11.

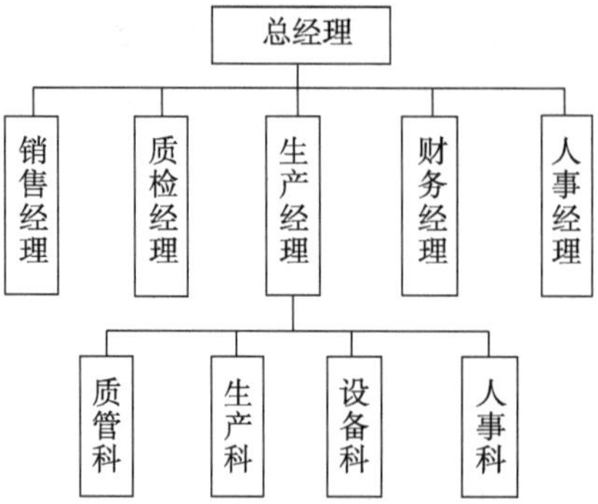

图 1-2　早期人事部门结构图

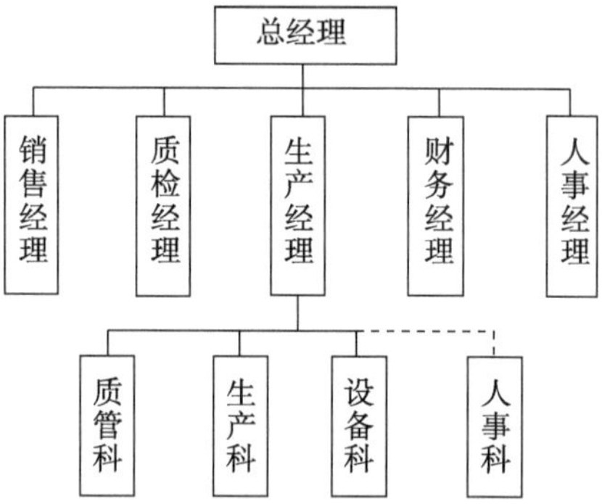

图 1-3　初期人力资源管理部门结构图

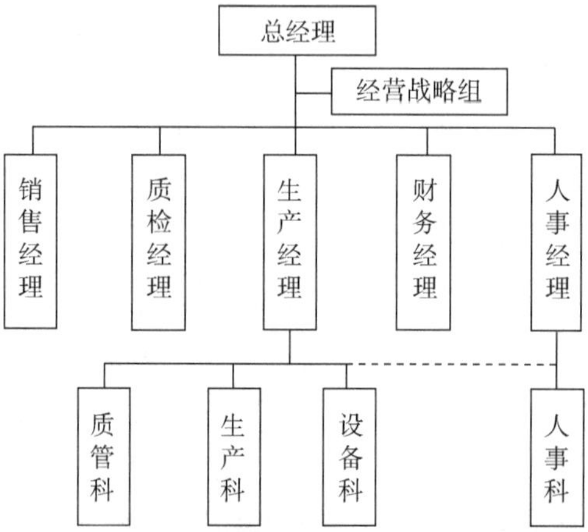

图 1-4　战略性人力资源管理部门结构图

力资源管理专家，从管理程序、管理对象、管理期限(短期与长期)和管理性质(战术性与战略性)等四个维度，剖析了战略性人力资源管理在企业经营管理中的角色转变和新的定位(图 1-5)。首先，从作业程序与短期的战术性操作的维度上看，人力资源经理是构建人力资源各项管理基础工作、组织绩效评估、进行薪酬制度设计、实施员工管理的行政管理专家；其次，从短期的战术性操作与管理的对象——员工的维度上看，人力资源经理是了解并尽可能满足员工的需求，使员工为企业作出贡献的领跑者、带头人，即领导者；再次，从员工与企业长期发展战略的维度上看，人力资源经理是企业员工培训与技能开发的推动者，组织发展和组织变革的设计师，企业改革的代理人；最后，从长期发展战略与管理作业运作的维度上看，人力资源经理是企业经营战略合作伙伴，他不但要把人力资源管理与企业发展战略有机地结合起来，制定出适应企业内外环境和条件的战略规划，而且能够运用各种工具和手段，对规划进行有效的实施、监督、控制和反馈，最终保障战略规划目标的实现(图 1-5)。

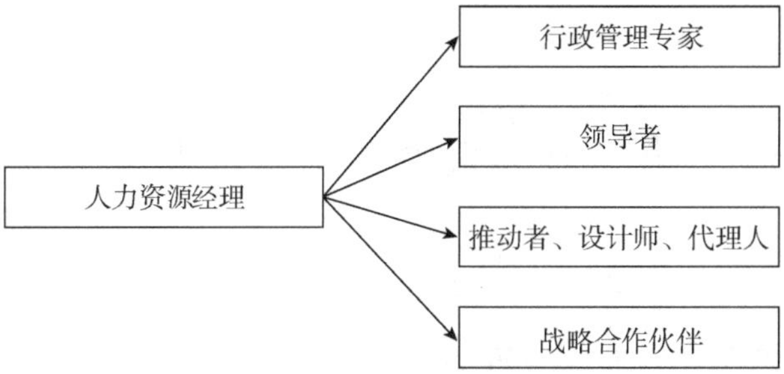

图 1-5 人力资源经理的不同管理角色

(3) 管理职能的转变。人力资源部门性质和人事经理角色的转变，实质上是人力资源管理职能的转变。现代人力资源管理之所以得以不断演进，其根本原因在于人力资源管理具有经营性和战略性的双重职能。经营性职能是基础和起点，人力资源管理要支撑企业日常的生产经营活动正常运行，实施企业短期的年度计划，保障基本经营目标的实现；战略性职能是从企业的总体出发，立足全局，关注长远，力求管理理念、组织制度和方法的创新，不断提升人力资源竞争的优势。随着企业外部经营环境的变化，人力资源管理战略职能的重要性正在日益增强。

(4) 管理模式的转变。战略性人力资源管理实现了从交易性的实务管理到方向性的战略管理的转变，交易性实务管理只强调“用正确的方式、方法做好事情”，而方向性战略管理强调“运用正确的方式、方法，做正确的事情”。因此，战略性人力资源管理在管理思想和管理模式上发生了角度上的飞跃，它更加突出了：① 管理的开放性和适应性，即人力资源管理要全方位地面对市场，不仅要考虑企业内部的条件，还要重视和适应企业所处的国内与国际环境；② 管理的系统性和动态性，人力资源管理是企业总体系统的重要的支持分系统，企业的人力资源处在一个不断发展与变化的系统中，人力资源管理需要随机应变，不断地变化管理方式、方法；③ 管理的针对性和灵活性，人力资源管理对象的特殊性，以及人力资源管理目标和要求的多样性，决定了人力资源管理的针对性和灵活性，为了满足更高更新管理目标的实现，要求战略性人力资源管理采用和选择系统的权变的管理模式，因人、因事、因时、因地，随机制宜才能达到理想的境界。

总之，战略性人力资源管理与传统人力资源管理相比，最大的区别就在于：在战略性人力资源管理中，人力资源管理部门能够直接参与组织的战略决策，在明确的组织战略前提下，与其他部门协调合作，共同实现组织的战略目标。但是战略性人力资源管理和传统人力资源管理又是不可完全分开的，战略性人力资源管理是在传统人力资源管理的基础上，随着企业发展和市场变化的需要逐渐提升和发展起来的，并包含传统人力资源管理的部分，二者密不可分。

第二节　人力资源管理职能

一、人力资源管理的角色

(一) 人力资源管理部门的角色

现代企业人力资源管理部门兼有以下七种角色(图 1-6)。①

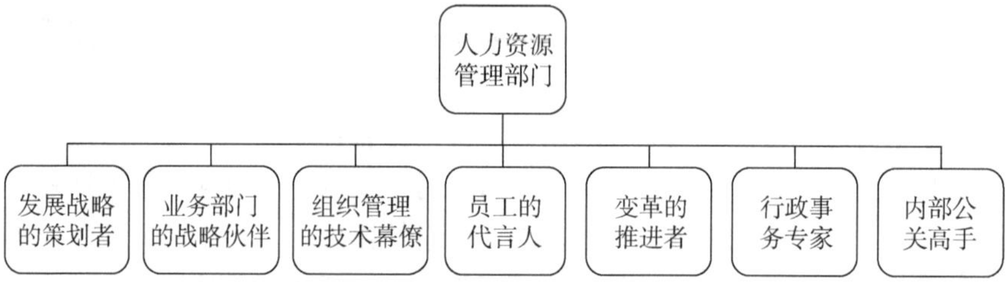

图 1-6　人力资源管理部门角色定位

(1) 发展战略的策划者。人力资源管理人员参与企业发展战略的制定，并配合企业发展战略制订人力资源发展规划，以促进企业发展战略的实现。

(2) 业务部门的战略伙伴。人力资源管理人员直接了解业务部门的具体业务、发展方向，为业务部门提供管理咨询和人事技术支持，为业务部门提供主动式服务，如主动提供建议和解决方案；通过交流沟通和开设课程，培训并指导业务部门的直线经理，使之能够在日常工作中贯彻人力资源管理观念、娴熟地应用各种管理方法和技巧。

(3) 组织管理的技术幕僚。人力资源管理部门要加强自身的能力培养，提升人力资源管理水平，成为企业人力资源管理的技术幕僚，帮助企业在薪资设计、招聘渠道、培训方法、绩效管理、员工职业生涯规划等领域进行系统分析和科学诊断，并提供专业化的解决方案。

① 黄美龙. 2003. 人力资源管理的危机与转型. 中国人力资源开发，(1)：61-62.

(4) 员工的代言人。人力资源管理部门要通过关注员工的需求，倾听员工呼声，来提高员工的整体满意度；协调并整合员工个人利益与企业利益，帮助员工个人发展，在员工与直线经理之间扮演中间人的角色，人力资源管理部门要成为企业的润滑剂，推动企业内部横向、纵向的沟通；通过沟通创造凝聚力和团队精神，推进企业文化和核心价值观的形成。

(5) 变革的推进者。转型组织最关键和困难的是如何处理企业内部的人事事务。企业不仅要妥善安排老员工，更重要的是要为每一个岗位找到合适的人选。要从企业的发展战略出发，调动员工的积极性，积极支持企业变革。人力资源管理者通过为企业直线经理提供关于管理技巧、系统分析技术、组织变革、人员变革的咨询，协助直线经理消除员工面对变化和不确定因素的恐慌，帮助员工调整心态，重新定位，从而顺利平稳地推进企业的变革。

(6) 行政事务专家。档案建立得是否完整，员工信息收集是否到位，招聘流程是否控制得当，培训、薪资、福利、考核和岗位调整是否合理，基本资料的建构、数据分析、资料信息传输是否准确及时等，都能够反映人力资源管理部门管理技术和管理水平的高低。人力资源管理人员要成为人事行政专家，为企业提供行政事务支持。

(7) 内部公关高手。人力资源管理部门是企业和员工之间的桥梁，既要站在企业的角度进行管理，又要站在员工的角度思考问题，使企业与员工之间相互沟通，妥善处理员工之间、部门之间、企业与员工之间的各种关系，协调在薪资、福利、考核、招聘、培训、工作环境等过程中出现的种种内部矛盾和冲突，使企业与员工和谐共处。

(二) 人力资源管理者的角色

美国通用电气公司(GE)认为，现代企业人力资源从业人员应具备四方面的才能。

第一，功能性才能。它是指对员工能力的评估、企业人力资源效率的评估、绩效系统和薪酬系统的设计等方面的才能。

第二，企业管理的才能。包括企业内政治和权力的协调、企业及财务的整体评估、企业组织和工作设计、发展战略和策略联盟等方面的能力。

第三，组织才能。包括提升全员效率的策略、构建企业文化、兼容多元化的价值观等方面。

第四，个人的才能。包括个人的影响力、感召力、专业知识技能和技巧、领导风格等。

人力资源管理部门的核心人员——人力资源经理的胜任特征有六个方面。

第一，要有战略思维。这一点非常重要，因为人力资源管理工作是企业的核心工作之一，支撑着企业的发展。所以人力资源经理必须充分了解企业的经营情况和企业领导的思想，要紧紧把握住人力资源管理的核心地位，通过人力资源管理工作推动其他各项工作的进展，起到企业发动机的作用。一个合格的人力资源经理要了解企业各部门的技术特征，能把各部门的职能有机地组合起来，从而形成企业文化。

第二，人力资源经理要在管理方面为企业战略提供管理方法，薪酬设计、组织建设、绩效考评，以及核心人员的管理和流程都要围绕企业战略发展需要进行，与企业战略紧密地统一在一起。

第三，要达到上述要求，人力资源经理必须懂管理，熟悉人力资源管理工作的相关技术和经验。还要了解企业市场发展的相关技术，对企业业务有一定的基础知识，这样才能明白企业领导的需要，才能在和各部门沟通时有共同语言。

第四，人力资源经理要有很强的沟通能力，要善于同企业领导、职业经理和员工沟通，要有相应的技巧和方法，以及较强的主动性。

第五，人力资源经理要有较强的信息把握和处理能力，要有较强的敏感性。例如，要随时把握企业员工队伍，特别是核心人力资源的动态。因为对核心人员来说，市场诱惑力很大，核心人员一旦松动，会对企业造成很大的影响。所以人力资源经理要时刻有危机意识，并具备危机处理能力。

第六，和其他经理人一样，人力资源经理要有很强的责任心，要对企业忠诚，应该自觉地使自己的目标和企业的目标保持一致。要当好企业文化和管理制度的执行者，促进各部门的工作，扮演好凝聚企业向心力的重要角色。

[案例 **1-1**]

阿贾克斯制造公司的生产主管比尔·布朗刚刚得知，公司的一名机器操作工已经辞职。他立即叫来人力资源经理桑德拉·威廉姆斯，对她说："桑德拉，我的一名头等机器操作工刚刚辞职了，你能给我找到一个合适的人来面试吗？"桑德拉回答说："能，比尔。在本周内我将给你送去两个或三个人，你从中选择一个最适合你要求的人。"

在这个例子中，比尔和桑德拉从不同的角度关心组织目标的实现。比尔主要负责生产，而桑德拉则负责人力资源。作为人力资源经理的桑德拉将鉴别申请人中有谁满足比尔规定的条件。比尔也将作出雇佣谁的最终决定，因为他对机器操作工的工作负有责任。桑德拉作为人力资源经理，必须不断地处理许多像比尔一样的经理或主管所面对的与人力资源相关的问题，她的工作是帮助这些经理满足整个组织对人力资源的需求。在一些公司里，桑德拉的职能也被称为人事、员工关系或劳资关系。

***小知识：不从事与从事人力资源工作的N个理由**

不从事人力资源工作的N个理由：① 人际关系复杂，管理工作繁重；② 工作行为难以衡量，投资效益不明显；③ 难以得到老板的认同；④ 上下夹击，处在员工和老板的夹击中，很难在“代表广大员工利益”和“让老板满意”中找到平衡；⑤ 权限不够，工作难以开展；⑥ 很难招聘到既好用又能认同企业文化的员工；⑦ 薪酬制度难设计，绩效考核难做；⑧ 工作琐碎、地位不高。

从事人力资源工作的N个理由：① 随着市场经济的不断深化和全球经济一体化的不断推进，人事经理在企业中的地位会越来越高；② 在人力成本向人力资本的转化过程中，人力资源工作者所起的作用越来越大；③ 人力资源工作是一份很具挑战性、激励性的工作，不仅考验一个人的能力，还考验一个人的情商，特别锻炼人；④ 随着HR(人力资源)在一个企业中的作用越来越大，一些有能力、有经验的人事管理者有机会进入企业核心管理层；⑤ 人力资源工作者在企业中不仅充当运动员的角色，还充当教练员的角色，在指导员工成功规划职业生涯的同时，还能成功规划自己的职业生涯。

二、人力资源管理的职能模式[①]与组织结构

(一) 产品导向的职能模式

产品导向的职能模式是传统人力资源职能模式的主要代表，这一模式的本质特征在于其组织模式是以工作内容为基础，专注于职能管理的内容，具体表现如图1-7所示。

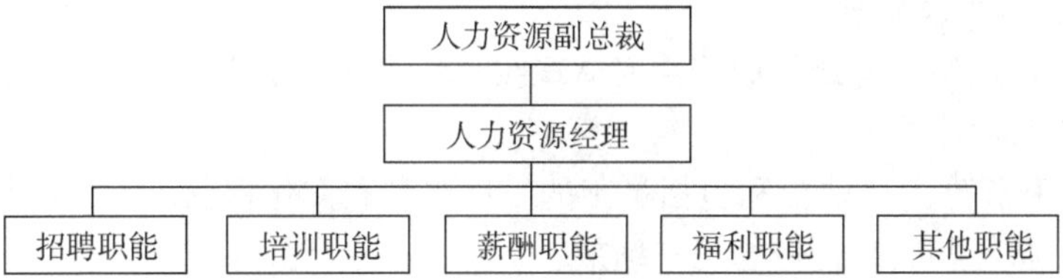

图1-7 人力资源管理的产品导向模式

其主要职能有以下三个方面。

1. 组织、计划与获取职能

人力资源的组织、计划与获取职能是指人力资源管理在企业的组织结构设计与

① 李新建，刘钊，付美云. 2009. 客户导向的人力资源管理职能模式探讨. 中国人力资源开发，(5)：97-99.

调整、人力资源规划、人员招聘与选聘等方面所发挥的功能。

(1) 组织职能。根据企业战略进行组织设计；根据企业内外环境的变化及企业发展的要求进行组织、工作再设计；根据工作分析的结果调整组织结构等。

(2) 人力资源规划。它是人力资源管理计划职能的体现，是企业为了达到组织的目标，按照有关人事政策、程序、惯例所进行的，确保有适当数量、质量和结构的人力资源在适当的时候担任适当的职务的计划活动。

(3) 人员招募与选聘。人员招募是企业寻找员工的可能来源并吸引他们到企业应征的过程；人员选聘是企业根据用人条件和标准，运用适当的方法手段对应征者进行审查、选择的过程。

2. 激励与开发职能

人力资源的激励职能主要体现在绩效考核、薪资管理等环节上；人力资源的开发职能主要体现在员工引导、员工培训、员工开发、员工职业生涯设计与管理等环节上。

(1) 绩效管理。通过绩效考核，明确员工的工作绩效状况，然后有针对性地对员工进行激励与开发。

(2) 薪资管理。从人力资源管理的角度来看，工资与奖金主要体现和发挥激励职能。

(3) 员工引导、培训与开发。员工引导是企业引导新员工熟悉环境，消除他们的焦虑感，促使他们尽快社会化及“企业化”的过程；员工的培训和开发主要着眼于企业人力资源的保值与增值。

(4) 员工职业生涯设计与管理。职业生涯设计是员工对自己在未来一段时间甚至一生的工作情况所作的规划和设计。企业从组织发展和人力资源开发的角度出发，应主动帮助并积极引导员工进行职业生涯设计。

3. 维持与维护职能

人力资源的维持与维护职能主要体现在福利管理、职业安全与卫生、辞职与辞退管理、人事纪律等。

(1) 福利管理。企业福利包括员工的生活福利和文化福利，做好福利工作有利于稳定员工队伍和提高他们的工作绩效。

(2) 职业安全与卫生。职业安全与卫生包括安全管理、职业病防治、工伤管理、女职工保护等。

(3) 辞退与辞职管理。人力资源管理包括“进”、“管”、“出”等环节，辞职与辞退管理属于“出口”管理。企业为了保证人力资源的整体数量和质量，一方面要尽量避免优秀员工辞职，另一方面又要保证能辞退掉不合格员工。

(4) 人事纪律。纪律是一种带有强制约束力的行为规范，它是维护组织正常运转的重要保障。为了保证企业人力资源管理的效率与效果，制订一些纪律并配合一定的奖惩措施是非常必要的。

以产品为导向的人力资源职能模式存在明显的功能缺陷：只关注完成现有流程，不关注企业和客户需求的变化；只计算做了哪些工作，不在意这些工作为企业和员工创造了多少价值。这种工作方式的价值导向是只计“产品”不计“回报”，它使人力资源管理远离组织战略和服务对象，难以证明人力资源管理者在企业价值增值中的贡献，甚至无法回避人力资源管理者被精简、被外包的风险。

(二) 客户导向的职能模式

客户导向的人力资源职能模式首先要清楚客户是谁，他们的实际需求是什么。在该模式中，客户是价值链的起点和最终环节，是人力资源业务流程的核心。客户需求表示对人力资源服务的期待，满足特定客户需求的过程就是人力资源职能发挥和职能体现的过程。

理论上讲，人力资源职能的客户可以分为内部客户与外部客户：内部客户是指存在于组织内部并对人力资源具有需求的个人或组织，包括企业高管、各职能部门、员工和组织内工会等；外部客户是指存在于组织之外的组织，包括企业客户、供应商、政府机构和公益性组织等。根据上述分类，对人力资源管理的需求大致归类于表 1-1。

表 1-1 人力资源管理的客户及客户需求

客户类型	客户需求
员工	良好的人事行政服务、雇员开发、公平的薪酬体系、良好的领导关系、雇用合同的弹性、具有挑战性的工作环境、开放性的沟通氛围、工作-家庭平衡等
直线管理者	人力资源专业知识的转移、行政支持、招聘与培训的顺利展开、员工具有良好的沟通意愿、员工具有企业愿景等
高层管理者	人力资源管理效率、人力资源管理效能、生产率、员工承诺与激励情况、公司战略与人力资源管理系统的匹配等
工会	雇员的安全性与稳定性，雇员的安全健康，公正、公平、公开、合理的雇员待遇，良好的劳资关系与谈判氛围等
政府与其他机构	对于劳动关系法律法规的遵守，社会责任的履行，就业问题、社会公正问题、社会正义问题等的协调与解决

资料来源：Jaap Paauwe. 2003. HRM and Performance：Achieving Long-Term Viability. London：Oxford University Press: 188.

人力资源管理部门则根据所要满足的顾客需要本身的不同来分别确定需要运用哪些技术来满足顾客的需要。甄选系统需要确保所有被挑选出来的求职者都具有为组织带来价值增值所必需的知识、技术和能力。培训和开发系统则需要通过向员工提供发展的机会来确保他们不断地增加自身的人力资本，从而为企业提供更高的价值，最终满足直线管理人员和员工双方的需要。绩效管理系统则需要向员工表明企业对他们的期望是什么，并且向直线管理人员和战略制订者保证：员工的行为将会与组织的目标相一致。薪酬管理系统需要为所有的客户(直线管理人员、战略规划者以及员工)都带来一定的收益。同时，薪酬管理系统也为员工的技能投资和他们所付出的努力提供了等价的回报。这些管理系统将向直线管理人员保证，员工们将会运用他们的知识和技能来服务于组织的利益；这些管理系统还向战略规划者提供相应的措施，以确保所有的员工都采取对企业的战略规划具有支持性的行为。

以顾客服务为导向的人力资源管理思想为人力资源管理职能提供了一个很重要的思考方法，它帮助人力资源管理部门确认谁是自己的顾客，这些顾客有什么样的需要希望得到满足以及应当如何来满足这种需要，从而有助于公司的人力资源管理部门尽快成为企业的战略伙伴。

(三) 企业不同发展阶段的人力资源部的组织设计[①]

1. 低级阶段

公司处于初始创业阶段，公司人员一般在几十人左右。公司往往在人事行政部设置 1~2 个专员，主要负责户口、档案、保险和少量招聘工作。初级阶段人力资源部典型的组织结构如图 1-8 所示。

2. 初级阶段

这时企业已进入正常的运作轨道，处于发展的初始阶段。各个业务模块的组织结构已逐步建立起来，公司人员一般有 100~200 人。人力资源部的日常性工作已由专人负责，如招聘工作、工资核算等。公司开始重视对员工的培训，会随机请外部培训讲师讲一些专题课程，但培训目的性不强。初级阶段人力资源部典型的组织结构如图 1-9 所示。

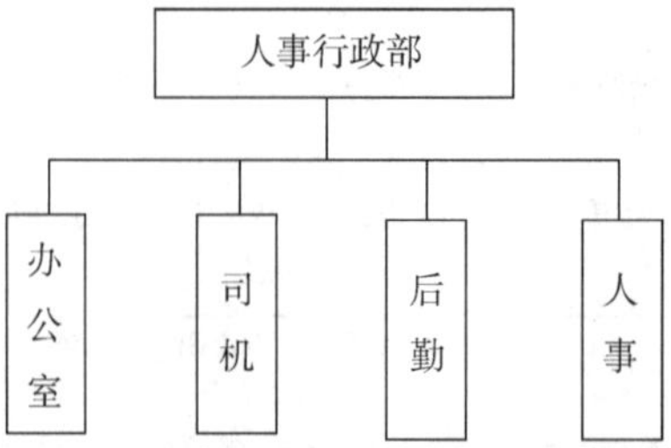

图 1-8　低级阶段人力资源部组织结构

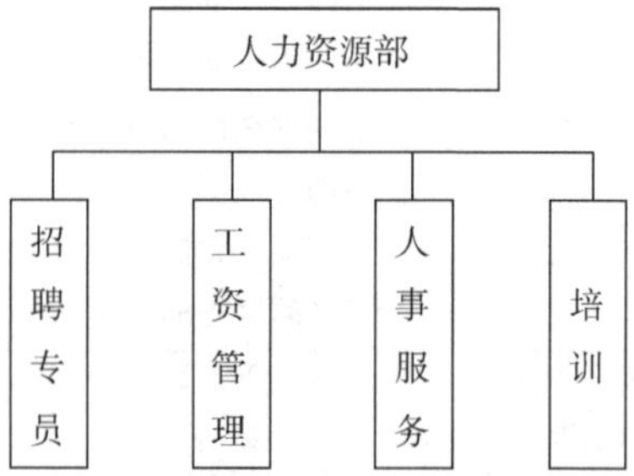

图 1-9　初级阶段人力资源部组织结构

① 张建国. 2003. 人力资源部的组织体系设计. 中国人力资源开发，(2)：50-51.

3. 中级阶段

这时企业已发展到一定规模，而且在市场竞争中处于一定地位，公司人员规模一般在 500 人左右。公司已明显意识到人力资源管理的重要性，意识到它直接影响到员工工作的积极性和企业战略目标的有效实施。中级阶段人力资源部典型的组织结构如图 1-10 所示。

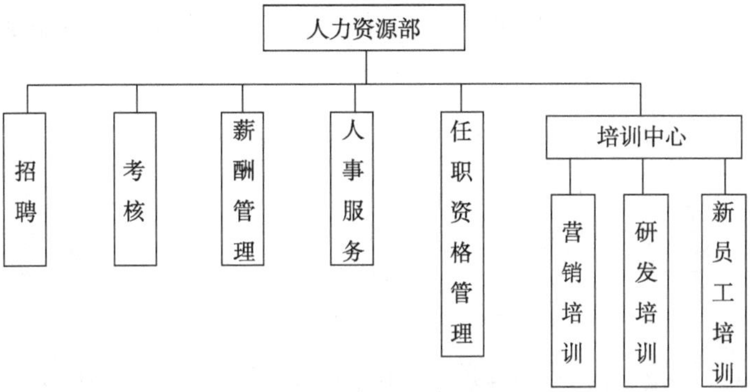

图 1-10 中级阶段人力资源部组织结构

(1) 考核。为了传递公司高层的压力和对员工业绩进行客观评价，开始建立考核制度，并周期性地对员工业绩进行评价。

(2) 薪酬管理。在薪酬制度中不只简单地做些工资核算的工作，开始思考如何设计有效的奖金分配制度和结构化的工资制度。

(3) 对员工能力的管理。为了尽快提升各级管理者和员工工作的职业化水平，许多公司开始强化培训中心的力量，培训的力度明显加大。但经过一段时间后发现大量的培训投入并不能达到预想的效果，其根本原因是培训内容与员工的实际工作内容不尽一致。因此有些企业开始设计关键职位员工的任职资格等级体系。通过任职资格体系的建立，明确各类员工的优秀工作标准是什么，通过分析优秀工作标准与员工实际工作能力的差异，再有针对性地设计培训课程，强调缺什么补什么。

这时，人力资源管理已开始制度化建设。期望通过有效的人力资源管理制度设计来达到留住人才、激励人才、培育人才的目标。

4. 高级阶段

在高级阶段，企业已发展到相当规模，集团下属几个分公司或事业部，或在一个公司组织结构下，研究、市场、生产等各个职能部门规模已相当大，部门人员一般会在 300 人以上。这时人力资源管理对公司的经营运作起着至关重要的作用。因此，往往在集团总部设立人力资源总部，在各分公司/事业部设立人力资源分部。人力资源总部与分部之间在行政关系上可能有两种形态：一种形态是人力资源分部的行政管理归属于人力资源总部，即分部人员的工作由总部安排。这种管理模式的优点是执行力度强，缺点是分部人员较难融入分公司/事业部的实际业务工作中，产生“两张皮”现象。另一种形态是人力资源分部的行政关系归属所在的分公司/事业部，人力资源总部对分部进行业务管理。这种管理模式的优点是人力资源管理的有效性会大大提高，缺点是总部对分部的管理力度减弱。高级阶段人力资源部典型的组织结构如图 1-11 所示。

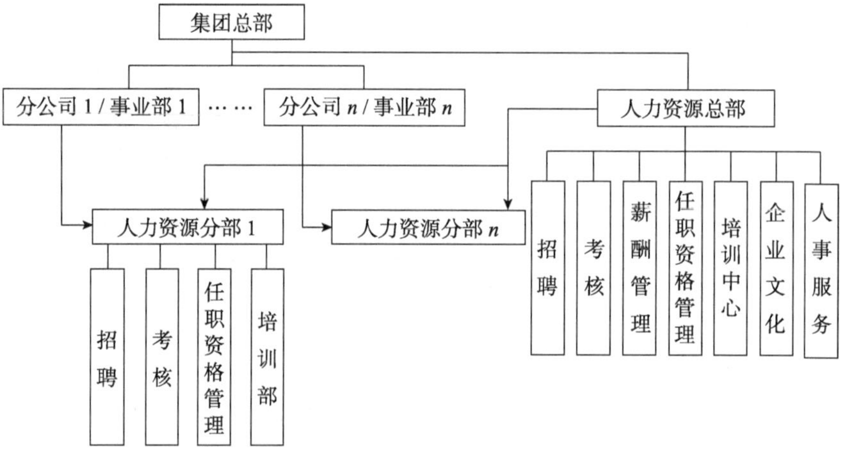

图 1-11　高级阶段人力资源部组织结构

高级阶段人力资源总部管理的作用主要体现在把握人力资源的总体政策，完善人力资源管理的组织体系，系统性策划、组织与推进人力资源管理体系的建设，在集团范围内推动企业文化建设，进行人力资源管理工作的整体协调与监督。

分部人力资源管理的作用主要体现在：结合本系统的业务特点制定人力资源管理要素，如考核要素、任职资格标准等，具体推进人力资源管理工作，使各部门主管和员工能准确理解人力资源管理制度，并运用人力资源管理工具有效推进集团公司总体的人力资源管理目标。

在国际上，大中型优秀企业配置的人力资源部专职人员占公司总人数的 1%。也就是说，一家 5000 人的企业，需要配备的人力资源专职人员为 50 人。

5. 最高阶段

经过中级阶段、高级阶段人力资源管理体系的系统化建设，并让各级管理者深刻领悟和熟练运用人力资源管理的方法与工具，各级管理者都已成为职业化的人力资源管理者。这时人力资源部的专业化职能可以取消，有关人力资源管理的政策和策略由外聘的人力资源专家团来制定会更加有效，所以人力资源部已不存在，但人力资源管理在公司内部却无处不在。最高阶段人力资源部典型的组织结构如图 1-12 所示。

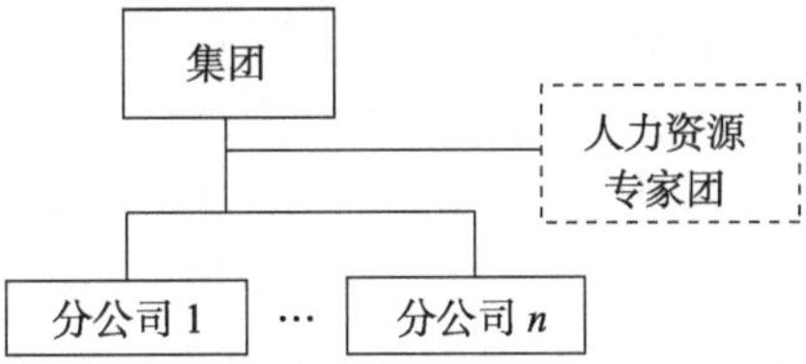

图 1-12 最高阶段人力资源部组织结构

第三节 人力资源管理的人性假设

一、X、Y、Z 理论内容[①]

1. X 理论与经济人假设

真正把人性假设作为人力资源管理学中一个重要问题加以探讨的当推美国学者麦格雷戈。早在 1960 年出版的《企业的人性方面》一书中，麦格雷戈就曾指出管理者的两种思维模式，也就是所谓的 X—Y 理论。他把流行于当时管理活动中的人性假设称之为 X 理论，这一理论认为：① 一般人就本性而言大都趋利避害、好逸恶劳，只要有可能，他们总是设法逃避工作；② 要想使绝大多数人努力工作，实现组织目标，必须通过强迫、处罚、威胁等手段；③ 一般人大多得过且过、逃避责任，把个人的安全看作是最重要的。

另一位美国学者沙因在 1965 年出版的《组织心理学》中提出的经济人假设与麦格雷戈的 X 理论异曲同工。沙因把人看作经济动物，在适当的物质利益的刺激之下，人什么事都能干得出来，而在组织中，经济刺激物由组织掌握，员工是被动的，一切行为都要受组织的左右、控制。情感因其是非理性的，会干预人们的理性权衡，必须严加提防。因此，组织的设计必须以如何控制人们的非理性的、无法预知的情感为原则。

这两种假设本质上都以人性恶为出发点，只不过角度不同而已。X 理论把人看成是自私自利、好逸恶劳、趋利避害的，经济人假设把人的物质性需要看得高于一切，漠视人的情感需求。在这种理论假设前提下，管理活动只重视制度与物质手段，

① 杨新荣、唐云飞. 2009. X、Y、Z 理论及其在人力资源管理中的应用. 中国人力资源开发，(4)：98-100.

漠视人的尊严和情感需求，扼杀了人的积极性和主动性，存在着明显的局限性。但是，自人类有管理活动以来至20世纪60年代，X理论一直指导着人们的管理理论和实践，甚至现在仍有一些管理者沿用这样的人性假设来进行人力资源管理。

2. Y理论与社会人假设

在发现了X理论的局限之后，麦格雷戈又提出了与X理论相对的Y理论。其主要观点是：① 就其本质而言，工作和游戏一样是自然的，可以是快乐的源泉，而不一定是被迫的；② 外力的控制和处罚都不是促使人们为组织目标作出努力的唯一手段，人们在为承诺的目标服务时，将会实行自我指导与控制；③ 承担目标的程度，是与人们的成绩相联系的，也和人们的报酬直接相关；④ 在适当的条件下，一般的人不仅可以学会接受任务，也可以学会寻求承担组织任务；⑤ 在解决种种组织问题时，大多数人具有相当高的想象力、机智力和创造力。

Y理论与X理论的不同之处在于，它反对把人看做与动物一样趋利避害、好逸恶劳、不负责任。Y理论看到了劳动的目的性是人与动物的区别标志的本质特点，看到了人的自觉能动性和创造力，无疑是对X理论的一种发展，即发展了人的社会属性。

3. Z理论与“复杂人”假设

日裔美籍学者大内在20世纪80年代初期提出了著名的Z理论，其核心是“人是整体的统一”。Z理论的基本论点是：① 人能够相互信任，由此可以推出，公司的宗旨必须为全体职工所理解和接受，同时通过创立机构贯彻宗旨；② 人具有微妙性，大内认为，人既可能通过沟通达成理解，又可能因难以沟通而使局面陷入僵化，这表明人自身存在着许多矛盾，用不同的方法处理这些矛盾，可以得到截然不同的管理后果，因此，必须发展人际关系，提倡人之间的理解和沟通；③ 人与人有亲和性，人可能为他人和团体作出牺牲。因此，对人的评价必须从整体出发，提倡爱心和鼓励爱心，使组织结构尽可能稳定。

20世纪60年代末，薛恩等人提出了“复杂人”的假设，认为人的需要是多方面的，在同一时间内会有各种动机和需求，工作和生活条件的不断变化会产生新的需要和动机，对不同管理方式也会作出不同反应。因此，没有一种适合任何时代、任何人的万能管理方式。“复杂人”理论重视人的尊严与价值，强调人的需求的差异性、人际关系的和谐与人的合作，是对社会人假设的一种发展与补充。

二、X、Y、Z理论在人力资源管理中的应用

1. X理论的应用

按照X理论，管理者应在组织管理中对员工进行经济和物质利益上的刺激或激

励。在这一点上，该理论和马斯洛的需求层次理论中第一层次的需求是一致的。对应的人力资源管理方式的特点体现为：管理的重点是让员工完成工作任务、提高工作效率；管理制度上应注意发挥正式组织的功能，建立有权威性的管理机构，完善各项规章制度；奖励方式上主张金钱刺激，突出个人奖励并力图扩大奖励差别，同时对消极怠工者采取严厉的惩罚，可谓是“胡萝卜加大棒”的管理方式。在现实的企业管理中，很多企业都会用到 X 理论及其管理原理，从而有效地激励和管理员工的生产经营活动。例如“丰田式的生产管理”，其生产管理的关键原则之一就是标准化管理。

事实上，人首先就应该是一个“经济人”，只有当你满足了一个人的经济利益和物质利益后，对人的管理才具有经济基础和物质基础，建立现代人力资源管理机制才具备了第一步。即解决温饱问题、住房问题、出行问题等是人的首要问题。无论管理多么现代化，管理好人才还得靠合适的薪酬，这也许是第一要素。如果一个组织的报酬缺乏竞争力，却大谈特谈给员工提供发挥才能的空间和晋升、培训机会等，是不切实际的。

2. Y 理论的应用

Y 理论所对应的管理方式体现为：管理的重点在于给被管理者创造能发挥其才能的工作环境，以工作本身的挑战性来激发被管理者的潜力，使人们在完成组织目标的同时也能实现自己的目标；管理制度上则给予人们更多的自主权，使其自由决定自己的工作方式和方法，以充分展示个人才能，释放个人活力，达到个人所希望的成就；管理方式上则主张给予人们具有挑战性的工作，并使其担负更多的责任，以满足尊重需求和自我实现等高层次的需要。管理的主要任务就是创造条件使个人和组织的目标融合一致，为发挥人们的聪明才智营造良好的环境条件，并帮助人们尽可能减少或消除在自我实现过程中遇到的障碍，即重视对人们的工作安排。

在人力资源管理的基础阶段，需要适当的薪酬来刺激；当薪酬达到一定程度后，如果再继续增加薪酬筹码，起到的激励边际效果是递减的。对于一名企业员工来说，当其获得较高的薪酬后，便觉得自己已经拥有一定的物质基础，其深层次的需求，如安全保障、受人尊重、社会交际、提高自己、社会知名度等需求开始由隐性变为显性，员工便开始由经济人向社会人转变。此时从满足人的安全、娱乐、交际、自我提高等需求方面来激励员工将是人力资源管理的主要手段。

3. Z 理论的应用

与复杂人性假设的 Z 理论相对应的管理方式是：人们是怀着许多不同的需要加入组织的，各自有不同的情况，有的人自由散漫，不愿参与决策，也不愿承担责任，这就需要正规化的组织机构和严格的规章制度加以约束；有的人责任心强，积极向上，则需要更多的自治、责任和发挥创造性的机会去实现被尊重和自我实现的需要。组织形式和管理方法要与工作性质和人们的需要相适应，这时人力资源管理应该做的工作主要有四个方面。

(1) 树立核心价值观。企业的核心价值观是企业组织对自己、未来、顾客、员工、社区、社会等各方面的基本看法和价值取向。作为企业文化的核心维度，核心价值观是企业在成长中所坚持的基本信条，是决定企业能否持续发展的关键。张瑞敏说："海尔过去的成功是观念和思维方式的成功。企业发展的灵魂是企业文化，而企业文化的核心内容应该是价值观。"海尔集团(简称海尔)经过长期的探索和发展，形成了自身独特的核心价值观，如"敬业报国、追求卓越"的海尔精神；"迅速反应，马上行动"的海尔作风；"东方暗了，西方再亮"的资本运营观；"先难后易"开拓国际市场的理念；"用户永远是对的"的服务观；"优秀的产品是优秀的人才生产出来的"的质量观；"只有淡季的思想，没有淡季的市场"、"市场唯一不变的，法则是永远在变"的市场观念等。

(2) 建立企业使命。企业使命是企业在社会生活中所担当的角色和责任。它表明了企业存在的根本意义，是企业进行所有活动的根本原因，也是企业文化的重要维度。使命具有一定的抽象性，它可以确定企业的方向、原则和哲学。企业使命的界定，必须具备三个方面的内容：一是企业存在的目的，如联想集团的"四为"(为客户、为员工、为股东、为社会)；二是企业的经营哲学，如 IBM 的经营哲学为"内聚员工，外聚市场"；三是企业形象，要准确定位企业形象，明确企业的发展蓝图。德鲁克认为，企业只要回答了以下三个问题，就会懂得如何制订企业使命：一是企业是什么样的企业(当前)；二是企业将会是什么样的企业(未来)；三是企业应该是什么样的企业(规范)。

(3) 拥有共同愿景。共同愿景是指企业所有成员共同发自内心的意愿，是抽象使命的具体化，或者说是实现企业使命所必须完成的阶段性目标。企业的共同愿景是发展的，它引导企业向使命迈进。例如，13 年前比尔·盖茨的愿景是"让电脑走进每个家庭和每个办公桌"。2002 年，他觉得这个目标已经基本实现，开始构思新的愿景："无论何时何地还是何种装置，用我们强大的软件赋予你无穷的力量。"

(4) 根据员工的差异实现多维度的管理。管理者要依据企业的内外环境变化确定不同的组织形式和管理方式。要善于发现员工需求和动机差异，采取灵活的管理措施，实现灵活多变的多维度的管理方法。

[案例 1-2][①]

把珍珠串成项链—— 联想集团的人力资源管理经验

联想集团有限公司(简称联想)从 1984 年创业时的 11 个人、20 万元资金发展到今天已拥有近 7000 名员工、16 亿元资产，累计上缴利税 10.5 亿，成为具有一定规模的贸易、工业、技术一体化的中国民营高科技企业。当外界纷纷探索“联想为什么成功”的时候，当一大批优秀的年轻人被联想的外部光环吸引的时候，我们不妨走入联想内部，去看看联想的人力资源管理。

1. 观念的转变：从“蜡烛”到“蓄电池”

和每一个企业的成长历史相类似，联想也经历了初创、成长到成熟三个阶段。在企业成长过程中，随着企业规模的扩大，企业领导层越来越认识到人的作用。1995 年，集团“人事部”改名为“人力资源部”，这种改变不仅是名称变化，更是一种观念的更新。

蒋北麒先生说：“过去的人才管理把人视做蜡烛，不停地燃烧直至告别社会舞台。而现在，把人才看做资源，人好比蓄电池，可以不断地充电、放电。现在的管理强调人和岗位适配，强调人才的二次开发。对人才的管理不仅是让他为企业创造财富，同时也要让他寻找到最适合的岗位，最大程度地发挥自身潜能，体现个人价值，有利于自我成长。”

中关村是人才争夺重地，贝尔实验室、微软亚洲研究院、IBM 中国研究中心等外资研发机构纷纷在此安营扎寨。在这场人才抢夺战中，联想并不是被动挨打，而是主动迎战。联想认为这些跨国公司研发机构的进入，刺激并搞活了中国的人才市场，同时也给国内企业提供了一个更新人才观念、改变管理机制的学习机会。为此，联想提出了自己的崭新理论：项链理论。就是说：人才竞争不在于把最大最好的珠子买回，而是要先理好企业的一条线，形成完善的管理机制，才能把一颗颗珍珠串起来，串成一条精美的项链。而没有这条线，珠子再大再多还是一盘散沙。即没有好的管理以形成强有力的企业凝聚力，即使高薪也难留住人才。

2. 在赛马中识别好马

联想为那些肯努力、肯上进、肯奋斗的年轻人提供了很多机会。当时，联想管理层的平均年龄只有 31.5 岁。联想电脑公司的总经理杨元庆、联想科技发展公司总经理郭为、联想科技园区的总经理陈国栋……都是没有超过 35 岁的年轻人，他们各自掌握着几个亿，甚至几十亿营业额的决策权。从 1990 年起，联想就开始大量提拔和使用年轻人，几乎每年都有数十名年轻人受到提拔和重

① 魏新，刘苑辉，黄爱华. 2007. 人力资源管理概论. 广州：华南理工大学出版社：23.

用。联想对管理者提出的口号是：你不会授权，你将不会被授权；你不会提拔人，你将不被提拔。这从制度上保证了年轻人的脱颖而出。

联想为启用年轻人采取的策略是“在赛马中识别好马”。这包括三个方面的含义：① 要有“赛场”，即为人才提供合适的岗位；② 要有“跑道”划分，不能乱哄哄挤做一团，必须引导他们有秩序地竞争；③ 要制订比赛规则，即建立一套较为科学的绩效考核和奖励评估系统。

媒体评论说联想“爱折腾”。从1994年开始，每到新年度的三、四月都会进行组织机构、业务结构的调整。在这些调整中，管理模式、人员变动都很大。通过“折腾”，联想给员工提供了尽可能多的竞争机会，在工作中崭露头角的年轻人就能脱颖而出，而那些故步自封、跟不上时代变化的人就会被淘汰——这就是“在赛马中识别好马”。

3. 善于学习、善于进步

联想注重向世界知名的大公司请教。在人力资源管理上，IBM、HP等都是联想的老师，联想和这些公司的人力资源部保持着亲密的关系。同时，与国际上一些知名的顾问咨询公司合作，引入先进的管理方法与观念。如联想和国际资源管理集团(CRG)合作，参照该公司的“国际职位评估体系”在集团内部开展了岗位评估，统一工薪项目，推行“适才适岗、适岗适酬”的管理方针。蒋北麒经理介绍说：“适才适岗，要求首先对岗位进行分析评估，岗位职责明确并有量化考核指标；其次对员工的技能素质、心理素质和潜质等进行分析；同时，还必须有一套机制来保证适才适岗。通过建立企业内部劳动力市场，通过轮岗制度，来实现人和岗位的最佳配置。”

[思考题]

1. 案例中涉及了人力资源管理的哪些职能？
2. 请谈谈你对人才从“蜡烛”到“蓄电池”转变的看法，这反映了从“人事管理”到“人力资源管理”哪些方面的变化？
3. 联想集团对人性的假设属于哪一类？
4. 联想集团的人力资源管理采取哪种职能模式？
5. 对于项链理念，你认为还可以补充什么东西呢？

[案例分析][①]

中美集团是中国最大的民营医疗企业之一，是一家集医疗、科研、制药、生物

① 王丹. 2005. 中美集团战略性人力资源管理模式.中国人力资源开发，(2)：94-96.

工程技术和中医中药研究开发为一体的大型医疗企业。公司在经历了一段高速增长后，出现了企业成长期常见的人力资源约束状况，突出表现为集团内部中高层管理人才的短缺问题。同时由于初创期人力资源投入相对不足，人力资源管理机制尚未健全，出现了一系列与集团的发展阶段和经营战略要求不相匹配的状况，在一定程度上制约了集团的可持续发展。

针对这一问题，中美集团高层决定进行人力资源管理变革，构建基于战略的人力资源管理体系，探索适应企业成长期发展要求的战略性人力资源管理模式。

一、制定人力资源战略

根据中美集团成长阶段的经营发展战略，在集团人力资源整体工作定位的指导下，制定了成长期人力资源战略的三阶段规划。

第一阶段：搭建体系性架构，夯实管理基拙。重点构建战略性人力资源管理体系，夯实人力资源基础工作，初步将各项制度、机制融入人力资源管理体系中来，引进现代人力资源管理制度和机制，有针对性地开展当前紧迫的工作，着重突破企业成长期人才瓶颈。

第二阶段：系统规划，综合提升。全面推进人力资源管理体系的构建，真正实现对全集团公司的人力资源工作进行综合统筹、分级管理，在整个集团公司内形成充分互动，提升人力资源管理体系的整体运作效果，培养和开发大批核心员工。

第三阶段：完善升级，实施前瞻性管理。根据内外环境变化对人力资源管理体系进行升级、维护，在此基础上，前瞻性地开展人力资源战略管理，形成一批能够管理重量级医疗企业的人才团队，使人力资源成为中美集团的核心竞争力之一，充分发挥人力资源对集团公司整体工作的牵引作用。

二、开展人力资源规划

根据集团经营发展战略与指示精神，集团人力资源部重点进行了以下五个方面的规划。

(1) 根据集团的经营发展战略，确定核心岗位的职责及其要求，并确定公司未来的人才需求趋势；

(2) 通过研究现有人力资源的配置和利用状况以及工作岗位对人力资源的知识、技能需求的预期变化，制定未来的人力资源配置计划；

(3) 根据现状盘点以及市场调查情况进行人力资源配备情况分析，在集团内部进行人力资源的优化配置；

(4) 经过内外分析，中美集团将成长期人力资源管理的重点管理对象确定为经营管理班子成员、高级管理人才、高级技术人才以及其他掌握企业关键资源的核心员工；

(5) 根据以上内容，配合经营战略规划和人力资源战略，制定人力资源获取、开发、保留、激励等具体计划。

三、完善人力资源基础管理平台

1. 搭建招聘体系

目前，集团公司统分结合的人力资源招聘体系已经初步形成，搭建了基于校园、猎头、网络和报刊、杂志等多渠道的招聘平台，初步建立了以集团公司人力资源统一调配和储备为主，支持、指导各企业自主招聘为辅的人员招聘制度。

2. 短期项目考核

针对当前人才市场中符合集团所需的中高层管理人才供给不足的问题，中美集团探索出“短期项目考核”的管理措施，即每当在成功收购或托管一家医院之后，便成立项目小组，由中美集团多年培养起来的经营院长做组长，带领一批新加入集团的医院院长或运营总监深入这家医院，以较为成熟的市场化医院经营管理标准，对该医院的管理状况、医疗水平、服务水平和市场开发状况等运营情况进行系统诊断，并提出相应的解决方案。

3. 长期培养开发

为了结合中美集团实际情况，培养具备医学背景的管理人才，集团着力开展了员工的长期培养开发计划，逐步建立了包括新员工入职培训、专业知识培训、管理技能培训、企业文化培训等在内的综合培训体系。

另外，为了满足医疗业长远发展的人力资源需求，中美集团还开始探索与国内MBA(工商管理硕士)教育联手培养医疗业高级职业经理人的人才培养模式，主动为设有 MBA 的院校提供医疗业案例和教学基地，为更多的中高层管理人才进入医疗业提供便利的实践条件。

四、建立战略性激励机制

中美集团认为，提高员工的工作效率和工作积极性是提高医疗企业竞争力的核心。因此，基于战略的激励机制必须有效评估人力资源价值，并建立价值分配机制，以最大限度地激发人的潜能，依靠发挥人的潜能来支撑企业的使命追求与战略实现。

中美集团将激励机制的指导原则确定为“效率优先、规范管理”，主要通过以下几个方面进行。

1. 建立分层、分类、分步骤的绩效评价体系

中美集团采取了分层、分类、分步骤的管理措施，首先在核心员工范围内建立了以关键业绩指标(key performance indication, KPI)考核为核心的绩效评估体系，将核心员工的工作行为和工作结果约束到集团的发展战略与公司利益上，牢牢把握住创造集团 80%核心竞争力的核心员工。

其次，建立基于岗位层级的绩效评估机制，将全员的业绩评估纳入集团的整体人力资源战略，将集团的战略目标进一步分解到每一个岗位和每一名员工。通过建立这种绩效评估体系，将每个人的工作结果的完成情况与企业的发展结合起来，将集团的经济效益和成长发展与员工个人的发展和收入结合起来，同时将企业承受的巨大市场压力充分地分解到每一名员工身上并使之转化成动力，从而进一步激发员工的工作潜力。

2. 建立价值分享的薪酬激励体系

薪酬激励体系着力解决的是人力资源价值链中的价值分配问题，如果处理不好，很容易导致整个激励体系的坍塌。为此，中美集团将薪资结构转变为“基本工资+岗位工资+绩效工资+社会保险+年终奖金+股票期权”的形式，不仅承认员工的个人利益，还努力寻找企业和员工利益的共同点，主动与员工分享企业发展的成果，通过建立价值分享体系来支撑企业战略目标的实现。

3. 重视建立非物质激励体系

非物质激励属于内在激励，往往更能激发起员工的工作热情和职业自豪感。中美集团的非物质激励体系主要包括职业晋升机制、精神激励机制和员工参与管理的分权管理机制等几部分，并注重将非物质激励与企业文化结合起来。

五、企业文化导航

中美集团自成立之日起便十分重视企业文化的建设。经过多次研究，针对各中美医院长期存在的实际问题，中美集团将“实现自我价值、造福大众健康”作为首先要确立的企业使命，将之与企业的发展有机联系起来。在将医院当做企业来经营管理的同时，还注意医疗业自身的特殊性，注重在企业文化中明确中美集团的社会取向和价值取向，主动承担医疗业特有的企业责任，致力于为患者提供高超的医疗水平和优良的医疗服务，造福大众健康。

为了更加详尽准确地阐释中美企业文化的基本观念，集团文化部组织编写了《中美集团企业文化手册》，对中美企业文化进行了详细论证，从企业理念入手积极进行制度体制层面建设，利用各种形式使中美企业文化深深植入每一名员工的观念之中，同时把员工工作行为的转变程度作为检验其观念转变与否的唯一方法。

[思考题]

1. 人力资源、人力资本、人力资源管理的基本概念。
2. 人力资本的投资途径有哪些？
3. 企业对人的管理大致经历了哪几个阶段？
4. 试述产品导向型人力资源管理的主要职能。
5. 试述企业处于不同发展阶段时，应如何建立与之相适应的人力资源部的组织结构？
6. 分别论述人性假设中的 X、Y、Z 理论对人力资源管理的启示。

HAPTER 2

第二章 人力资源战略规划

[内容提要]

人力资源管理的目标是为了达成企业的发展战略，不同的发展战略需要适当的人力资源战略规划。因此，如何制订人力资源规划、人力资源规划的主要内容、企业发展战略与人力资源规划的关系、何种情况下进行人力资源外包等内容将是本章要回答的问题。

[学习要点]

1. 了解人力资源规划的基本含义；
2. 掌握人力资源规划的基本内容；
3. 掌握制订人力资源规划的基本步骤；
4. 理解企业战略对人力资源规划的影响；
5. 了解人力资源业务外包。

开篇案例[1]

A 集团在短短 5 年时间里，由一家手工作坊发展成为国内著名的食品制造商。该集团企业最初从来不制订什么计划，缺人了，就到人才市场招聘。企业日益规范以后，开始于每年年初制订计划：收入多少、利润多少、产量多少、员工定编人数多少等，人数少的就进行招聘，人数超编的就要求裁员，一般在年初招聘新员工。可是，因为一年当中不时有人升职、有人平调、有人降职、有人辞职，年初又有编制限制不能多招，而且人力资源部也不知道应当多招多少人或者招什么样的人，结果人力资源经理一年到头都往人才市场跑。

近年由于 3 名高级技术工人退休，2 名跳槽，生产线立即瘫痪，集团总经理召开紧急会议，命令人力资源经理 3 天之内招到合适的人员顶替空缺，恢复生产。人力资源经理两个晚上没有睡觉，频繁奔走于全国各地人才市场和面试现场之间，最后勉强招到 2 名已退休的高级技术工人，使生产线重新开始了运转。人力资源经理刚刚喘口气，地区经理又打电话给他说自己的公司已经超编了，不能接收前几天分过去的 5 名大学生，人力资源经理不由怒气冲冲地说："是你自己说缺人，我才招来，现在就不要了！"地区经理说："是啊，我两个月前是缺人，你现在才给我，早就不缺了。"人力资源经理分辩道："招人也是需要时间的，我又不是孙悟空，你一说缺人，我就变出一个给你？……"

很多企业都出现过这种情况，没觉得缺人是什么大事情，什么时候缺人了，什么时候再去招聘，虽然找来的人不是十分满意，但对企业的发展也没有什么大的影响，所以从来没把时间和金钱花在人力资源管理上面。即使是在企业规模日益扩大以后，也只是每年年初做人力资源定编计划，而对于人力资源战略性储备与规划或者人员的培养都没有给以足够重视，认为中国人多的是，不可能缺人。而据目前的初步估计，2011 年广州劳动力市场至少欠缺 15 万民工，若加上早前东莞 20 万及深圳约 80 万的民工缺口统计，春节后珠三角的劳动力需求缺口将超过百万人。技术工人更是一直以来缺口都很大。

企业想要进一步可持续发展就必须依靠源源不断的人才。但是，一方面，随着企业的日益壮大，企业出现了发展的瓶颈——缺少人才；另一方面，劳动力的供给规模也正日渐缩小。这时，有效的人力资源规划就显示了独特的魅力，因为它能够使企业有效合理地利用人力资源，确保企业在发展过程中对人力资源的需求，同时还有助于调动员工的积极性。

通过本章的阅读，你将可以了解以下问题：

1. 企业为什么需要进行人力资源规划？
2. 结合企业发展战略，企业如何进行人力资源规划？
3. 企业人力资源具体业务规划的内容和作用？

---

① 寒武. 2007. 人力资源战略与规划.北京：中国发展出版社：108.

第一节 人力资源规划概述

一、人力资源规划基本内容

(一) 人力资源规划的含义

人力资源规划(human resource planning，HRP)是指为了实现组织战略目标与任务，应用各种分析方法与手段，确定组织未来的人力资源需求，并制订相应的人力资源方针政策的过程。人力资源规划的概念包括以下四层含义：

(1) 人力资源规划的制订必须依据组织的发展战略、目标。

(2) 人力资源规划要适应组织内外部环境的变化。

(3) 制订必要的人力资源政策和措施是人力资源规划的主要工作。

(4) 人力资源规划的目的是使组织人力资源供需平衡，保证组织长期持续发展和员工个人利益的实现。

20 世纪 90 年代以来，企业面临越来越激烈的竞争压力，不断发展并维持企业的竞争优势成为经营成功的关键。企业管理者已经充分认识到员工的素质、行为和业绩是企业取得竞争优势的关键。人力资源管理环境的迅速变化以及知识经济时代人力资源在企业战略管理中的重要性的提高，使得人力资源规划具有以下四个特点：

(1) 人力资源规划与企业战略任务相联系，以通过人力资源活动增强企业竞争优势，实现企业战略目标为根本目的。

(2) 无论是中长期规划，还是短期规划，人力资源规划都更加强调具体职能计划方案(如招聘、薪酬、培训等)的针对性、实用性和有效性。

(3) 由于经营环境更加复杂多变，人力资源规划需要满足较短期的人力资源战略要求，因而详细的短期人力资源规划成为人力资源规划的重要组成部分。

(4) 人力资源规划的编制，要求更加细致化、明确化，尤其是对关键环节数据的量化分析及其对策方案制订的要求更高。

人力资源规划是将企业经营战略和目标转化成人力需求，从企业整体的超前和量化的角度分析和制订人力资源管理的一些具体目标。其主要作用有五个方面。

(1) 有利于组织制订战略目标和发展规划。人力资源规划是组织发展战略的重要组成部分，同时也是实现组织战略目标的重要保证。

(2) 确保组织生存发展过程中对人力资源的需求。人力资源部门必须分析组织对人力资源的需求和供给之间的差距，制订各种规划来满足组织对人力资源的需求。

(3) 有利于人力资源管理活动的有序化。人力资源规划是企业人力资源管理的基础，它由总体规划和各种业务计划构成，为管理活动(如确定人员的需求量、供给量，调整职务和任务、培训等)提供可靠的信息和依据，进而保证管理活动的有序化。

(4) 有利于调动员工的积极性和创造性。人力资源管理要求在实现组织目标的同时，也要满足员工的个人需要(包括物质需要和精神需要)，这样才能激发员工持久的积极性。只有在人力资源规划的条件下，员工对自己可满足的东西和满足的水平才是可知的。

(5) 有利于控制人力资源成本。人力资源规划有助于检查和测算出人力资源规划方案的实施成本及其带来的效益。通过人力资源规划预测组织人员的变化，调整组织的人员结构，把人工成本控制在合理的水平上，这是组织持续发展不可缺少的环节。

(二) 人力资源规划的发展阶段[①]

在以美国为代表的西方发达国家，人力资源规划大致经历了三个主要发展阶段。

1. 20 世纪初期至 20 世纪 50 年代：人力资源规划的产生阶段

在 19 世纪末期之前，美国大部分劳动力仍然从事农业劳动，非农部门一般是小规模经营，此时劳动力的过剩和价格低廉以及生产技术的相对落后，使企业缺乏对人力资源进行规划的主观需求和客观必要。因此，企业管理基本上没有人力资源规划的职能。

从 19 世纪末期开始，非农产业迅速发展，工业部门发生了重大变化，生产过程和生产技术不断发展，越来越多的工厂开始采用所有权和经营权分离的现代企业制度，并且开始形成专门从事企业日常经营活动的管理阶层。随着福特汽车公司的标准化生产流水线的发明，产品生产从传统的低效率转变为高效率的标准化生产。工业部门的快速发展，企业规模的迅速扩大和生产技术的飞速进步，使得劳动分工、专业化、职能制、绩效考核等管理技术得到越来越广泛的应用。同时，企业对生产效率的重视和劳动力市场熟练工人的缺乏使企业必须重视人力资源规划，如进行人力资源供给和需求预测，调整人力资源政策等。此时人力资源规划的职能便开始产生，重点是如何从劳动力市场获取企业需要的技术工人以及如何通过人力资源管理政策提高工人的生产效率。

---

① 廖明. 2008. 建立分层分类的人力资源规划体系. 中国人力资源开发，(2)：20-21.

2. 20 世纪 60~70 年代：人力资源规划的发展阶段

第二次世界大战以后，企业开始关心如何获取有能力的管理人员。尤其是在 20 世纪 60 年代后，科学技术迅猛发展，工业等各行各业继续飞速发展，企业规模进一步扩大，导致社会对各类管理人才和专业技术人才的需求迅速上升。为获取足够的合格人才，人力资源规划开始在企业人力资源管理中占据重要地位。此时，人力资源规划的重点是满足企业的人才需求，尤其是紧缺管理人才、专业技术人才的需求。人力资源规划的概念也被较完整地定义为“管理人员根据企业理想的人力资源状态和目前的实际状况进行比较，通过各种人力资源措施，让适当数量和种类的人才在适当的时间和地点，从事使企业和个人双方获得最大的长期利润的工作”。这一定义包括了人力资源规划的基本步骤：确定企业目标和计划；预测人力资源需求；分析企业人力资源现状及供给；确定人力资源需求；制定适当的人力资源政策。

进入 20 世纪 70 年代，由于美国劳动就业的有关法律法规不断健全和完善，企业人力资源管理的政策和活动受到了更多限制，人力资源管理成为更加专业化和精细化的工作。在这一时期，人力资源规划被广泛应用，并成为各类组织的一项重要人力资源管理职能。1977 年，在美国成立的人力资源战略和规划学会标志着人力资源规划正式成为企业人力资源管理的一项重要职能。

3. 20 世纪 80 年代至今：人力资源规划的成熟阶段

20 世纪 80 年代以来，企业面临的经济形势多变、经营环境日趋复杂，企业战略的重要性日益加强。企业不断反思各自的经营战略和方针，并通过调整规模、组织再造、裁员等一系列变革加强企业的竞争力。企业经营管理模式和人力资源管理政策发生了调整，员工就业观念和要求也发生了深刻变化。此时，人力资源规划的重点开始强调中高层管理者的培养计划、人员精简计划、企业文化塑造以及与企业重组、兼并等匹配的人力资源措施。

由于企业所处的经营环境的复杂化、市场竞争日趋激烈化，战略在企业经营和可持续发展中的作用越来越重要，因此从战略层面检查人力资源管理的各项政策也就显得更为必要。人力资源战略成为企业战略的一个有机组成部分，从战略视角进行人力资源规划就成了新时期人力资源规划的一个重要特征，人力资源规划开始强调与人力资源战略及企业经营战略的协调一致。根据明确的战略制订人力资源规划，标志着企业人力资源规划职能的成熟。

20 世纪 90 年代以来，世界经济和科学技术继续快速发展，世界经济一体化进程加快，市场竞争更加激烈。核心能力、核心素质、核心人才成为企业竞争优势的关键因素，人才的竞争，尤其稀缺人才的竞争成为企业管理者面临的主要难题之一。与此同时，人力资源管理科学的发展也为人力资源管理作用的发挥提供了强有力的支持。

人力资源规划的职能定义正是在上述发展过程中不断被充实和完善。在近百年的发展中，其含义从一般性的简单人员配置过程发展到与企业战略和企业文化等广泛相关的、影响企业竞争优势、以人力资源为对象的重要管理过程中来。

(三) 人力资源规划的参与者

人力资源规划的制订和推行必须要组建跨部门核心专业团队，成员包括企业高层以及战略、生产、销售、财务、运营、人力资源等各主要部门的负责人。人力资源规划专业团队负责讨论确定企业战略、业务战略及其对人力资源规划的要求、人力资源总体规划、主要策略等，专业团队内部需明确角色与分工，具体如表 2-1。

表 2-1　人力资源规划项目角色分工

角色	分工
企业高层	企业经营战略的决策者、人力资源战略规划的决策者
直线主管	人力资源政策的实施者、人力资源战略规划的制订者 人力资源战略规划的执行者、内部环境的营造者
HR 部门	企业经营战略的倡导者、人力资源战略规划的设计者 人力资源战略规划的培训者、人力资源战略规划的监督者
员工	人力资源政策的体验者、人力资源战略规划的对象

让企业高管及主要部门负责人全程参与进来，在方案制订的过程中充分挖掘他们的潜力，能使计划、方案更加可行。他们参与了整个方案的制订，就会全力以赴执行落实。制订计划的过程本身就是一个最有效的沟通过程，相关部门之间沟通顺畅，会对执行带来直接的帮助。

(四) 人力资源规划的基本类型

人力资源规划按其规划的内容可划分为两种：总规划和各项业务规划。当企业确定了人力资源发展战略和人力资源发展政策以后，就需要在战略与政策的指导下，就战略目标的实现拟订具体的实施计划，这些计划也称为企业人力资源业务规划。业务规划主要有晋升规划、补充规划、培训规划、调配规划、报酬补偿规划、职业生涯规划、人力资源退休解聘规划等。

(1) 人力资源晋升计划。通过尽量将员工放在能够使其发挥作用的工作岗位上，以求调动员工的劳动积极性并以最低成本使用人力资源。

(2) 人力资源补充规划。人力资源补充主要有三种形式：内部选拔、个别补充和公开招聘。在制定补充规划时必须注明需要补充的人力资源类型、技能等级、需要补充部门、补充人数、补充方式、补充时间、补充以后增加的效益、补充以后增加的支出等。

(3) 人力资源培训规划。这是为企业长期、中期、短期所需要弥补的空缺职位事先准备合适的人力资源而制定的培训计划安排。

(4) 人力资源配置规划。其主要是如何将企业所拥有的人力资源在企业各个部门之间进行合理配置，使各个部门能够围绕着企业的经营目标进行有效的配合，使企业在激烈的市场竞争中获得优势。

(5) 人力资源报酬补偿规划。根据员工的劳动付出给予相应的补偿，使企业可以利用补偿总额规划，合理安排各类人员的工资，使企业员工所获得的各种补偿与其投入相匹配。

(6) 员工职业生涯规划。企业通过协助员工制订职业生涯规划，将员工个人的发展需求与企业发展对人力资源的需求紧密联系在一起，确保二者的同步发展。通过制订员工的个人职业生涯规划，将那些对企业发展有重要的作用和潜在影响的员工留在企业人力资源队伍中。

(7) 人力资源退休解聘规划。通过退休解聘规划，可以使企业在困难时期能够在降低人工成本的同时又保持企业原有的人力资源队伍，以备在市场好转之时有必需的人力资源队伍适应企业的发展。

按人力资源规划的期限可划分：长期规划、中期规划和短期规划。① 短期人力资源规划，指 1 年或 1 年以内的规划；② 中期人力资源规划，指 2~3 年的规划；③ 长期人力资源规划，指 3 年以上的规划。

各类不同的企业人力资源规划包含了不同的内容，如表 2-2 所示。

二、人力资源规划的基本步骤

图 2-1 显示了基于企业战略的人力资源规划系统模型。在此模型中，人力资源战略规划可分为四个阶段：第一阶段是信息收集与处理，主要是分析企业发展战略、内外部环境、人力资源状况以及相关影响因素；第二阶段是总体规划与分析，即根据收集处理后的信息，制订人力资源战略规划的总体设计方案及目标；第三阶段是制订并实施与业务战略直接相关的详细计划；第四阶段是对人力资源战略规划实施的过程进行监控、评估及修正。

在战略性人力资源规划体系中，企业人力资源总量目标规划、人力资源结构优化目标规划和人力资源素质提升规划是核心，其他人力资源战略规划的制订与执行需以此为基础进行。人力资源战略规划包括以下六个主要步骤。

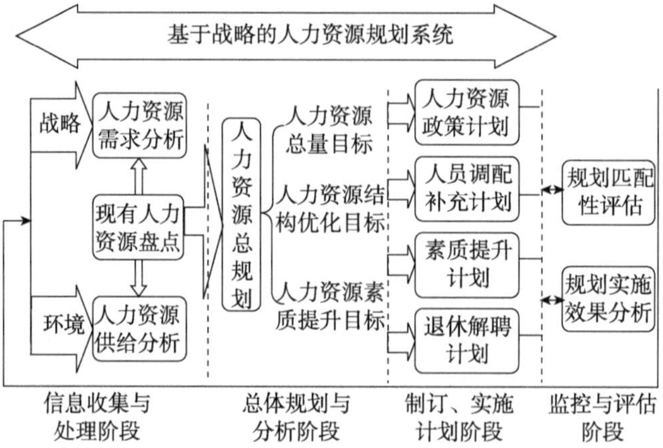

图 2-1　人力资源战略规划体系

表 2-2　各种类型人力资源规划的内容

计划类型	目标	政策	步骤	预算
总规划	总目标：绩效、人力总量、素质、员工满意度	基本政策：扩大、收缩、改革、稳定等	总体步骤：(按年度)如完善人力资源信息系统，进行薪酬改革等	总预算：××万元
人员补充计划	类型、数量、对人员结构的改善等	人员标准、人员来源、起点待遇	拟定标准(×月)、广告宣传(×月)、考试(×月)、录用(×月)	招聘、选拔费用：××万元
人员使用计划	部门编制、人员结构优化及绩效改善、岗位轮换幅度	任职备件、职务轮换范围、职务轮换时间	职业性向测试、轮岗选择报名、从×级别开始、绩效管理技能改善	按使用规模、类别及人员状况决定工资、福利预算
人才接替及晋升计划	后备人才数量的保持、人员结构及绩效目标的提高	选择标准、资格、试用期、晋升比例、未晋升人员的安置	性向测试、志愿填报、培养计划制订	职务变动引起的工薪变化：××万元
教育培训计划	素质、绩效改善、转变观念	培训时间的保证、培训效果的保证(待遇、考核、晋升)	略	教育培训总投入/万元；脱产培训损失/万元
评估与激励计划	人才流失降低、士气水平提高、绩效改进	激励重点、工资政策、激励政策	略	增加工资/万元 发放奖金/万元
劳动关系计划	减少非期望离职率、改进干群关系、减少投诉率及不满	参与管理、加强沟通	略	法律诉讼费
退休解聘计划	编制精简、劳动成本降低、生产率提高	退休政策、和谐解聘	略	安置费用、人员重置费

资料来源：黄亨煌. 2006. 基于战略的人力资源规划. 中国人力资源开发，(7)：53.

1. 确认现阶段企业经营战略

即明确企业战略决策对人力资源战略规划的要求，以及对人力资源战略规划所能提供的支持。随着人力资源管理的发展与成熟，在整个企业战略的形成过程中，人力资源专家开始参与战略的制定与实施，人力资源职能与战略规划职能不再是单纯的行政联系，而是逐步由行政管理联系经单向联系、双向联系向综合联系演绎。人力资源职能在战略的形成与战略的执行两方面都得到体现。

同时对当前人力资源所处的外部宏观环境和企业内部环境进行分析。外部宏观环境是指企业系统之外能够对人力资源管理活动产生影响的各种因素，主要有政治法律环境、经济环境、劳动力市场环境、科学技术环境、社会文化环境等。由于这些因素都处于企业的范围之外，企业一般不能直接控制和改变它们，所以企业只能根据外部环境的状况及其变化采取相应的措施。企业内部环境是指在企业系统之内能够对人力资源活动产生影响的各种因素，主要包括企业的战略、企业文化、企业的组织结构、工会等。

2. 对现有人力资源进行盘点

盘点现有人力资源主要从四个方面进行：一是要摸清人力资源家底，可通过人力资源信息管理系统收集个人自然情况、教育资料、能力和专长、所受培训等，以评价企业现有人才状况。在调查分析过程中作好职位分析，因为职位分析定义了该岗位应有的职责、责任和权力，以及该岗位所需的任职资格，只有进行职位分析，才能更准确地进行人力资源规划；二是要判断企业人力资源结构是否合理，人力资源结构性指标主要包括各部门人员比例、各层级人员比例、各层级以及各部门人员的知识结构、年龄结构、学历结构和职称结构；三是要运用测评技术对重点人员进行评估；四是要对企业内部人力资源状况进行总体或分类统计。

3. 人力资源需求预测

人力资源需求预测指根据企业的发展规划和企业的内外条件，选择适当的预测技术，对人力资源需求的数量、质量和结构进行预测的过程。人力资源需求一般根据企业战略、业务增长趋势、各部门工作量、人员稳定性等因素来进行预测。主要工作包括：一是测算人力资源总量以及按工种、岗位、职务等分类的结构性指标；二是提出年度人员新增、压缩辞退、转岗调配等具体计划；三是制订人员的数量、质量、素质等具体的人力资源需求计划。可采用经验预测、专家预测、德尔菲法、数量回归方法等进行预测。

4. 人力资源供给预测

人力资源供给预测是指为了满足企业未来对人力资源的需求，根据企业的内部条件和外部环境，选择适当的预测技术，对企业未来可从内部和外部获得的人力资源的数量和质量进行预测的过程。内部供给预测可建立员工技能档案，以收集员工绩效记录、技能、经验、发展潜力、年龄、职务等方面的信息，并评估内部现有人员的离职率、调动率、升迁率。外部供给预测需综合考虑影响人力资源供给的区域性因素和全国性因素，区域性因素主要考虑公司及所在地对人才的吸引力、交通情况、教育文化水平、就业水平、人才供求状况等；全国性因素主要考虑人口总量及结构的变化、毕业生规模与结构、国家政策法规、人才供求关系等。

5. 确定人才供求预测净需求

人力资源规划者应根据短缺岗位对人员技能的需求与富余岗位人员的技能进行比较，再从人力资源总量、人力资源素质、人力资源结构等方面入手进行规划。应对预期出现的供需缺口采取裁员、提前退休、临时解聘、雇佣临时性员工、外包、加班加点、招聘等方式予以弥补。

人力资源规划成果体现为人力资源总体政策规划、人员补充计划、退休解聘计划、接替晋升计划、素质提升计划。根据人才对战略的价值，可将人才分为核心人才、独特人才、通用型人才和辅助型人才。核心人才是直接与企业核心能力相关、掌握了企业特殊知识和技能的人才，核心人才是市场稀缺性人才，并与企业的发展息息相关，为满足企业核心人才的供给，必须重视对核心人才的战略性规划。

6. 执行监控与评估

企业应将人力资源战略规划当做一个项目来运作，制订具体的行动计划及分类规划，并设立一套报告程序来对规划项目进行监控。由于不可控因素很多，如不进行动态监控和调整，人力资源规划项目最后就可能与实践相去甚远，失去指导意义。所以，要一次规划、分期滚动实行，并根据实际情况进行动态评估调整。

[案例 **2-1**][①]

美兰公司的人力资源规划过程[①]

美兰公司是一个正在迅速发展的中小企业，制订了一套人力资源管理的工作计划，其计划主要内容包括以下两个方面。

1. 预测

首先是组织变化的预测。随着企业的经营环境(内部与外部环境)的变化，其组织结构也必然发生变化，应该对其进行预测。预测的主要内容有六个方面。

(1) 组织目标是否会改变，如何改变；

(2) 职务层次序列是否可能改变，如何改变；

① 寒武. 2007. 人力资源战略与规划. 北京：中国发展出版社：121.

(3) 意见沟通路线是否会改变，如何改变；

(4) 有效的协调和合作关系是否会改变，如何改变；

(5) 职能机构、支线机构是否需要增减，如何增减；

(6) 劳动组织关系是否会改变，如何改变。

其次是人员变化的预测。主要内容有三个方面。

(1) 产品规划对人力需求的预测。按照产品规划所列的产品品种与数量，参考编制定员的五种办法进行预测；

(2) 新产品发展对人力结构影响的预测。产品的更新换代将打乱原有的生产秩序和加工工艺过程，使各个环节的劳动数量发生重大改变，相应地也会改变岗位和职位的结构与数量，对此必须加以预测；

(3) 设备的技术改造与更新对人力结构影响的预测；

2. 决策

人力资源决策过程是人力资源规划编制过程的关键，需要决策的主要问题有七个方面。

(1) 确定人力资源计划的目标，根据企业整体计划目标和各项职能计划对人力资源的要求，紧紧围绕着提高劳动生产率这个中心来确定。

(2) 人员征补的决策，包括各类人员征补数量、征补时机、征补方式，以及对征补人员素质上的要求等。

(3) 职业转移的决策，包括其规模、类别、时机、去向等。

(4) 人力补充决策，指因企业规模扩大、技术设备更新所需新增人员的数量、素质及来源的决策。

(5) 职工培训决策，包括培训目标、培训内容、培训方式等。

(6) 薪酬分配决策，包括正确处理企业分配关系，设计合理的薪酬总额、薪酬结构、薪酬关系，以调动员工积极性，提高工作效率。

(7) 劳动力维持决策，是指为维持劳动力的正常状态，需要在劳动保护、职工福利等方面确定目标、采取的措施及经费预算。

第二节　企业战略与人力资源规划

一、人力资源规划与企业战略的关系①

人力资源规划与企业战略之间存在三种不同的关系：随动关系、孤立关系和结

① 晏景荣. 2006. 基于企业战略的人力资源规划流程及方案探析. 中国人力资源开发，(7)：55-57.

合关系。随动关系是指人力资源战略和规划相当于企业战略确定之后的一个附件。即只有在战略和经营计划等确定之后，才会开始提及人力资源规划问题，人力资源规划完全以企业战略所需的人员结构、竞争力、领导能力为目标来开展，相当于一个被动的事后过程。孤立关系则将人力资源战略和规划作为一个与企业战略相独立的过程，规划优先关注人力资源管理的事项而不是战略目标，这样的人力资源规划很少能为企业的战略成功创造价值。

杰弗里·海洛(Jeffrey A. Mello, 2004)提出虽然人力资源规划是在组织战略目标和计划确立后开展的，但并不意味着它是一个被动的过程。人力资源规划努力预见组织内部和外部环境的变化，并在这些变化发生前制订计划以确保组织的战略成功。在人力资源规划过程中，其获取的信息往往对于整体战略的可行性起到了重要的论证作用，组织可以根据这些信息对战略进行适当及时的调整，确保战略目标的最终实现。因此，企业战略与人力资源规划相互依赖、相互完善的结合关系是现代企业人力资源规划的目标。三种关系的具体内容如表 2-3 所示。

表 2-3　人力资源规划与企业战略的关系

项目	随动关系	结合关系	孤立关系
人力资源规划定位	完全以企业战略要求为准则，事后措施	以企业战略为基础，相互完善，互动过程	以人力资源管理事项为重点，独立操作
人力资源规划过程	由各部门管理者制订战略，人力资源管理人员事后执行	各部门管理人员与人力资源管理人员共同完成规划过程	人力资源管理人员制订规划方案，提交各部门审核
人力资源规划结果	制订达成经营计划所需的规划方案	与企业战略相互协调的规划方案	人力资源部门目标为优先的工作计划

由于不同的企业战略会对企业的人力资源战略赋予不同的使命，在进行人力资源规划过程中人力资源存量的分析和需求供给预测的关注对象也会有所差异，最终必然会产生侧重点有所不同的人力资源规划方案。表 2-4 总结了与波特的三种竞争战略相匹配的人力资源规划方案。

迈尔斯和斯诺将企业战略分为防御者战略、分析者战略和探索者战略。针对每种战略的特殊需求，企业的人力资源规划方案也存在差别，如表 2-5 所示。

二、人力资源外包①

(一) 案例导入

A 公司成立于 1995 年，是中国较早成立的专业人才公司。经过 10 年的时间，

① 贾建锋，赵希男. 2006. 人力资源外包风险及其规避策略. 中国人力资源开发，(4)：56-58.

A 公司不断发展创新，迄今为止举办了各种大型招聘会 800 多届。近年来，公司通过资本收购不断扩大市场规模，目前旗下已拥有四家人才市场，为数百万人提供人才服务，已经成为“中国最大的民营人才市场”之一。

表 2-4 与波特的竞争战略相协调的人力资源规划方案

企业战略	组织特点	人力资源战略要求	人力资源规划方案
成本领先战略	结构分明的组织和责任；严格的成本和定量目标控制以及员工监督；经常、详细的控制报告	强调员工生产率；以定量目标和绩效评估为基础的薪酬激励；强调与工作有关的培训	周密的总体规划；高生产率员工是人员补充、培训等规划的主体；薪酬规划以低成本、即时激励为导向
差异化战略	基础研发能力强；质量或科技领先的企业声誉；强大的生产营销能力	营造轻松愉悦的工作氛围以吸引创造型人才；强调主观评价和自我激励而非定量指标；基于团队的培训	灵活的总体规划；增强创新能力是人员补充、配置、培训等规划的重点；员工的职业生涯规划受到重视
集中化战略	针对某一客户群、某一地区提供更高效的服务，以实现成本领先优势或差异化优势	员工有特定的技术特长；通过长期激励来留住核心员工	适应性的总体规划；专业技术是影响员工补充、培训规划的首要因素；薪酬规划倾向于股权等长期激励；员工的职业生涯规划受到重视

表 2-5 与迈尔斯和斯诺的战略相协调的人力资源规划方案

企业战略	组织特点	人力资源战略要求	人力资源规划方案
防御者战略	维持内部稳定性；有限的环境分析；集中化的控制系统；标准化的动作流程	获取员工最大潜能；通过培训开发员工能力、技能和知识；保持稳定的员工流动水平	稳定的总体规划；人员补充规划以内部流动为主；完善周密的培训规划；员工职业规划受到重视
分析者战略	组织结构弹性大；严密和全盘的规划；低成本的独特产品	重视自我激励动机强的员工；重视员工知识能力、技能和知识的自我发展；人员配备与团队结构灵活运用	周密的总体规划；人员补充、配置和培训规划以自我学习能力和激励能力强的员工为主体；员工职业规划受到重视并尊重个人意愿
探索者战略	组织结构非正式化；广泛的环境分析；分权的控制系统；资源配置快速	雇佣拥有目前需要的技能且能马上使用的员工；员工能力、技能和知识的培养以工作为导向；外部招聘较多	灵活的总体规划；员工补充、配置规划倾向于外部供给；培训规划主要是简单的上岗培训；薪酬规划以多样化为导向

随着公司业务与规模的不断扩大，公司人力资源管理面临的挑战与压力也越来越大。各业务部门总是抱怨人手不够，同时部分员工又抱怨工作饱和度不够，薪资偏低，年终奖金分配不合理，随意性太大，而管理层没有办法确切了解到人均产值，也很难考察到每个人是否尽力工作。

各业务部门经常大规模招聘，但是看不到业绩的大幅上升。大量与公司一起成长“打江山”的老员工，常常以功臣自居，人浮于事、效率低下。公司管理层经过认真分析，认为这些现象源于长期以来公司没有一套合理的绩效考核体系，薪资不能很好地与绩效挂钩。而公司的核心优势在于整合“网络+传统招聘会+移动通信+平面媒体”等多种媒介资源，全力打造求职招聘互动的交流平台，为企业招聘与人才求职提供更多的解决之道。管理层经过分析认为，设计绩效考核体系不是自己的优势。同时，经调查发现：在美国，80%的企业将许多原来由企业人力资源部门承担的工作职能外包给专门从事相关服务的外部机构；在加拿大，95%的企业至少有一项人力资源职能外包，而55%的企业计划将更多的人力资源职能外包。为了集中精力于自己的核心业务，公司决定实行人力资源外包策略，将设计绩效考核体系的工作外包出去。之后，公司迅速采取了以下三条措施。

(1) 选择外包服务商。为了使公司尽快摆脱困境，A 公司迅速找到本地一家从事人力资源咨询的公司。在谈判过程中，A 公司一味压低外包服务成本，而对咨询公司的其他状况未作详细考察，双方很快签订了外包服务协议。

(2) 设计新的绩效考核体系。协议签订后，咨询人员进驻 A 公司，针对各类岗位有代表性地进行信息收集。一个月后，通过实地观察、访谈等手段，咨询公司制定出 A 公司各岗位职位说明书，并在此基础上设计了 A 公司的绩效考核体系。按照 A 公司管理层的计划，新的考核体系的出台，将意味着员工的薪资、奖励以及年终奖等将与考核结果挂钩。

(3) 实施新的绩效考核体系。新的绩效考核体系完成后，咨询人员认为他们对此体系最为熟悉，因此建议 A 公司将绩效考核的实施工作交由他们完成，这一建议得到了 A 公司的同意，并签订了新的外包服务协议。

新的绩效考核体系运行半年后，公司的绩效水平没有明显提升，而且在实施过程中不断遭到许多员工的反对，尤其是老员工极为不满。不满主要来自两个方面：一是员工不认可咨询公司收集到的岗位信息的真实性、准确性和全面性；二是新的考核体系是对公司许多原有制度的彻底性破坏与否定，员工难以接受。一部分员工为此相继离开公司。更令公司没有想到的是：咨询人员在绩效考核的过程中，接触到了许多关于 A 公司的商业信息与个人业绩的数据，便借助有用的商业信息为自己赚取外快，同时向其他公司透漏了 A 公司的员工绩效信息，造成大量优秀人才流向竞争对手，公司再度陷入困境。

(二) 案例分析

人力资源外包(human resource outsourcing，HRO)是企业业务外包的一种形式，人力资源外包是有策略地利用外界资源，将企业内部与人力资源相关的工作与管理责任部分或全部转由专业服务机构承担。其目的是使企业拓展战略机会和增强适应性，更专注于企业的核心竞争力，掌握人力资源专业管理程序，在持续获取先进的专业技术资源的同时控制经营成本，实现人力资源管理职能的高效运行。

人力资源外包是近年来兴起的一种资源外包形式。由于其具有降低企业运营成本、培育核心竞争能力、专注于自身核心业务与战略性活动、获得外部专业化的人力资源服务与整合高技能的人力资源专家等优势，而成为企业管理中的一项新兴内容，日益显示出高速的成长性和市场潜力。A 公司也正是看到了这些，才决定将绩效考核的职能进行外包。但 A 公司最终实施的效果也为企业敲响了警钟，即人力资源外包也具有多方面的风险。认真分析案例公司可以发现，其问题在于没有很好地规避以下四点风险。

(1) 来自外包服务商方面的风险。按照信息经济学的理论，在人力资源外包中，企业与外包服务商之间形成了“委托—代理”关系。由于信息的不对称，企业无法真实全面地了解外包商的经营业绩、社会声誉、发展状况、成本结构等与自己利益息息相关的信息，以致外包前未能筛选到合适的外包商，造成逆向选择的结果。外包后，外包商也可能发生未尽力执行受托工作或者采取不利于外包企业行为的道德危险。案例中，A 公司在外包商的选择上仅仅强调压低外包服务成本，而未对咨询公司进行综合全面的考察与评价。这种战略上的短视行为及其后期对服务商管理监控的不善，直接导致了绩效考核体系的不合理以及实施效果差等一系列后果的发生。

(2) 来自企业经营安全方面的风险。外包时，企业与外包商在合作过程中进行有关企业知识与信息的共享是必然的。由于服务商的人员素质、职业道德以及管理水平等原因，可能存在多种泄密的机会和途径。企业有价值的信息(如吸引人才策略、薪酬标准与结构等)一旦被泄漏，后果十分可怕。案例中，咨询人员将相关信息泄漏给了 A 公司的竞争对手，导致 A 公司大量优秀人才流失，这是人力资源外包中面临的最大挑战。

(3) 来自员工方面的风险。外包对于企业及员工确实是一种变革，原先的管理流程、职责分配、汇报关系及个人的职业发展定位都会有不同程度的改变，因此员工常常会产生各种顾虑、猜疑和不满。案例中，由于员工对新的绩效考核体系的不满，直接或间接地影响他们的工作情绪，从而加剧企业内部人员的流失，导致新一轮矛盾的加剧和内部冲突。另外，A 公司也没有处理好内部员工和外部人才的平衡问题。任用咨询人员来承担企业的绩效考核，忽视了内部员工的作用，挫伤了他们的工作热情。

(4) 文化差异的风险。企业文化的形成是一个长期的过程，但是一旦形成就很难改变。人力资源外包涉及企业与外包商双方的人力资源整合，他们之间一定程度上更是一种合作行为，合作过程中必然产生文化的交叉与碰撞。若外包商提供的服务内容不能很好地适应发包方企业的文化，则会造成服务质量与效率的下降，引起发包方企业员工的不满，弱化企业文化的凝聚功能。案例中，咨询人员进驻 A 公司后，在未对 A 公司文化作任何考察的情况下，仅用一个月的时间就拿出了新的绩效考核方案。实践证明，新的方案没有考虑与公司原有相关制度的有效对接，也没有将公司的文化(如老员工的价值观)很好地考虑进去。再好的方案，如果脱离了发包公司的文化，注定是要失败的。文化在外包服务中占有很重要的位置，适应发包公司的文化是动力，忽视文化就是风险。

[案例 **2-2**]

价格不定的青椒童子鸡

周经理近来很不顺心，各部门都向人力资源部门要人，可一时哪有那么多合适的人啊？这种情况在一年中已出现了三次，周经理不明白是这些部门发了疯，还是自己的工作出了错。为了减轻工作压力，周经理独自来到熟悉的酒楼用餐，无意间听到了酒楼经理和顾客的一段对话。

一名顾客一脸不悦地向酒楼经理抱怨：“前天我和家人来用餐，一致认为青椒童子鸡最好吃，当时青椒童子鸡是限量供应特色菜。今天我专门请同事来尝，还特地赶了个早，不想今天青椒童子鸡成了限时特价菜，害得我被同事嘲笑了一番，说我赶早是为了请大家吃便宜菜。你听，他们还在包间里笑呢。”

显然酒楼经理和这位顾客是认识的，酒楼经理不由得诉起苦来：“你也不是不知道，负责采购的经理也是股东之一，他要选什么菜我们也没数，前天你来时鸡订少了，但今天又订多了，所以才临时把限量供应改成特价供应。不好意思，请您体谅体谅。要不您下次来之前，先打个电话问问当天的菜？”

“嘿，你怎么不先问问下个星期的菜，提前挂出来？”顾客道。

一旁的周经理不禁失笑，一个不知道酒楼供应什么，一个不知道自己供应什么，不出乱才怪。但转念一想，自己不也正犯着同样的错误吗？一方面不清楚公司内部的人员情况，每次缺人都措手不及；一方面也不清楚劳动力市场供给情况，常常一时招不到合适的人。于是原先的嘲笑变成了自嘲，但这顿晚餐让周经理觉得非常满意。

[思考题]

1. 周经理从对话中悟出了什么？
2. 你认为周经理回到公司后，会如何解决他所面临的难题？

[案例分析]

G 百货公司成立于 1991 年，总部位于某市繁华商业区，原为国有独资百货公司。2002 年，公司成功实现股份制改造，从国有独资百货零售企业改制成为国有控股、多元化投资主体的股份公司，经营业务也从单一的百货零售向多元化经营拓展。改造后的公司迅速发展，到 2007 年底已发展了 12 家连锁门店，销售额超过 38 亿元。

为适应市场和竞争需要，经过分析和研究，G 百货公司确定了未来发展的方向、总体目标及近期的发展计划，并相应地对公司整体组织架构进行了调整，建立了总部与下属门店之间新型的管控模式。公司领导认识到，要实现公司发展战略目标，缺乏核心人才是主要发展瓶颈之一。为此，公司聘请了专业机构就公司人力资源管理存在的问题进行诊断和分析。专家诊断分析和双方研讨认为，与企业未来发展紧密相关的核心人才不可能当期从市场上获得，公司必须提前作出有效的核心人才规划，以满足公司未来发展的人才需要。

一、核心人才规划原则和思路

G 百货公司核心人才规划基于两个基本原则：一是服务公司战略的原则，即规划要基于公司战略目标的需要，据此确认公司的核心人才素质和类型，并结合外部市场人才供给和企业现实人才状况，设计核心人才供给策略；二是服务公司核心能力建设的原则，即规划要在组织管理模式优化的基础上，强化企业核心能力和可持续性，提升公司的竞争力。基于这两个原则，G 百货公司形成了核心人才规划的基本思路。

(1) 明确公司未来发展战略方向，制定公司发展的中长期目标，这是公司核心人才规划的基本前提和依据；

(2) 基于战略和企业核心能力的要求，确认公司所需核心人才的素质和种类；

(3) 依据公司战略目标和业务发展策略的需要，确认未来各类核心人才的需要数量；

(4) 对公司现有核心人才进行盘点，同时对外部市场的供给情况进行预测；

(5) 将公司核心人才现状与未来需要结合，确定核心人才的供给策略；

(6) 设计专门性的人才培养方案，为公司发展培养所需专门人才。

二、核心人才规划的步骤和基本内容

人才资源是企业最重要的资源，其配置效率直接影响企业战略目标的实现及企业核心竞争力的形成与持续发展。为更好地识别和培养核心人才，G 百货公司提出了核心人才规划的基本步骤，如图 2-2 所示。

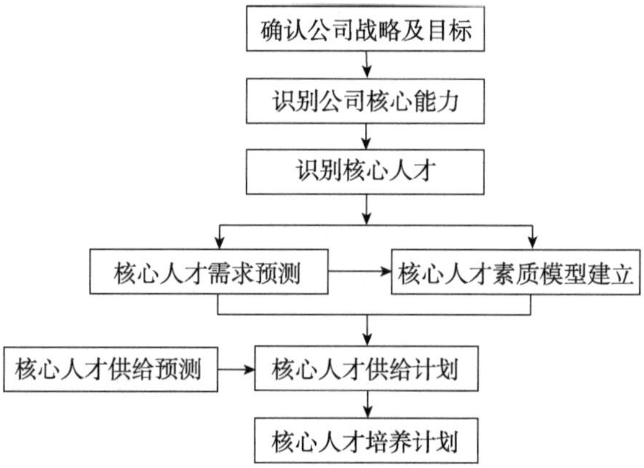

图 2-2　G 百货公司核心人才规划步骤

步骤一：战略前提和依据。

G 百货公司通过对零售业发展趋势及市场竞争态势的分析，结合自身的发展现状，制定了明确的战略方向以及实现该战略的目标和策略。公司“总体战略目标是成为中国百货连锁 20 强，到 2012 年销售收入达到 100 亿元”，实现该战略目标的发展策略是“一业为本、多种业态、连锁经营、区域做强”。依据战略目标和发展策略，公司制订了近期业务发展规划，包括近期、中期的销售收入和门店扩张数量等目标(表 2-6)，为分析公司的人才需要奠定了现实基础。

表 2-6 G 百货公司战略目标及业务发展策略

项目	内容					
战略目标	进入中国百货连锁 20 强					
业务策略	一业为本、多种业态、连锁经营、区域做强					
销售收入/亿元	38(2007 年)	45(2008 年)	55(2009 年)	70(2010 年)	85(2011 年)	100(2012 年)
门店数/个	12	14	16	20	24	25

步骤二：识别公司核心能力。

为实现 G 百货公司的战略目标，经过多次研讨，结合企业自身实力和成功经验，认为公司未来想要获得成功，必须具备七个方面的核心能力，即总部管控能力、供应链管理能力、门店运营管理能力、物业管理能力、资本运作及财务管理能力、人力资源管理能力、信息管理能力。企业核心能力的确认为建立核心员工素质模型奠定了坚实的基础。

步骤三：识别核心人才。

企业的核心人才是对企业战略目标实现价值贡献较大，能形成企业核心能力，并且其素质要求具有独特性的各类人才。G 百货公司对企业内的各类人才进行分析研究，从中识别了企业未来发展所需的核心人才。核心人才的识别采用“人才价值—素质独特性模型”，即价值高和独特性强的人才就是企业的核心人才。

经识别和确认后的 G 百货公司核心人才包括七大类：门店经营管理类人才、资本运营及财务管理类人才、采购专业类人才、营运管理(经营技术)类人才、物业管理类人才、信息技术(简称 IT)应用类人才及人力资源管理类人才。

步骤四：核心人才的需求预测。

根据公司的业务发展，采用不同的方法对所需人才的数量进行预测。其中门店经营管理类人才、物业管理类人才、采购专业类人才的需求直接与公司的业务发展规模相关，可依据公司人才的配置数量和公司业务发展规模的变化来预测；而资本运营及财务管理类人才、营运管理类人才、IT 应用类人才及人力资源管理类人才则主要通过管理人员访谈法进行预测。

步骤五：建立核心人才素质模型。

在人力资源管理专家的协助下，在战略分析和企业核心能力确认的基础上，建立核心人才的素质模型，将企业关键成功能力转化为对员工必备的具体素质的要求，为企业将来的人才培养和人才选拔确定了具体标准。核心人才素质模型(表 2-7)包括核心能力、领导力、通用能力和专业能力四个方面，不仅明确了各种人才所具备的能力类型，还明确了每项能力的具体要求。

表 2-7　G 百货公司门店经理素质模型表

素质类型	素质指标	能力级别
核心能力	客户导向	A
	学习进取	A
	创新不息	B
	简洁高效	B
领导力	战略管理能力	C
	团队建设能力	B
	变革管理能力	B
通用能力	人际沟通能力	A
	流程管理能力	A
	项目管理能力	B
专业能力	门店运作熟悉程度	A
	国内外零售动态把握能力	B

步骤六：核心人才供给预测及内部人才盘点。

G 百货公司通过核心人才的供给预测分析，结合企业发展对人才的需求，提出了核心人才供给的策略，主要是以下四个方面。

(1) 及时补充策略。关键岗位人才缺口应尽快补充，否则随着业务的扩展，人才缺口将急速扩大，最终成为企业成长的瓶颈，因此发现和培养合适的人才应成为各级管理人员和人力资源部门的核心工作之一。

(2) 内部优先培养策略。关键岗位人才应着眼于自身培养，特别是门店管理类高层次人才(门店总经理等)，应尽可能通过从现有员工中提拔培养。

(3) 基层加速策略。对于比较容易培养的基层岗位可适当加快培养速度，一方面可以增加人才供给，另一方面也可以增强对基层员工的吸引力，减少人才流失。

(4) 人才储备策略。可以在一定程度上扩大基层管理岗位的数量，并储备一定数量的基层管理人员和可以培养为管理人员的应届大学生，以便从中挑选和培养更高级的人才。

步骤七：制订核心人才供求计划。

在明确了人才供给策略的情况下，根据公司核心人才需要预测数量和公司现有人员配置，G 百货公司编制了核心人才的供求滚动计划(表 2-8)，表中带有加号的数目为各类人才在某年份补充的数量。

步骤八：制订核心人才培养计划。

从 G 百货公司的核心人才供求计划表中可以看出，随着公司业务的不断发展，各类各层次人员需要补充的规模相当大，单纯依靠外部招聘很难满足现实需要，为此 G 百货公司制订了专门的核心人才培养计划。人才培养计划包括：一是为了更清晰地储备和提升人才，并与员工的职业发展兴趣结合，设计了人才晋升通道；二是对有潜力接替关键岗位的员工进行专门的针对性培训，设计了关键职位的接续计划。培训方案例子见表 2-9。

表 2-8　G 百货公司门店运营管理人才滚动计划表

级别	2007 年年底保有	2008 年新供给	2008 年年底应保有	2009 年新供给	2009 年年底应保有	2010 年新供给	2010 年年底应保有	2011 年新供给	2010 年年底应保有	2010 年新供给	2012 年年底应保有
高级	10	+15	25	+5	30	+14	44	+5	49	+10	59
中级	50	+50	100	+20	120	+30	150	+20	170	+30	200
初级	150	+200	350	+100	450	+120	570	+100	670	+130	800

表 2-9　G 百货公司 2009 年门店店长培训计划表

项目	内容
培训对象	现有各店长、副店长、店长助理(约 30 人)
培训目的	增强现有门店经营管理人员的经营管理能力、加快副店长和店长成长。
培训周期	1 年
培训内容	《公司发展战略》、《企业文化》、《服务管理》、《采购管理》、《品类管理》、《公共关系与危机管理》、《经营数据分析》、《门店物业管理》、《零售 IT 系统》、《人力资源管理》、《情景领导》
培训方式	授课+研讨+导师制+案例研究+现场考察+标杆分析+改善方案报告会
师资	实务性课程主要由公司主要领导负责讲授，部分课程外聘讲师

资料来源：张春虎，朱益宏. 2009. G 百货公司基于战略的核心人才规划管理. 中国人力资源开发，(5)：67-69.

[思考题]

1. 人力资源规划的含义。
2. 人力资源规划的作用。
3. 人力资源规划产生的背景。
4. 如何制订企业的人力资源规划？
5. 企业发展战略与人力资源规划存在哪三种关系？
6. 什么是人力资源外包？人力资源外包存在哪些风险？

CHAPTER 3

第三章　工作岗位分析

[内容提要]

“人与岗位匹配，才能人尽其才”，但要做到人与岗位的匹配，首先是要确定岗位的数量、结构和用人标准。因此，如何确定岗位工作人员的数量，如何制定岗位的用人标准，以及如何判断工作岗位在组织中的相对层级是本章的基本内容。

[学习要点]

1. 了解工作分析的含义、作用和流程；
2. 掌握工作分析的基本方法；
3. 理解岗位设计的原则、方法；
4. 理解定编定员的原则、方法；
5. 掌握工作说明书的主要内容；
6. 掌握岗位评价方法、流程。

开篇案例

A 公司是我国中部省份的一家房地产开发公司。近年来，随着当地经济的迅速增长，房产需求强劲，公司有了飞速的发展，规模持续扩大，逐步发展成一家中型房地产开发公司。随着公司的发展和壮大，员工人数大量增加，众多的组织和人力资源管理问题逐渐显现。

公司现有的组织机构，是基于创业时的公司规划，随着业务扩张的需要逐渐扩充而形成的，在运行的过程中，组织与业务上的矛盾已经逐渐凸显出来。部门之间、职位之间的职责与权限缺乏明确的界定，扯皮推诿的现象不断发生。有的部门抱怨事情太多，人手不够，任务不能按时、按质、按量完成；有的部门又觉得人员冗杂，人浮于事，效率低下。

公司的人员招聘方面，用人部门给出的招聘标准往往含糊，招聘主管无法准确地加以理解，结果招来的人大多差强人意。同时，目前的许多岗位不能做到人事匹配，员工的能力不能得以充分发挥，严重挫伤了士气，并影响了工作的效果。以前公司员工的晋升由总经理直接作出决定，现在公司规模大了，总经理几乎已经没有时间与基层员工和部门主管打交道，基层员工和部门主管的晋升只能根据部门经理的意见作出决定。而在晋升中，上级和下属之间的私人感情成为决定性的因素，有才干的人往往并不能获得提升。因此，许多优秀的员工由于看不到自己未来的前途，而另寻高就。在激励机制方面，公司缺乏科学的绩效考核和薪酬制度，考核中的主观性和随意性非常严重，员工的报酬不能体现其价值与能力，人力资源部经常可以听到大家对薪酬的抱怨和不满，这也是人才流失的重要原因。

面对严重的形势，人力资源部开始着手进行人力资源管理的变革，变革首先从进行工作分析、确定岗位价值开始。工作分析、岗位评价究竟如何开展，如何抓住工作分析、岗位评价过程中的要害点，为公司本次组织变革提供有效的信息支持和基础保证，是摆在 A 公司面前的重要课题。

因此，通过本章的阅读，你将可以了解以下三个方面的内容：

1. 如何进行工作分析？
2. 工作说明书的主要内容有哪些？
3. 如何开展岗位评价？

第一节　工作分析概述

一、工作分析的定义与作用

(一) 工作分析的定义

工作分析(job analysis)，也称职位分析或岗位分析，是指对工作岗位的活动、任务、职责类型，以及胜任工作岗位的工作人员的资格进行分析和确定的过程，其主要结果是形成工作说明书和工作岗位规范。工作分析是人力资源管理的基石，其结果广泛应用于人力资源管理的招聘、培训、绩效管理和薪酬管理等过程。

工作分析的主体是工作分析者，客体是整个组织体系，对象是工作，包括战略目标、组织结构、部门职能、岗(职)位中的工作内容、工作责任、工作技能、工作强度、工作环境、工作心理、工作方法、工作标准、工作时间及其在组织中的运作关系。

企业进行工作分析首先要选择恰当时机，一般而言，主要是在以下情况下发生：新组织建立，新工作出现，新技术、新方法、新工艺或新系统出现而使工作发生变化，组织处于变革或转型期等。其次，即使是用专业咨询公司作分析，本企业也应有专业人员作为主要人员参与到工作分析之中去，参与者主要有：人力资源部门管理者(经理或专员)、工作承担者、工作承担者的上级主管、其他相关人员(外聘咨询师等)。再次，工作分析过程中要做到循规蹈矩，按流程办事。

[案例 **3-1**]

到底是谁的工作

一个机床操作工把大量的机油洒在机床周围的地面上。车间主任让操作工把洒掉的机油清扫干净，操作工拒绝执行，理由是工作说明书里并没有包括清扫的条文。车间主任顾不上去查工作说明书上的原文，就找来一名服务工做清扫。但服务工同样拒绝，他的理由是工作说明书里也没有包括这一类工作。车间主任于是威胁说要把服务工解雇，因为他是分配到车间来做杂务的临时工。服务工勉强同意，但是干完之后立即向公司投诉。有关人员看了投诉后，审阅了三类人员的工作说明书。机床操作工的工作说明书规定：操作工有责任保持机床的清洁，使之处于可操作状态，但并未提及清扫地面；服务工的工作说明书规定：服务工有责任以各种方式协助操作工，如领取原材料和工具，随叫随到，即时服务，但也没有明确写明包括清扫工作；勤杂工的工作说明书中确实包含了各种形式的清扫，但是其工作时间是从正常工人下班后开始的。

这是一个由于工作说明书不完善而导致员工管理发生纠纷的问题，由此可见，通过工作分析制定一个合理、完善、准确的工作说明书对于组织的日常管理至关重要。

企业进行工作分析要能解决如下问题：员工完成什么样的体力和脑力活动，工作将在何时完成，工作将在哪里完成，员工怎样完成这项工作，为什么要完成这项工作，完成这项工作需要哪些条件……只有进行能对这些问题作出正确回答的工作分析，才能为管理者提供有效的信息。

(二) 工作分析的作用

工作分析是整个人力资源开发与管理的奠基工程，在人力资源开发与管理过程中，具有十分重要的作用和意义。主要表现在以下五个方面。

1. 工作分析是整个人力资源开发与管理科学化的基础

人力资源管理过程包括岗位设计、招聘、配置、培训、考核、付酬等环节，每个环节的工作均需要以工作分析为基础。岗位设计要以岗位职责与工作说明书为依据，招聘要以工作说明书为依据，配置要以工作要求为依据，培训要以工作内容和要求为依据，考核要以工作目标为依据，付酬要以岗位职责大小、所需技能高低与实际贡献大小为依据。而这一切都要以工作分析为基础。因此，工作分析有助于工作评价、人员测评、定员、定额、人员招聘、职业发展设计与指导、绩效考评、薪酬管理及人员培训的科学化、规范化和标准化。

2. 工作分析是组织现代化管理的客观需要

传统的管理模式有值得借鉴的地方，但也有不少弊端：凭经验管理；重视物力、财力因素而忽视人力因素的作用；重视人的现有能力而忽视对人的潜力的发掘。在现代社会生产中，工作效率的提高越来越依赖人力因素的作用。因此现代管理的突出特点是强调以人为中心，强调在工作分析的基础上进行工作再设计和恰到好处地定员、定额，为工作者创造和谐的人际关系和组织气氛，创造良好的工作条件和工作环境，控制各种有害因素对人体的影响，保护工作者的身心健康，以激发工作者的自觉性、主动性和创造性，从而满足现代化管理的需要。

3. 工作分析有助于实行量化管理

现代企业管理实践表明，提高效益要依靠好的政策和技术进步，更要依靠严格和科学的管理。实行严格和科学的管理需要一系列的科学标准和量化方法。工作分析通过工作岗位的客观数据和主观数据分析，充分揭示了整个劳动过程的现象和本质的关系，有助于整个企业管理逐步走向标准化和科学化。

4. 工作分析是管理者决策的基础

对于一个组织(包括公共事业组织和企业组织)来说，每个岗位的工作相当于建筑大厦中的砖块，不但是组织结构中最为基本的组成部分，而且是一切管理行为的出发点和归宿。任何一个管理者，包括高层决策者，都不能不考虑什么样的工作内容与条件才能让员工的潜能与积极性得到充分发挥，什么样的工作标准与要求才能使员工的产品或服务满足社会需求，进而使自己的组织获得生存力和发展力，从而更具有竞争力。工作分析正是帮助管理者全面把握组织内外各项工作信息的有效工具，如果缺少这一过程，管理者的决策与管理将缺乏所需要的关于资源配置及其有效使用的重要信息。

5. 工作分析是当前组织变革与组织创新的重要手段

工作分析为组织工作目标的重新选择、调整与组合提供了科学的依据与支持，为组织目标变革后重新界定各部门与各岗位的工作提供了一种思路和基础，因此对于组织变革与结构调整条件下的管理决策来说，工作分析非常重要。在现代竞争日趋激烈的市场经济条件下，组织的生存与发展越来越依赖于经营者能否不断地创新。在市场开拓与工作创新的过程中，需要打破和超越以往组织工作的传统习惯和工作内容，这就要求组织管理者通过工作分析不断对工作内容、工作标准与工作过程进行创造与创新，并在工作分析的基础上进行有效控制，以确保组织目标的实现。

二、工作分析流程

CN 公司是一家国有大型建筑企业，承建了一大批省市及国家重点工程。某年三月，公司中标国家在浙江的一项重点工程，为了保证施工进度及质量要求，在施工地成立了一个项目部，隶属总部，直接负责工程的建设。然而，项目部运行三个月来，出现了职责不清、工作权限不明确、部门间工作相互推诿等现象。为了改变这一状况，项目部决定对各个部门关键岗位进行一次工作分析。

一套工作分析流程主要包括以下六个步骤：

(1) 明确目标。在进行工作分析之前，首先要明确工作分析的目标，即工作分析是服务于人员选拔，还是服务于薪酬设计；是服务于人员培训，还是据此进行内部职位的调整。然后依据不同目标，运用深度访谈方式、职位分析问卷法、任务分析清单法、工作量化排序等不同的方法来进行工作分析。

(2) 搜集背景信息。背景信息包括组织结构图、工作流程图、现有的工作说明书、规范制度及其他相关背景信息。同时要全面了解公司的情况，如人员、部门、机构设置、业务范围等方面。对信息的了解和整理过程，将大大有助于提高工作分析的适用性和准确性。

(3) 选择工作样本。以典型的、有较好代表性的业务作为工作样本，先对样本进行全面的分析，再扩大到企业全部的业务，目的是提高工作分析的效率。

(4) 搜集工作信息。以广告公司的平面设计人员为例，在进行工作设计之前要了解：其工作活动在结构上隶属于什么部门，这是需要首先明确的一点，结构的归属决定了设计人员的工作范围，影响着其工作的内容，例如节目部的设计人员可能有着完全不同的工作领域；其次，设计岗位对人的行为能力、深层胜任力与表层素质的要求主要体现在要掌握要求的技能、具备从事该种工作的素质以及基本的与人合作和交流的素质；再次，设计岗位自然要求有必备的电脑、软件、器材、设备等工具，以在特定的工作环境中工作；最后，设计人员的作品能否得到客户的认可及采用，作品完成的质量和速度，以及工作态度、能力、方法等方面均是衡量称职与否的绩效标准。通过对设计岗位和与其有关的所有信息的搜集，可为下一步更好地审查信息做好准备。

(5) 审查工作信息。工作信息的审查者为企业人力资源经理及专员、工作承担者、工作承担者的直接主管。工作的性质、工作的功能为审查重点。

(6) 编写工作说明书。工作说明书中最重要的信息是工作描述和工作规范。工作描述是关于一种工作中所包含的任务、职责和责任的目录清单。工作规范是一个人为了完成某种特定的工作所必须具备的知识、技能、能力以及其他特征的目录清单，全面反映某种工作对工作承担者在个性特征、技能以及工作背景等方面的要求。一份标准的工作说明书应涵盖以下元素：工作标识(也称工作名称)、工作描述、工作联系、职责与任务、工作权限、绩效标准、工作条件、工作规范。

三、工作分析的方法

基本的工作分析方法包括观察分析、工作者自我记录分析法、访谈分析、问卷调查、管理职位描述问卷等，在这里只讨论几种比较常用的方法。

1. 观察分析法

观察法是通过观察，把有关工作各部分的内容、原因、方法、程序、目的等信息记录下来，并对所获得的岗位工作信息进行整理。观察法适用于常规性、重复性工作，不适用于以智力活动为主的工作。其流程包括：制订观察方案和设计观察记录表、选择不同的工作者在不同的时间内进行观察、记录所有主要的工作内容与形式、对内容进行归类和分析、偏差检验与修正。

观察法提纲示例

被观察者姓名：____________

日　　期：____________

观察者姓名：______________

观察时间：____________

工作类型：

工作部分：

工作内容:
- 什么时间开始正式工作? ______
- 上午工作多少时间? ______
- 上午休息几次? ______
- 第一次休息时间从______到______?
- 第二次休息时间从______到______?
- 上午完成产品多少件? ______
- 平均多长时间完成一件产品? ______
- 与同事交谈几次? ______
- 每次交谈多少分钟? ______
- 室内温度______度
- 上午抽了______次香烟
- 上午喝了______次水
- 什么时间开始午休? ______
- 出了多少次品? ______
- 搬了多少次原材料? ______
- 工作地噪音分贝是多少? ______

2. 访谈分析法

访谈分析法通过访问任职者，了解他们所做的工作的内容，怎么样做与为什么这样做，由此获得岗位工作的资料。对于某些岗位不可能去现场观察或者存在难以观察的情况，或需要进行短时间或长时间的心理特征的分析，或被分析的对象是对文字理解有困难的人等，在这些情况下，需要采用访谈法。其程序包括：拟定访谈问卷和访谈提纲、设计访谈方法和技巧、组织访谈培训、熟悉访谈法的一些标准、选择适当的回答者并提前进行沟通访谈、对访谈资料进行整理与分析。

访谈法提纲示例

- 请您用一句话概括您的职位在本公司中存在的价值是什么，它要完成的主要的工作内容和要达成的目标是什么？
- 请问与您进行工作联系的主要人员有哪些？联系的主要方式是什么？
- 您认为您的主要工作职责是什么？请至少列出 8 项职责。
- 对于这些职责您是怎样完成的，在执行过程中碰到的主要困难和问题是什么？
- 请您指出以上各项职责在工作总时间中所占的比重（请指出其中耗费时间最多的三项工作）。
- 请您指出您的以上工作职责中最为重要、对公司最有价值的工作是什么？
- 组织所赋予您的最主要的权限有哪些？您认为这些权限中哪些是合适的，哪些需要重新界定？
- 请您就以上工作职责，谈谈评价这些职责是否出色地完成的标准是什么？
- 您认为在工作中您需要其他部门、其他职位为您提供哪些方面的配合、支持与服务？在这些方面，目前做得好的是什么，尚待改进的是什么？

• 您认为要出色地完成以上各项职责需要什么样的学历和专业背景？需要什么样的工作经验(类型和时间)？在外语和计算机方面有何要求？您认为要出色地完成以上各项职责需要具备哪些能力？ • 您认为要出色地完成以上各项职责需要具备哪些专业知识和技能？您认为要出色地完成以上各项职责需要什么样的个性品质？ • 请问您工作中自主决策的机会有多大？工作中是否经常加班？工作繁忙程度是否具有很大的不均衡性？工作中是否要求精力高度集中？工作负荷有多大？

3. 问卷分析法

问卷分析法是通过问卷来获取工作分析信息，实现工作分析目的的一种方法。包括：通信问卷与非通信问卷的集体问卷、检核表问卷与非检核表问卷、标准化问卷与非标准化问卷、封闭问卷与开放式问卷等。问卷可以分成职务定向和人员定向两种。职务定向问卷比较强调工作本身的条件和结果；人员定向问卷则集中于了解工作人员的工作行为。问卷分析法的操作程序是：问卷及调查方法设计、确定调查对象、问卷发放与收集、问卷分析与结果调整。问卷内容如表 3-1 所示。

表 3-1 工作分析问卷调查表

姓　名__________　　　　工作名称__________ 部　门__________　　　　工作编号__________ 主管姓名__________　　　　主管职位__________ 1. 任务综述(请简单说明你的主要工作) ____________________ ____________________ 2. 特定资格要求(说明完成由你承担的职务需要什么学历、证书或许可) ____________________ 3. 设备(列举为完成本职工作，需要使用的设备或工具等) 设备名称　　　　平均每周使用小时数 __________　　　　__________ __________　　　　__________ 4. 日常工作任务(请你尽可能多地描述日常工作，并根据工作的重要性和每项工作所花费的时间由高到低排列) ____________________ 5. 工作接触(请你列出在公司或公司外所有因工作而发生联系的部门和人员，并依接触频率由高到低排列) ____________________ 6. 决策(请说明你的日常工作中包含哪些决策) ____________________ 7. 文件记录责任(请列出需要由你准备的报告或保存的文件，并说明文件交给谁) ____________________ 8. 工作条件(请描述你的工作环境与条件) ____________________

续表

9. 资历要求(请描述胜任本工作的人最低应达到什么要求) 最低教育程度 专业或专长 工作经历 工作年限 特殊培训与资格 特殊技能 10. 其他信息(请写出前面各项中没有涉及的，但你认为对本职务很重要的其他信息) 填表人：　　　　　　　　　　日期：

4. 关键事件法

关键事件法就是请管理人员和工作人员回忆、报告对他们的工作绩效而言比较关键的工作特征和事件，从而获得工作分析资料。这种方法的程序和要求是：让管理人员、员工以及其他熟悉被分析工作岗位的人员记录影响工作行为与结果的“关键事件”，也就是使工作成功或者失败的行为特征或事件；大量收集关键事件；对收集的信息进行比较，分析影响该岗位工作的关键特征和行为要求。

关键事件法示例——有关销售的关键行为 ① 对用户、定货和市场信息善于探索、追求；② 善于提前作出工作计划；③ 对用户和上级都忠诚老实，讲信用；④ 能够说到做到；⑤ 坚持为用户服务，了解和满足用户的要求；⑥ 向用户宣传企业的其他产品；⑦ 不断掌握新的销售技术和方法；⑧ 在新的销售途径方面有创新精神；⑨ 保护公司的形象；⑩ 结清账目；⑪ 工作态度积极主动

5. 工作日志法

工作日志法要求工作分析人员指导从事工作的员工每天写现场工作日记或日志，即让员工每天记录下他们在一天中所进行的活动。每个员工都要将自己所从事的每一项活动按照时间顺序以日志的形式记录下来。流程包括：工作者本人连续记录自己所完成的工作任务，一般要记录 10 天以上，包括工作任务、工作程序、工作方法、工作职责、工作权限以及各项工作所花费的时间等；分析者对这些记录内容进行归类和分析；对记录分析结果进行必要的检查。

6. 参与法或实验法

参与法是由工作人员亲自参加工作活动，体验工作的整个过程，从中获得工作分析的资料，通过实地考察，可以细致、深入地体验、了解和分析某种工作人员的心理因素以及某种工作所需的各种心理品质和行为模型。现场实验法或参与法是指工作分析人员通过参与某项工作从而收集资料的方法，通常与其他方法结合使用。

每一种工作分析方法都有其各自特点，所以实践中到底采用哪种分析方法，要结合岗位的特点和分析方法的优缺点综合判断。工作分析方法的优缺点比较如表 3-2 所示。

表 3-2 各种方法的优缺点和适用范围比较

分类	优点	缺点
观察法	根据工作者自己陈述的内容，再直接至工作现场深入了解状况，可以了解到广泛的信息，取得的信息比较客观和正确	干扰工作正常行为或工作者心智活动；无法感受或观察到特殊事故；如果工作本质上偏重心理活动，则成效有限；要求观察者有足够实际操作经验；不能得到有关任职者资格要求的信息；不适用于工作循环周期长的工作、脑力劳动的工作
访谈法	易于控制多方面信息；可获得完全的工作资料以免去员工填写工作说明书之麻烦；可进一步使员工和管理者树立沟通观念，以获取谅解和信任；可以不拘形式，问题内容较有弹性，又可随时补充和反问，这是填表法所不能办到的；收集方式简单；适用于对文字理解有困难的人	一旦被访谈者对访谈的动机持怀疑态度，则回答问题时就会有所保留，或分析者访谈技巧不佳等因素造成信息的扭曲；分析项目繁杂时，费时又费钱；分析者的观点影响工作信息的正确判断；占去员工工作时间，妨碍生产；被访谈者易从自身利益考虑而导致信息失真，比如，把一件容易的工作说得很难或把一件难的工作说得比较容易
工作日志法	它可以向工作分析者提供一个非常完整的工作图景，在以连续同员工及其主管进行面谈为辅助手段的情况下，这种工作信息搜集方法的效果会更好，对工作可充分地了解；采取逐日或在工作活动后及时记录，可以避免遗漏；可以收集到最详尽的资料。它适用于管理类或其他随意性大、内容复杂的岗位分析	员工可能会夸张或隐藏某些活动的同时掩盖其他行为；费时、费成本且干扰员工工作；记录者可能会带有主观色彩；将注意力集中于活动过程，而不是结果；整理信息的工作量大，归纳工作繁琐；填写者因不认真可能会漏填某些内容，从而影响分析后果
问卷法	比较规范化、数量化，适合于用计算机对结果进行统计分析；调查范围广，可用于多种目的的工作分析；费用低，速度快；节省时间、不影响工作；容易进行，且可同时分析大量员工；员工有参与感，有助于对双方计划的了解	设计问卷并进行测量所耗费的钱财和时间较多，很难设计出一个能够收集到完整资料的问卷表；设计比较费工夫，也不像访谈那样可以面对面地交流信息；除非问卷很长，否则就不能获得足够详细的信息，不容易了解被调查对象的态度和动机等较深层次的信息；不易唤起被调查对象的兴趣，一般员工不愿意花时间正确地填写问卷表；调查之前，需要说明，否则会理解不同，产生信息误差
关键事件法	关键事件法既能获得有关职务的静态信息，也可以了解职务的动态特点；针对员工工作上的行为，故能深入了解工作的动态性；行为是可观察可衡量的，故记录的信息容易应用	需要花大量时间收集、整合、分类资料；不适于描述日常工作；易遗漏一些不显著的工作行为，难以把握整个工作实体
参与法	通过实地考察，可以细致、深入地体验、了解和分析某种工作的心理因素及工作所需的各种心理品质和行为模型。从获得工作分析资料的质量方面而言，这种方法比前几种方法效果好，而且可于短时间内由生理、环境、社会层面充分了解工作	由于它要求工作分析人员具备从事某项工作的技能和知识，因而有一定的局限性。现代社会和生产中的工作职务日益专门化，即使有些工作分析人员能够参与一部分工作，也很难像熟练员工那样完成工作职责。因此，参与法只适用于比较简单的工作职务分析，不适合须长期训练及高危险的工作

资料来源：肖鸣政. 2007. 不同视角下的工作分析方法. 中国人才，(11)：30.

第二节 岗位设计

一、岗位设计概念

(一) 岗位设计定义

岗位设计又称工作设计，是指根据组织需要，并兼顾个人的需要，规定每个岗位的任务、责任、权力以及组织中与其他岗位关系的过程。它把工作的内容、工作的资格条件和报酬结合起来，目的是满足员工和组织的需要。岗位设计所要解决的主要问题是组织向其员工分配工作任务和职责的方式，岗位设计是否得当对于能否激发员工的积极性，增强员工的满意感以及提高工作绩效都有重大影响。

[案例 3-2]

TCL 集团总经理办公室职责

TCL 集团股份有限公司总经理办公室由办公室主任负责，包括三个岗位：行政事务岗位、档案管理岗位、综合统计岗位。行政部由行政总监负责，包括三个岗位：人力资源部、法律事务部、企业文化部。

行政事务岗位的主要职责如下。

- 负责公司行政会议的组织工作以及会议纪要的整理、下文
- 负责公司重大活动组织和接待工作
- 负责公司的工商注册、登记、商标等管理工作
- 负责股份公司的安全工作

档案管理岗位的主要职责如下。

- 负责股份公司各种文件档案的归类、入档和管理工作

综合统计岗位的主要职责如下。

- 负责各种报表、数据的统计和汇总工作

人力资源部的主要职责如下。

- 负责公司各职能部门员工及下属子公司高级管理人才的招聘、培训、考核等人事工作
- 负责建立和完善与人力资源战略相配套的激励机制

法律事务部的主要职责如下。

- 负责股份公司经济活动的法律可行性研究、法律策划、草拟或者审查合同、章程

- 负责代理公司及所属单位重大经济、民事、行政等诉讼与非诉讼活动
- 负责参与公司重大经济合同的签约与谈判，草拟合同、审查合同

企业文化部的主要职责如下。

- 负责 TCL 等报刊的编写和公司网页的及时更新
- 负责企业文化的塑造
- 负责总部网络系统的建立、运转和维护

(二) 岗位设计原则

(1) 因事设岗原则。从“理清该做的事”开始，“以事定岗、以岗定人”。设置岗位既要着眼于企业现实，又要着眼于企业发展。按照企业各部门职责范围划定岗位，而不应因人设岗；岗位和人应是设置和配置的关系，而不能颠倒。

(2) 整分合原则。在企业组织整体规划下应实现岗位的明确分工，又要在分工基础上有效地综合，使各岗位职责明确又能上下左右之间同步协调，以发挥最大的企业效能。

(3) 最少岗位数原则。既考虑到最大限度地节约人力成本，又要尽可能地缩短岗位之间信息传递的时间，减少“滤波”效应，提高组织的战斗力和市场竞争力。

(4) 规范化原则。岗位名称及职责范围均应规范。对企业脑力劳动的岗位规范不宜过细，应强调留有创新的余地。

(5) 客户导向原则。应该满足特定的内部和外部顾客的需求。

影响岗位设计的主要驱动因素有技术因素、竞争因素、成本压力因素等。

(1) 技术因素是指在各个业务之间提高标准化程度，增强相互之间的协调性，使过去手工流程自动化，增加相关的数据信息量。

(2) 竞争因素是指全球化、竞争加剧对市场中的各个组织及其岗位有着巨大的影响，推动了组织及其岗位的变化。

(3) 成本压力因素是指成本与效益的压力会推动公司营运更有效率，并最大限度地利用资源，尤其是人力资源。

二、岗位设计的方法

岗位设计的方法包括依据以下四个标准和流程设计企业的相关岗位。

1. 组织分析法

组织分析法是一个广泛的岗位设计方法。首先从整个组织的远景和使命出发，设计一个基本的组织模型，然后根据具体的业务流程需要，设计不同的岗位。通常适用于大型企业的大范围重组项目，在这些项目中，组织设计和岗位设计占整个项目的大部分工作。

(1) 优点：能深入解决许多细节问题，尤其适合于一个大型的传统组织，在从事变革之前，需要对方方面面进行确认；提供广泛的组织和岗位的设计；能提交一个与公司长远战略一致的解决方案。

(2) 缺点：往往会成为基于一个比较理想的组织的模型设计。这种方法适用于具有明确的目标，并有长远的战略去实现这个目标的企业，而现实情况往往不是这样；岗位设计往往会过于复杂和具体；还需要客户的大力支持。

某移动通信总公司市场部的使命与职责如图 3-1 所示。

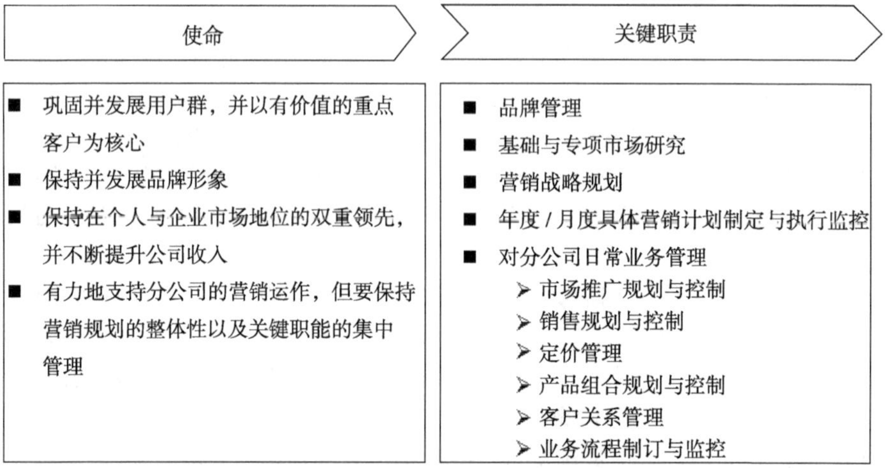

图 3-1　某移动通信总公司市场部的使命与职责

该移动公司市场部内部的工作可再划分为市场策划、市场调研、促销管理、品牌管理等，相应地可设置不同的岗位来具体实施(图 3-2)。

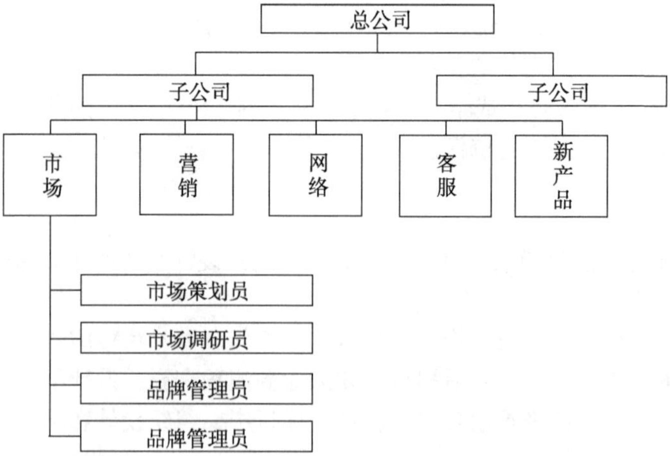

图 3-2　某移动通信总公司市场部的岗位设置图

2. 关键使命法

采用关键使命法进行岗位设计，仅仅集中于对组织的成功起关键作用的岗位。通常适用于由于时间和预算的限制导致对整个组织的岗位设计不可行的情况。

(1) 优点：注意力集中于关键岗位，可以用较少的投资得到较高的回报；注意力集中于关键业务领域，可以确保得到业务利益；可以比较灵活地用于不同的组织中。

(2) 缺点：关键使命法不是一个综合的方法，有可能对岗位与岗位之间的衔接处理相对较差；可能因为把整个组织的业务分成关键与非关键部分而造成组织内部的摩擦；需要较深的专业知识，对客户的需求有较高、较深入了解。

某银行公司业务部岗位设置示例如图 3-3 所示。

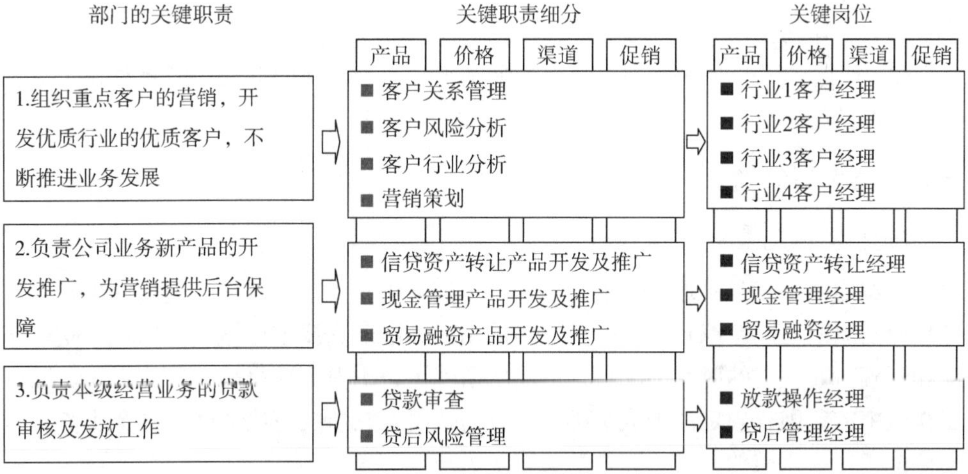

图 3-3 某银行公司业务部岗位设置示例

3. 流程优化法

流程优化法是指根据新的信息系统或新的流程对岗位进行优化。这种方法可以确定新的岗位。适用于较小的项目范围，主要在实施一个新的管理信息系统时应用。

(1) 优点：注重新的管理信息系统对在岗者的影响；服从系统的要求，根据新的信息系统进行调整。

(2) 缺点：并没有真正投入大量的资源进行岗位设计；可能会导致较差的结果。

宏观地说，流程由三部分组成：投入、过程和结果，而流程本身主要应控制的部分包括过程和结果。因此要想让流程合理、高效并达到目的，除了对其结果进行控制之外，还需要对其过程中所历经的时间、所花费的成本、所可能产生的风险进行控制，才能保证流程最终促成企业的关键成功因素的实现。

因此，在对各主要业务流程进行分析时，主要应该从时间、成本、风险、结果四方面，考虑是否需要对这些因素进行控制。

4. 标杆对照法

标杆对照法指参照本行业典型企业现时的岗位设置进行设计，适用于不太精确的项目范围。这种方法比较直观、简单，但由于各企业的战略、自身条件等总会有差异，所以也不能简单地照抄照搬，而应该在实践中根据自身情况不断进行调整。例如，有些国家的政府部门(如美国劳工部)每年对本国主要行业的岗位、人数、营业额及各个岗位的平均工资等情况进行统计并公开发布，这些数据也可成为企业进行岗位设计的参考。

(1) 优点：简单易行，可以由企业自身人员设计；设计成本低，能够很快帮助企业完成工作岗位设计。

(2) 缺点：照办照抄，容易脱离本企业实际，造成新的混乱；需要对标杆企业有比较透彻的了解。

三、定编定员的确定

(一) 定编定员的定义

定编定员，就是采取一定的程序和科学的方法，对确定的岗位进行各类人员的数量及素质配备。定编定员是一种科学的用人标准。它要求根据企业现时的业务方向和规模，在一定的时间内和一定的技术条件下，本着精简机构、节约用人、提高工作效率的原则，规定各类人员必须配备的数量。它所要解决的问题是企业各工作岗位配备什么素质的人员，以及配备多少人员。

定编定员与岗位设计是密切相关的，岗位确定过程本身就包括工作量的确定，也就包括了对基本的上岗人员数量和素质要求的确定。在企业的实际中，工作岗位的数量可能非常多，而且具体的岗位随时间发生变化的可能性也特别大，会不断有新的岗位产生，也会不断有旧的岗位消失，因此在定编时可能无法也没有必要对所有具体岗位上的人员配备都进行确定，而只需要对一些关键的岗位或者对某几类岗位的人员配备进行确定。这就需要首先对岗位进行分类。按照企业员工所在岗位、工作性质和执行职能的不同，通常分为五大类。

(1) 工人。指在企业内直接从事基本生产和辅助生产活动的全部工人，包括基本生产车间和辅助生产车间中直接从事工业性生产活动的工人，以及厂外运输和对厂房建筑物进行大修理的工人。

(2) 学徒工。指在技术工人或熟练工人的指导下，在生产劳动中学习生产技术，并享受学徒工待遇的人员。

(3) 工程技术人员。指在企业中担负产品设计和工程技术工作，并且具有工作技术职称的专职工程技术人员和从事工程技术管理工作的人员，但不包括已取得工程技术职称或大、中专理工科系毕业而未担负任何工程技术工作的人员。

(4) 管理人员。指在企业各职能机构和各基本车间与辅助车间(或附属生产单位)从事生产、经营、行政管理的人员，也就是指挥别人工作的人，其必须具有一个或一个以上的下级。同时也包括长期(6 个月以上)脱离生产岗位、从事管理工作的工人在内。管理人员可以进一步再分为各类管理人员，如表 3-3 所示。

(5) 服务人员。是服务于员工生活或间接服务于生产的人员，包括福利人员、文教卫生人员、警卫消防人员、住宅管理人员、勤杂人员、维修人员和社会性服务机构人员。

表 3-3　某企业行政管理岗位族

类 别	岗位族	描　　述
行政管理	信息管理	包括对企业的数据库管理、系统维护、网络维护、硬件/软件管理等岗位。
	财务管理	包括从事成本分析、成本费用核算、预算编制、收支账务管理、税费缴纳、固定资产管理等岗位
	行政总务	包括行政、后勤、文秘、档案、保卫等岗位
	人力资源	包括薪酬、绩效、培训、招聘、福利等岗位

(二) 定编定员的原则

1. 以企业经营目标为中心，科学、合理地进行定编

企业定编工作，就是要合理地确定各类人员的数量以及它们之间的比例关系。其依据是计划期内的企业目标业务量和各类人员的工作效率。

所谓科学定编，就是要符合人力资源管理的一般规律，做到“精简有效”，在保证工作需要的前提下，与同行业标准或条件相同的企业所确立的标准相比较，要能体现出组织机构精干、用人相对较少、劳动生产率相对较高的特点。

所谓合理定编，就是要从企业的实际出发，结合本企业的技术、管理水平和员工素质，通过考虑提高劳动生产率和员工潜力的可能性来确定定员数。

2. 企业各类人员的比例关系要协调

比例关系协调就是要正确处理企业直接与非直接经营人员的比例关系；正确处理直接与非直接经营人员内部各种岗位之间的比例关系；合理安排管理人员与全部员工的比例关系。管理人员占员工总数的比例与企业的业务类型、专业化程度、自动化程度、员工素质、企业文化以及其他一些因素有关。

3. 以专家为主、走专业化道路的原则

定编是一项专业性、技术性强的工作，它涉及业务技术和经营管理的方方面面。从事这项工作的人，应具备比较高的理论水平和丰富的业务经验。

(三) 定编定员的方法

1. 劳动效率法

劳动效率法是指根据生产任务和员工的劳动效率以及出勤率等因素来计算岗位人数的方法。实际上就是根据工作量和劳动定额来计算员工数量的方法。因此，凡是实行劳动定额的人员，特别是以手工操作为主的岗位，都适合用这种方法。

定编人数=计划期生产任务总量/(员工劳动定额×出勤率)

例如，某企业每人每年需生产某零件 4 651 200 只，每个车工每天的产量定额为 16 只，年平均出勤率为 95%，求车工定编人数，计算过程如下：

定编人数=4 651 200/[16×(365−2×52−10) ×0.95]=1219 (人)

由于劳动定额的基本形式有产量定额和时间定额两种。上例是产量定额，如果采用时间定额，其计算公式如下：

定编人数=生产任务×时间定额/(工作时间×出勤率)

以上例来说，如单位产品的时间定额为 0.5 小时，则可计算如下：

定员人数= 4 651 200×0. 5/[8×(365-2×52-10)×0.95]=1219(人)

2. 业务数据分析法

业务数据包括销售收入、利润、市场占有率、人力成本等。业务数据分析法是根据企业的历史业务数据和战略目标，确定企业在未来一定时期内的岗位人数的方法。

根据企业的历史数据(业务数据/人)及企业发展目标，确定企业短期、中期、长期的员工编制；或者根据企业的历史数据，将员工数与业务数据进行回归分析，得到回归分析方程；或根据企业短期、中期、长期业务发展目标数据，确定人员编制。

3. 本行业比例法

本行业比例法是指按照企业职工总数或某一类人员总数的比例来确定岗位人数的方法。在本行业中，由于专业化分工和协作的要求，某一类人员与另一类人员之间总是存在一定的比例关系，并且随着后者的变化而变化。该方法比较适合各种辅助和支持性岗位的定员，如人力资源管理类人员与业务人员之间的比例在服务业一般为 1:100。其计算公式如下：

$$M = T \times R$$

式中，M 为某类人员总数；T 为服务对象人员总数；R 为定员比例。

4. 按组织机构、职责范围和业务分工定编的方法

这种方法一般是先确定组织机构和各职能科室，明确各项业务分工及职责范围以后，再根据业务工作量的大小和复杂程度，结合管理人员和工程技术人员的工作能力和技术水平确定岗位人数的方法。管理人员的定编受很多因素的影响。

(1) 个人的因素：管理者本人的能力，下属的能力，受教育程度等；

(2) 工作因素：工作的标准化程度和相似程度，工作的复杂程度，下属工作之间的关联程度；

(3) 环境因素：技术、地点、组织结构等。

事实上，世界上不同企业对于管理人员的定编，都没有一个定数，都是根据企业自身的实际情况确定出来的。

5. 预算控制法

预算控制法是西方企业流行的定编方法，它通过人工成本预算控制在岗人数，而不是对某一部门内某一岗位的具体人数作硬性的规定。部门负责人对本部门的业务目标、岗位设置和员工人数负责，在获得批准的预算范围内，自行决定各岗位的具体人数。由于企业的资源总是有限的，并且与产出密切相关，因此，预算控制对企业各部门人数的扩展有着严格的约束。

例如，一个部门的人工费用预算是每月2万元，那么若一个人的人工费用是5000元，就配置4个人；若一个人的人工费用是6000元，就配置三个人。

在各种方法中，按效率定编定员是基本的办法。在实践工作中，通常是将各种方法结合起来，参照行业最佳案例来制定本企业的岗位人数。但由于各企业的情况存在差别及企业自身的情况会不断变化，所以很难会有一个所谓“绝对正确、完全适用和一成不变”的编制。定编定员主要还是服从企业的总体目标要求，在不断的变化中调整，是个动态的过程。同时，定编定员的硬约束是成本投入。企业的投入在一定时期内总是有限的。在投入有限的情况下，岗位和人数的有限性是不言而喻的。人力资源管理要做的是，在一定时期内，如何运用有限的资本投入获得最佳的岗位和人数的组合。

第三节　工作说明书

一、工作说明书的定义及编制

工作说明书，也称为岗位说明书，是工作分析的结果，工作说明书中最重要的信息是工作描述和工作规范。工作描述是关于一种工作中所包含的任务、职责和责任的目录清单。工作规范是一个人为了完成某种特定的工作所必须具备的知识、技能、能力以及其他特征的目录清单，全面反映某种工作对工作承担者在个性特征、技能及工作背景等方面的要求。一份标准的工作说明书应涵盖以下元素：工作标识(也称工作名称)、工作描述、工作联系、职责与任务、工作权限、绩效标准、工作条件、工作规范。具体内容见表3-4，表中的任职资格内容就是工作规范；其他的则是工作描述的内容。

表 3-4　人力资源部经理工作说明书(示例)

<table>
<tr><td>岗位名称</td><td colspan="2">人力资源部经理</td><td>岗位编号</td><td></td></tr>
<tr><td>所在部门</td><td colspan="2">人力资源部</td><td>岗位定员</td><td></td></tr>
<tr><td>直接上级</td><td colspan="2">管理总监</td><td>工资等级</td><td>三级</td></tr>
<tr><td>直接下级</td><td colspan="2">人事干事、绩效助理</td><td>薪酬类型</td><td></td></tr>
<tr><td>所辖人员</td><td colspan="2"></td><td>岗位分析日期</td><td>2009 年 2 月</td></tr>
<tr><td colspan="5">本职：负责公司的人力资源规划、员工招聘选拔、绩效考核、薪酬福利管理、员工激励、培训开发和沟通协调，保证公司人力资源供给和人力资源高效率</td></tr>
<tr><td colspan="5">职责与工作任务</td></tr>
<tr><td rowspan="4">职责一</td><td colspan="4">职责表述：协助总经理制定人力资源战略规划，为重大人事决策提供建议和信息支持</td></tr>
<tr><td rowspan="3">工作任务</td><td colspan="3">根据公司发展战略组织制定人力资源战略规划，全面考虑干部和技术人员的梯队建设</td></tr>
<tr><td colspan="3">参与公司重大人事问题的决策</td></tr>
<tr><td colspan="3">定期组织收集有关人事招聘、培训、考核、薪酬等方面的信息，为公司重大人事决策提供信息支持</td></tr>
<tr><td rowspan="3">职责二</td><td colspan="4">职责表述：负责公司人力资源战略的执行</td></tr>
<tr><td rowspan="2">工作任务</td><td colspan="3">根据公司的情况，组织制定公司用工制度、人事管理制度、劳动工资制度、人事档案管理制度、员工手册、培训大纲等规章制度、实施细则和人力资源部工作程序，并组织实施</td></tr>
<tr><td colspan="3">根据公司的发展规划，提出机构设置和岗位职责设计方案，对公司组织结构设计提出改进方案</td></tr>
<tr><td rowspan="9">职责三</td><td colspan="4">职责表述：全面负责人力资源管理的各项事务</td></tr>
<tr><td rowspan="8">工作任务</td><td colspan="3">负责公司内部人力资源调配</td></tr>
<tr><td colspan="3">负责开发、引进外部人才，组织实施招聘工作，并参与应聘人员的面试筛选</td></tr>
<tr><td colspan="3">负责制定公司员工的培训和发展计划，组织安排对员工的培训</td></tr>
<tr><td colspan="3">负责组织公司员工的考核，并对考核结果作出评价</td></tr>
<tr><td colspan="3">负责组织公司员工的职称评定工作</td></tr>
<tr><td colspan="3">组织公司薪酬管理工作，编制公司年度薪酬计划及薪资调整方案，审核公司员工每月的工资</td></tr>
<tr><td colspan="3">负责建立公司内部的沟通机制，及时了解员工的思想动态</td></tr>
<tr><td colspan="3">受理员工投诉，并组织相关部门妥善解决</td></tr>
<tr><td rowspan="8">职责四</td><td colspan="4">职责表述：负责其他人事事务</td></tr>
<tr><td rowspan="7">工作任务</td><td colspan="3">负责员工的养老保险、失业保险、医疗保险等工作</td></tr>
<tr><td colspan="3">代表公司与员工签订各种劳动合同，以及处理各种与合同相关的事宜</td></tr>
<tr><td colspan="3">负责受理员工与公司劳动争议事宜并及时解决</td></tr>
<tr><td colspan="3">负责出国人员的政审工作</td></tr>
<tr><td colspan="3">监督下属进行各类人事档案的归档保管工作</td></tr>
<tr><td colspan="3">负责有关人事调动、户口管理的事宜</td></tr>
<tr><td colspan="3">代表公司与政府部门、其他单位进行沟通和交流</td></tr>
</table>

续表

职责五	职责表述：负责人力资源部内部的组织管理	
	工作任务	负责指导属下员工制定阶段工作计划，并督促执行
		负责人事队伍建设，选拔、配备、培训、评价本部门人员
		负责部门内工作任务分工，合理安排人员
		负责控制部门预算，降低费用成本
职责六	职责表述：完成总经理交办的其他任务	
权力		
对公司编制内招聘有审核权		
对公司员工出勤有监督权		
对公司员工手册有解释权		
对员工考核数据和事项有核实权		
对员工投诉有核实权		
有对直接下级人员调配、奖惩的建议权，任免的提名权和考核评价权		
对所属下级的工作有监督、检查权		
对所属下级的工作争议有裁决权		
对本部门预算内的费用有使用权		
工作协作关系		
内部协调关系	总经理、总监、公司各部门	
外部协调关系	人事局、劳动局、培训中心、高等院校、人才交流中心	
任职资格		
教育水平	大学本科以上	
专业	管理相关专业	
培训经历	人力资源管理培训	
经验	5 年以上工作经验，3 年以上管理经验，在部门经理岗位上工作 1 年以上	
知识	精通人力资源管理知识，掌握行政管理、法律等知识	
技能技巧	熟练使用自动化办公软件，具备基本的网络知识，具备一定的英语应用能力	
个人素质	具有很强的领导能力、判断与决策能力、人际能力、沟通能力、影响力、计划与执行能力	
其他		
使用工具/设备	计算机、一般办公设备(电话、传真机、打印机、Internet/Intranet 网络)、录音录像	
工作环境	办公场所	
工作时间特征	正常工作时间，偶尔加班	
所需记录文档	通知、简报、汇报材料、工作总结、公司文件	
考核指标		
人员供应及时性、招聘效果、考核和薪酬工作差错率、员工流失率、员工满意度、重要任务完成情况		
部门预算控制情况、关键人员流失率、下属行为管理情况		
部门合作满意度		
领导能力、判断与决策能力、人际能力、沟通能力、影响力、计划与执行能力、专业知识与技能		
备注		

但是目前人们对于工作说明书究竟该不该有，以及该由谁来编写还存在着两个误区。

误区一：员工自己写。

现在有很多企业认为工作说明书只是一种形式，可有可无，没有太大用处。每一位员工对于该干什么都十分清楚，没有必要形成一套系统规范的职务说明书，或者员工只需根据本岗位一直以来从事的工作内容编写岗位(工作)职责就可以了。结果是格式不统一，表达不规范，只写出做什么，而对于做到什么程度、什么时间做、怎么做，以及为谁服务、谁给予服务等一概不清楚。在描述过程中，无论是高层管理人员还是普通员工，往往用得最多的动词就是“负责”，以致无法分清各岗位的责任程度。例如，“负责仓库保管工作”这样的表述很难让人区分该岗位到底是仓库保管员还是主管仓库的储运部经理。因此建立在这种工作说明书基础上的绩效考核工作就很难有效地开展，各部门、岗位之间也会出现严重的扯皮现象，同时也影响员工招聘工作的效率和准确性。

误区二：请专家写。

也有些企业认识到了工作说明书的重要性，但却盲目相信咨询专家，认为专家写的才是最好的，于是将编写工作交给专家去做。结果是虽然得到了一套格式规范、内容详细、版面设计美观的厚厚的文件，但往往不能完全符合企业的实际情况和特殊要求，并会引起员工的不满和敌对情绪，认为是“企业请专家来整我们的”，同时也不能为绩效考核、责任追踪等一系列制度的贯彻落实提供真实并具操作性的依据。

“本着谁的事谁来做的原则”，一般工作说明书的制定具体分为以下五步。

第一步，专家调查访谈。专家针对各个岗位职责进行调查访谈。访谈对象是各个管理岗位、技术岗位的高层、中层、一般管理人员和一般技术人员。访谈人数基本定在：岗位人数在 3 人以下的访谈人数为 1 人；3~5 人为 2 人；5 ~10 人为 3 人；10 人以上的不得少于 3 人。访谈内容主要就岗位职责展开。经过访谈，专家要基本清楚各个岗位的内容、责任、与其他各部门之间的联系，将访谈内容做书面记录，作为以后修订工作说明书的一个参考。

第二步，员工编写初稿。各个岗位的员工根据自己的工作内容粗略写出本岗位的岗位职责。参与竞争上岗的岗位其岗位职责由原岗位的员工编写，新增设的岗位其岗位职责由上级主管领导指定人员编写，取消的岗位其岗位职责不再编写。在岗位职责中主要写明内容、责任、所属部门、直接上级和下级、横向协作部门(或岗位)，尽量做到详细完整。在编写过程中员工要注意时刻问自己“我的工作内容就这些吗？”每完成一项就想一下这个问题，这样可保证内容的完整性。

第三步，主管审核签字。员工将完成的岗位职责上交各自的直接上级主管，主管领导根据企业目标和部门目标认真审查“岗位职责”中内容与责任是否准确、完整，服务与被服务对象是否清晰，确定后签字认可。

第四步，专家培训。将主管领导签字后的“岗位职责”发给编写人，然后由专家和单位领导商定时间对编写人进行集中培训。首先由专家讲解工作说明书的编写格式；然后在专家指导下现场将工作背景、总则拟写完成。在格式统一后，接下来便是编写修改工作说明书的具体职责。由专家讲解工作说明书动词的应用，指导员工完成修改动词和规范格式的具体工作。

第五步，专家审核修订。将员工修改完成后的工作说明书收齐，由专家再做最后的审查和修订工作，检查语言表达是否通顺、格式是否符合要求、动词应用是否准确、具体职责中是否有“完成领导交办的临时性任务”这一项，最后打印成稿。

二、岗位评价

(一) 岗位评价的概念

岗位评价有广义和狭义之分。狭义的岗位评价是指在工作分析的基础上，采取科学的方法，对企业内部各岗位的责任大小、工作强度、工作环境、工作难度、任职条件等因素进行评价，以确定各岗位在组织中的相对价值，最终确定岗位价值量高低的一系列方法和技术的总称。岗位评价的结果可直接应用于薪酬体系设计、员工的招募和培训等。

广义的岗位评价是以狭义的岗位评价工作为核心，以组织设计、岗位等级体系设计、绩效考核和薪酬体系设计、人员管理、岗位说明书的编写、岗位手册的编制为依托，全面分析各项要素和评价过程中收集到的信息，系统地分析岗位内含价值，最终实现岗位配置合理、人岗匹配程度较高、薪酬分配公平、员工发展有序、岗位规范明晰、员工权责明确的综合目标任务的一项系统工程。

(二) 岗位评价的“四 W”

1. why—— 为什么评

岗位评价为人力资源工作的开展奠定基础，岗位作为组织的基本单元，如果连岗位的数量和岗位之间的层级管理都没有理顺，管理工作自然也就无从谈起了。

2. what—— 评什么

评什么包含两个方面的内容：一是评价的载体是什么；二是评价的客体或对象是什么。

评价的载体主要有三个：岗位说明书、岗位规范和岗位写实记录。岗位说明书是岗位信息的主要来源，作为岗位的基本信息载体，岗位说明书为岗位评价提供的是一种静态的信息。为了确保岗位评价内容的客观和全面，需要通过分析岗位规范和开展工作日分析，收集岗位的全面信息。

评价的客体或对象，即评价指标，岗位说明书、岗位规范和岗位写实记录提供的是基础和全面的信息，而不同岗位之间的基础信息是千差万别的，岗位评价工作就是要从这些不同的信息中提炼出同质性的东西并加以比较和鉴别，这就是评价指标。

3. who—— 谁来评

谁来评，即评价的主体是谁。目前比较通行的做法是由组织的领导、被评岗位的主管和人力资源部门的专家三级进行评价。其实，岗位评价由谁来评取决于以下三个方面的因素：一是评价人了解岗位评价的目的、方法和具体的技术应用；二是评价人了解所有将要评价的岗位的有关信息；三是评价人具有公道正派的个性品质和强烈的责任心。满足这三个方面的条件，基本上就已经符合了评价人的要求，过多地将精力投入到评价人的选择和不同身份评价人权重的分配，会让岗位评价工作的开展过于累赘。

4. where—— 评价结果用在什么地方

岗位评价作为基础工作，其结果自然在人力资源的方方面面都可以应用，但直接应用主要体现在以下四个方面：一是薪酬体系的设计与分配；二是员工的选拔、考察与培训；三是绩效考核方案的设计及应用；四是员工职业生涯发展的设计。

(三) 岗位评价实例[①]

兖矿集团有限公司(简称兖矿集团)是国有大型企业，主导产业为煤炭采掘、煤化工、煤电铝，同时涉及建筑安装、机械制造、对外贸易等产业领域。集团现有职工 98 700 人，20 个分公司，5 个全资子公司，50 个控股子公司，参股 57 个公司。集团在岗位评价的基础上，建立起符合组织管理体制的岗位绩效工资制。

1. 岗位评价要素及评价标准设计

兖矿集团对员工的岗位评价分为管理岗位、专业技术岗位和工人岗位三个系列。先根据岗位系列特点，设计不同的评价要素和评价标准。再根据各要素对岗位劳动的影响程度，设计各要素分值权重。最后按照各影响因素在所属劳动要素中的重要性，对每个影响因素划分等级，制定等级标准，确定最高分和级差，并对各等级标准赋分。影响因素分级和评价标准根据国家、行业标准或参照企业标准确定。

(1) 管理岗位评价。管理岗位评价由知识技能、岗位责任、工作强度、工作环境四项要素组成，总分为 1000 分。对各项影响因素一般采取 3~7 级分级评价，并分别赋予一定分值。管理岗位影响因素有 13 项，因素分级标准共计 58 个(表 3-5)。

---

① 张贤友等. 2007. 兖矿集团岗位评价设计与实施. 中国人力资源开发，(2)：88-90.

表 3-5 管理岗位评价影响因素

评价要素及权重	影响因素	影响因素分级/级	赋值范围
知识技能(44%)	1. 工作所需学历	4	5~25
	2. 工作所需职称	3	5~25
	3. 知识经验	4	30~120
	4. 工作复杂程度	6	20~120
	5. 岗位所需能力	7	20~150
	小计	24	80~440
岗位责任(26%)	1. 风险责任	4	10~100
	2. 协调责任	4	10~60
	3. 目标责任	4	20~100
	小计	12	40~260
工作强度(20%)	1. 管理幅度	4	10~50
	2. 工作负荷	4	10~50
	3. 思维强度	4	10~50
	4. 心理压力	5	10~50
	小计	17	40~200
工作环境(10%)		5	20~100
合计(100%)	13	58	180~1000

(2) 专业技术评价。专业技术岗位评价由知识技能、岗位责任、工作强度、工作环境四项要素组成，总分为 1000 分。对各项影响因素一般采取 4~6 级分级评价，并分别赋予分值。专业技术岗位共设计影响因素 12 项，因素分级标准共计 55 个(表 3-6)。

表 3-6 专业技术岗位评价影响因素

评介要素及权重	影响因素	影响因素分级/级	赋值范围
知识技能(50%)	1. 工作所需知识和学历	5	20~100
	2. 工作所需技能	5	30~150
	3. 工作所需创造性	5	30~150
	4. 工作复杂程度	5	20~100
	小计	21	100~500
岗位责任(25%)	1. 工作联系	5	15~70
	2. 指导培养责任	5	15~80
	3. 目标责任	5	20~100
	小计	15	50~250
工作强度(15%)	1. 工作影响	5	6~30
	2. 工作负荷	4	8~40
	3. 思维强度	4	8~40
	4. 心理压力	5	8~40
	小计	18	30~150
工作环境(10%)		5	20~100
合计(100%)	12	59	200~1000

(3) 工人岗位评价。工人岗位评价由劳动条件、劳动技能、劳动强度、劳动责任和择业倾向五项要素组成，总分为 1000 分。对各项影响因素一般采取 3~5 级分级评价，并分别赋予分值。工人岗位影响因素 30 项，因素分级标准共计 133 个(表 3-7)。

表 3-7　工人岗位评价影响因素

评价要素及权重	影响因素	影响因素分级/级	赋值范围
劳动条件(30%)	1. 粉尘	4	5~30
	2. 噪声	5	2~20
	3. 振动	5	2~15
	4. 照明	4	5~30
	5. 微气候	4	2~15
	6. 高温	5	5~25
	7. 有毒有害物质	5	5~30
	8. 淋水、积水	4	2~15
	9. 工作场地差异	5	2~15
	10. 工作地技术装备	3	5~15
	11. 劳动姿势	5	5~30
	12. 伤害可能性	5	5~30
	13. 自然灾害	5	5~30
	小计	59	50~300
劳动技能(20%)	1. 技术知识要求	4	5~80
	2. 操作复杂程度	5	5~50
	3. 产品质量控制难易程度	4	5~40
	4. 处理预防事故复杂程度	5	5~30
	小计	18	20~200
劳动强度(25%)	1. 体力劳动强度	5	5~80
	2. 脑力消耗和精神紧张程度	4	5~30
	3. 工作日时间长度	4	5~20
	4. 工作班次	5	5~50
	5. 劳保负重	4	5~30
	6. 本岗位服务年限	3	5~40
	小计	26	30~250
劳动责任(20%)	1. 生产责任	3	10~40
	2. 安全责任	5	5~40
	3. 质量责任	5	5~40
	4. 设备责任	5	5~30
	5. 物料消耗责任	4	5~30
	6. 现场管理责任	4	5~20
	小计	27	35~200
择业倾向(5%)		5	5~50
合计	30	133	140~1000

2. 岗位评价的实施

步骤一，前期准备。

首先，开展岗位调查，列出岗位清单、规范岗位名称。对现有的工种(岗位)进行归类整理和补充完善，对因施工工艺发生变化和产业调整所涉及的工种(岗位)进行增加、合并、拆分和删除，同时对部分工种(岗位)名称按国家或行业规定进行更名使其规范。

其次，编制岗位(工种)分类目录，进行岗位分析，形成岗位说明书。公司编制了《兖矿集团公司工种(岗位)目录》，按照此目录，依据工作人员、工作职务、工作环境三要素，组织力量对各岗位进行分析，明确了岗位性质、职责和任务等。在岗位分析的基础上，编制完成了《兖矿集团公司岗位说明书》。

再次，确定评价岗位。工人岗位的劳动评价，涉及煤化工、电解铝、纤维板制造等新增加的 235 个工种(岗位)。管理和专业技术岗位分别确定标杆岗位 432 个、221 个。

最后，组织人员培训。在实施岗位评价前，对岗位评价人员进行培训，使评价人员熟悉评价程序，掌握评价标准，统一评价尺度，提高岗位评价效率，确保岗位评价的效果和质量。

步骤二，成立岗位评价机构。

成立岗位评价领导小组、岗位评价办公室和岗位评价专业组，以加强岗位评价工作的组织领导。

岗位评价领导小组由行政主要领导、分管领导、总工程师、工会负责人及生产技术、人力资源、安全、环保、卫生、职业病防治、宣传等部门负责人组成。主要职责是通过讨论评价标准、评价技术和评价方法，对岗位评价工作中的重大问题进行决策，审定岗位评价结果。

岗位评价办公室是岗位评价领导小组的具体办事机构，主要职责是组织协调日常岗位评价活动，负责评价资料的汇总、加工、整理，提出综合分析意见，初步确定岗位评价结果。

岗位评价专业组由人力资源管理专业人员、各层次管理人员、相关工程技术人员和职工代表组成。主要职责是根据评价标准，确定因素评价等级和岗位评价分数。公司共设立 15 个岗位评价专业组，其中工人岗位 5 个，管理岗位 6 个，专业技术岗位 4 个。

同时，工人岗位评价专业组分设定量测评组和定性评估组，分别负责对定量因素的技术测评和定性因素的综合评估。定量测评组成员由环保、卫生、安全、职业病防治、生产技术、人力资源等部门的专业技术人员组成。定性评估组成员由人力资源管理专业人员、工程技术人员、中高层管理人员、工人代表等人员组成，一般不少于 20 人，其中专业技术人员的比重不少于 60%。

步骤三，实施岗位评价。

(1) 进行现场调查。岗位评价专业组深入现场，认真观察、记录和分析岗位中影响劳动的各种因素，听取单位负责人或专业技术人员对拟评价岗位的劳动责任、劳动强度、劳动条件和技术要求等方面的情况介绍。在现场调查时，由工程技术人员对每个工种(岗位)进行现场讲解，使每一名评委在增加感性认识的同时又能理性看待每一个工种(岗位)，确保评价的客观公正。

(2) 召开专业评价会。主持人宣读《岗位说明书》，各专业评委根据《岗位说明书》以及日常和现场调查掌握的岗位信息，按照评价标准，逐项确定各定性因素的评定等级。定量因素的等级根据定量测评组的实测实量结果确定。

(3) 数据计算。岗位评价专业组对定量测评和定性评估结果按岗位分因素进行汇总，计算出各岗位总分。

步骤四，确定岗位测评分值、调节系数。

各评价专业组分别选派 5 名评委组成综合平衡组，对得分前 5 位的岗位进行综合测评，计算岗位测评分值调节系数，每个岗位专业评价组测评得分乘调节系数，即为各标杆岗位最终得分。分值调节系数公式为

$$K=\sum_{i=1}^{5}X_i/\sum_{i=1}^{5}Y_i$$

式中，K 为分值调节系数；X_i 为综合平衡组成员测评分值；Y_i 为各专业评价组测评分值。

步骤五，确定评价结果。

岗位评价办公室对各岗位评价分数进行汇总，岗位评价形成的初步结果报岗位评价领导小组审定，并提交职工代表团由会议审议通过。

[案例 **3-3**]

某电视台广告部审核科的岗位职责设置

某市电视台广告部审核科的主要职责是：广告内容审核、广告合同审核、广告播出审核。最初，部门领导依据本部门的工作职责，将员工的工作职责在有关会议上进行口头分工。一段时间里，这种模糊的“工作分工”，使员工对自己的具体工作目标不清楚，也不知道哪些工作是自己职责范围内的，哪些是自己必须完成的，哪些是要与相关岗位的员工沟通、协作才能做好的。

因为岗位责任不清，电视台曾出现过广告漏播、错播的问题，甚至因监测数据录入不及时，还出现过无法出具广告播出证明的现象。更严重的是，出现问题后，员工间相互推诿与埋怨，有时员工心里清楚是谁的责任，但又无据可查，最后只好不了了之。

面对上述问题，该部门的主管与员工认为，有必要对工作岗位进行科学设计，于是，将部门工作分解到5个岗位：① 广告内容审核；② 广告合同审核；③ 广告播出审核；④ 广告监测；⑤ 资料管理。在岗位设计好以后，该部门用文字的形式对“岗位职责”进行了规范和明确。

一年后，该部门发生了如下变化：员工对岗位责任、难易程度、工作量和工作的风险性心中有数，从而减少了岗位目标的盲目性；由于职责明确，员工失误率、差错度明显减少，员工的工作积极性得到了较大提高。

[思考题]

1. 岗位设计的原则与方法有哪些？
2. 如何解决岗位职责不清的问题？

[案例分析①]

一、邯钢集团岗位标准的内容

邯郸钢铁集团有限责任公司(简称邯钢集团)岗位标准共 33 册，28 个专业，约 140 万字。内容主要由两大部分组成，即操作岗位定员定额标准和技术管理岗位定员定额标准。

操作岗位标准，明确了各岗位的岗位分布、岗位工作环境状况、技术参数、设备条件、生产过程作业方式、劳动组织方式、主要职责、定员定额数量和质量、作业时间标准、岗位档次等。

技术管理岗位标准，明确了各岗位的主要职责、工作项目、工作程序、平均定额工时、年内频次和年定额工时等，并把各工作程序的时间消耗进行了标准化、定量化。

二、岗位标准的编制过程

(一) 准备工作

(1) 按照公司关于制定劳动定员定额标准的通知要求，在全公司范围广泛宣传劳动定额定员标准化。

(2) 成立制标领导小组。由公司领导牵头，劳动工资部具体组织。制标领导小组组长、副组长由公司领导担任，主编、副主编和主要起草人由劳动工资部处长和

① 王军. 2006. 邯钢集团创新劳动定额定员标准实践. 中国人力资源开发，(6)：44-47.

劳动组织专业人员承担。

(3) 从二级厂抽选懂生产、会管理、从事“双定”工作的大中专毕业生组成测定队伍，并聘请省内劳动组织专家对测定人员进行劳动测定方面的业务培训。

(二) 调查测定及主要编制步骤

首先在劳动工资部各科室进行试测，采用的主要测定方法有工作日写实法、工序测定法、数理统计法等定量时间研究方法，全方位、多角度描述影响岗位劳动负荷的诸多因素。在总结测试经验和测定方法的基础上，进一步对全公司所有岗位进行实地观测和分析研究。

(1) 对所测岗位，先进行方法研究，再作技术测定。在所测部门的配合下，组织技术人员、老职工等对岗位作业方法进行分析研究。

(2) 测定时的观察记录。测定人员一般都提前到岗，集中精力观察，把工时消耗的过程按顺序记录；搜集近几年(一般为 1~3 年)与岗位有关的主要经济技术指标、数据；对非岗位职责范围内的作业原因及其他影响因素，认真加以记录。

(3) 测定资料的整理和分析。检查核实全部测定记录，取消不正常的观察记录，分析观察记录，写出测定总结报告。

(4) 有效时间评定。组织有经验的工程师、经济师、生产业务骨干，对所测得的资料进行正确评估，将实测作业时间调整为正常时间，并确定每项工作所需要的总时间即定额时间。

(5) 拟定标准。商讨标准的内容组成和形式，如生产系统专业、非生产系统专业应采用怎样的标准框架，应包括哪些内容等。并按内容填写、计算、草拟标准。

(6) 初稿审核。将编制好的初稿下发到各二级厂进行进一步审核、验证，并提出反馈意见。同时，制标小组按照标准化格式的要求对标准进行修改、补充和完善。

(7) 上报修改。公司初审后，上报上级有关部门及劳动组织专家征求意见。按照提出的意见，编审组逐条进行研究，并作出妥善处理。

(8) 岗位发放。召开二级厂及各处室劳动组织会议，发放岗位标准并宣讲岗位编制的意义，要求贯彻岗位标准。

三、编制岗位标准所运用的主要方法

(一) 工作班时间扇形分解和工作程序法在技术管理岗位标准制定中的运用

工作研究的核心是提高劳动生产率。工作原理以“凡事都有一种更好的方法”为指导思想，要求劳动管理工作者经常深入基层，调查测定，收集影响劳动状况的各种有效数据，制定出相对先进合理的劳动定额。

1. 合理确定或定义工作班内的各种时间

工作班时间扇形分解如图 3-4 所示。

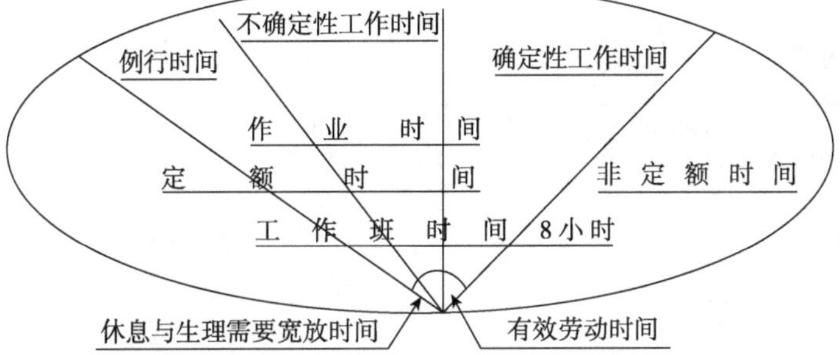

图 3-4 工作班时间扇形分解图

2. 时间范围的界定

(1) 确定性工作时间，指岗位职责范围之内有工作项目、工作程序，能够拟定定额工时和频次的时间，它是基本定额时间。

(2) 不确定性工作时间，指完成领导临时交办任务所需要的时间。

(3) 例行时间，指为完成本职工作必须定期参加的会议时间。

(4) 休息与生理需要宽放时间，指因生理或自然需要或为防止疲劳而进行休息等的时间。

(5) 非额定时间，指由组织原因或个人原因造成的无效劳动时间，指由于管理不善或个人原因，做与本职工作无关的事情所消耗的时间。

3. 岗位类型划分(不确定性工作时间的制定)

确定性工作能够找到基本规律，容易制定定额。然而不确定性工作较难发现其时间消耗规律，可以从以下角度分析。

(1) 公司机关各项管理制度基本健全，各项工作组织有序，公司机关基本上能够按照职责履行其职能，因此不确定性工作时间比重小，经详细分析，一般占确定性工作与不确定性工作时间之和的 5%~15%。

(2) 经汇总个人工作日写实和自我工作日写实资料，不确定性工作时间占确定性工作与不确定性工作时间之和的 6%~13%。

按技术管理人员工作性质对公司机关岗位进行分类，如表 3-8 所示，可分为管理协调类、现场调研类、文教服务类、外务联络类、专职责任类和设计核算类等六个类型，并给每类下了定义，确定了不确定性工作时间的比重，找到了不确定性工作时间与确定性工作时间之间的关系。

表 3-8　技术管理岗位分类及定义

序号	类别	定义	不确定性工作时间所占比重/%
1	管理协调类	主要是生产、技术、经营、政治思想和行政事务等日常工作的具体组织、协调或承办	13
2	现场调研类	主要是深入基层，在现场组织、督导、服务或采集有效数据(资料)，及时以书面(或口头)形式向上一级领导提出解决问题的具体意见或建议	12
3	文教服务类	主要是职工文化、福利、娱乐等工作，为职工提供服务	10
4	外务联络类	主要是代表企业，具体参与或负责企业与社会之间的关系	9
5	专职责任类	主要是坚守岗位或工作场所，工作较单一、连续、责任心强	7
6	设计核算类	主要是参阅有关资料、图纸或标准，工作对象为绘图、填表、计算、核算(查)现金，并草拟设计说明或统计、核算(查)分析	6

注：表中“不确定性工作时间比重”指占确定性工作时间与不确定性工作时间之和的比重。

4. 定额标准

对于程序相同的工作，得其时间消耗的数量规范化，形成定额，作为同一尺度和整个定额标准的核心，用以衡量其他工作程序的工时定额。例如，“会计核算”，程序一般为审核原始凭证、填制记账凭证、登记明细账、结算明细账、汇总记账凭证、登记总账、结出余额、与各分类明细账核对、编制财务报表、进行财务分析，其中“填制记账凭证”一项的平均定额为 0.25 小时。

5. 有效劳动时间

有效劳动时间的范围包括确定性工作时间、不确定性工作时间和例行时间三部分。

6. 技术管理岗位劳动定额的相关规定

(1) 按工作性质和内容，将机关技术管理岗位归纳为 213 个岗位，明确各工作程序及其平均定额工时、年内频次和年定额工时。

(2) 劳动定额中不出现“**科”，也不编“科长”岗位，科级按管理幅度设置，这样机构变化不会失去其适用性。

7. 建立经济数学模型

建立经济数学模型，可精确描述技术管理岗位劳动定额与定员之间的关系。

$$T_{不} = (T_{确} + T_{不}) \times K$$

$$\frac{T_{例}}{T_{确} + T_{不} + T_{例}} = 8.2\%$$

$$D=\frac{T_{确}+T_{不}+T_{例}}{254\times 6.5}$$

式中，$T_{确}$为确定性工作时间；$T_{不}$为不确定性工作时间；$T_{例}$为例行时间。$T_{确}$、K 为已知数，$T_{不}$、$T_{例}$、D 为派生数；8.2%为例行时间占作业时间的比重；254 为年工作日数；6.5 为作业时间标准，单位是小时/人・天。

(二) 复杂系数法在维检岗位劳动定员定额标准制定中的运用

相对于技术管理人员岗位，操作岗位较易制定标准。电气、机械维检工属操作岗位标准中制定的难点，现就其运用的主要技法进行简单介绍。

1. 电气维检工

对于电气维检工，通过大量的调查资料及研究表明，在企业电气设备中，总容量这一要素与维检工的有效劳动时间成正相关关系，除总容量外还包括其他因素，较为复杂，因而我们采用“层次分析法”进行研究，并得出了各自的相对权重(图 3-5)。

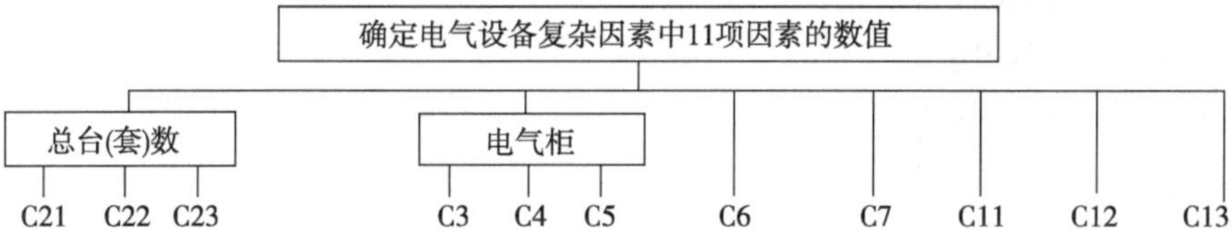

图 3-5　电气设备复杂程度数值层次结构模型(部分简介)

2. 机械维检工

对于机械维检工，采用了模糊集合论研究机械设备复杂程度。由于机械设备是一个复杂的集合，它的多样性和不确定性决定了它无法用普通的集合理论来描述。我们在调查各单位机械设备的基础上，对 200 多种类型的机械设备，运用模糊集合论中的“意见集中法”确定了交集的内容，即不同的二级生产单位既拥有千差万别的机械设备，又拥有性质特征极其相似或相同的机械设备。通过这种方法，我们确定了机械设备集合中相同设备的共性内容，即找到了全公司机械设备复杂程度的参照物，它们可以作为机械设备复杂程度的比较基准—— 度量衡。再运用模糊集合中的“二元对比法”进一步确定了它们的重要程度和主次顺序，然后确定出不同型号、规格的设备相对准确的权重系数，最终确定了整个集合中所有元素的权重系数，并代表其各自的复杂程度(表 3-9)。

表 3-9　机械设备复杂程度数值计算(部分简介)

类别	因素	单位	系数	数值计算	备注
起重类	小于 30T 天车 …	台	12 …	12×T/50 …	T：最大起重(t)
机床类	轧辊车床、磨床 …	台 …	8 …	8×D/500 …	D：最大回转半径(mm)
液压润滑类	稀油库 …	系统 …	1 …	V/200+I/20 …	V：油箱容积(L)

[思考题]

1. 简述工作分析的作用。
2. 工作分析的基本流程有哪些？
3. 岗位设计的定义与原则。
4. 论述各种岗位设计方法的特点。
5. 定编定员的原则与方法。
6. 简述编制工作说明书的步骤。
7. 岗位评价的定义。
8. 什么是岗位评价的“4W”？

HAPTER 4

第四章　员工招聘

[内容提要]

“人与岗位匹配”，一方面要明确岗位的用人标准；另一方面应对求职者素质进行判断，判断其是否符合岗位要求。因此，如何作好招聘规划、招聘信息如何发放、如何判断求职者素质与岗位标准是否吻合等是本章所涉及的内容。

[学习要点]

1. 了解员工招聘理念；
2. 掌握员工招聘流程；
3. 理解招聘标准的确定；
4. 理解招聘渠道的选择；
5. 掌握招聘方法的确定。

开篇案例[①]

黄河公司由于经营困难，最近被效益较好的长江公司兼并了。兼并以后，黄河公司保留原来的主要管理人员，同时，长江公司调配一些年轻的管理人员来协助黄河公司的工作。

于是，黄河公司的人力资源部来了长江公司的两位年轻人：唐非和薛量。这两个年轻人待人诚恳、工作勤奋，在大学里学的又是企业管理专业，所以，他们的到来深受黄河公司人力资源部部长老罗的欢迎。因为老罗担任了多年人事处处长，但有关人力资源管理的理论知识比较欠缺。最近几年，在企业中，人力资源管理的重要性得到广泛认同，人力资源部也在不断增加新的工作内容，这让老罗有点力不从心。最初老罗觉得有两名新同事的加入，黄河公司的人力资源管理工作一定会更上一层楼，但是，老罗最近却感到工作不那么顺利，尤其是在员工招聘问题上，老罗与唐非、薛量闹得不开心。

黄河公司被兼并以后，新企业的管理层决定淘汰一些已经过时的产品，新增设两条产品线，需要招聘一些生产性员工，同时，也要招聘一些基层的管理人员。老罗认为员工可以从外部招聘，首要的筛选标准无疑是技术能力。关于这一点，唐非和薛量也同意。但是在招聘基层管理人员时，老罗认为应该从企业内部挑选，因为作为管理人员，其自身的工作积极性、工作态度等是非常重要的标准。从企业内部挑选，一方面对这些候选人比较了解，另一方面也可以调动现有员工的工作积极性。至于考核的标准，老罗认为学历并不重要，主要是候选人过去的工作业绩、政治态度、工作经历及工作热情等。而唐非和薛量坚持认为应从内部和外部两个方面来招聘基层管理人员，因为外部新鲜血液的补充，将会提高现有管理团队的活力。遴选的标准，应该是是否具有相关学历和胜任职位的能力。

在招聘方法上，老罗认为由人力资源部的人员出面找候选人单独谈谈，就可准备材料报上级部门审核批准。但是，唐非和薛量则认为应该采用新的评估方法，整套评估方法包括个人访谈、心理测试、情景模拟等；还必须借助外部专家，为候选人打出最后的考核分数。据说，运用新的评估方法能准确地预测候选人潜在的管理能力，老罗对此深表怀疑，但是，黄河公司的员工似乎对新的评估方法很感兴趣。

1. 根据本案例，你认为企业应采用什么方法招聘管理人员？

2. 现在中国的很多企业在招聘过程中都会产生类似老罗与唐非和薛量之间的分歧，如何避免这种分歧？

通过本章的阅读，将有助您解答以上问题。

---

① 案例改编自王惠忠. 2004. 企业人力资源管理. 上海：上海财经大学出版社: 214.

第一节 员工招聘概述

一、员工招聘

(一) 员工招聘的定义

员工招聘(recruiting employees)是指根据组织人力资源规划和工作分析的要求，通过科学的甄选，最终录用具有一定技巧、能力和相关特性的申请人，以满足组织的人力资源需求的过程。

员工招聘工作处于人力资源管理价值链的前端，假如在招聘这一环节出了错，后期将可能为此付出巨大代价。匹配是选聘人才的黄金法则，即在实践中要实现所招人才与岗位、团队和企业的匹配。

[案例 **4-1**]

丰田汽车公司的“全面招聘体系”

丰田汽车公司全面招聘体系的目的就是招聘最优秀的有责任感的员工，为此公司作出了极大的努力。丰田汽车公司全面招聘体系大体上可以分成 6 个阶段，前 5 个阶段大约要持续 5~6 天。

第一阶段，丰田汽车公司通常会委托专业的职业招聘机构，进行初步的甄选。应聘人员一般会观看丰田汽车公司的工作环境和工作内容的录像资料，同时了解丰田汽车公司的全面招聘体系，随后填写工作申请表。1 个小时的录像可以使应聘人员对丰田汽车公司的具体工作情况有了大致了解，初步感受工作岗位的要求。同时也是应聘人员自我评估和选择的过程，会有许多应聘人员知难而退。专业招聘机构也会根据应聘人员的工作申请表和具体的能力和经验作初步筛选。

第二阶段，评估员工的技术知识和工作潜能。通常会要求员工进行基本能力和职业态度心理测试，评估员工解决问题的能力、学习能力和潜能以及职业兴趣爱好。如果是在技术岗位工作的应聘人员，还需要进行 6 个小时的现场实际机器和工具操作测试。通过第二阶段测试的应聘者的有关资料会转入丰田汽车公司。

第三阶段，丰田汽车公司接手有关招聘工作，本阶段主要是评价员工的人际关系能力和决策能力。应聘人员在公司的评估中心参加一个 4 小时的小组讨论，讨论的过程由丰田汽车公司的招聘专家即时观察评估。比较典型的小组讨论可能是应聘人员组成一个小组，讨论未来几年汽车的主要特征是什么。实地问题的解决可以考察应聘者的洞察力、灵活性和创造力。同样在第三阶段，应聘者需要参加 5 个小时的实际汽车生产线的模拟操作。在模拟过程中，应聘人员需要组成项目小组，负担起计划和管理的职能，如生产一种零配件、人员分工、材料采购、资金运用、计划管理、生产过程等一系列生产因素的有效运用。

第四阶段，应聘人员需要参加一个 1 小时的集体面试，分别向丰田汽车公司的招聘专家谈论自己取得过的成就，这样可以使丰田汽车公司的招聘专家更加全面地了解应聘人员的兴趣和爱好，以什么为荣，什么样的事业才能使应聘人员兴奋，从而更好地作出工作岗位安排和职业生涯计划。在此阶段也可以进一步了解员工的小组互动能力。

第五阶段，通过以上四个阶段，员工基本上被丰田汽车公司录用。但是员工需要参加第 5 阶段的一个长达 2.5 小时的全面身体检查，以了解员工身体的一般状况和是否存在特别情况，如酗酒、药物滥用的问题。

第六阶段，新员工需要接受 6 个月的工作表现和发展潜能评估，新员工会接受监控、观察、督导等方面严密的关注和培训。

丰田汽车公司全面招聘体系的主要特点有四个。

(1) 不仅仅是招聘员工的技能，还要考虑员工的价值观念。员工是否具备优秀的素质、持续改善的精神和诚实可信等品质，通过对于员工基本价值观的考察可以得出相关的答案。全面招聘体系是通过团队精神考察员工是否具备这些价值观。

(2) 必须为复杂的招聘过程付出时间和精力。通常丰田汽车公司招聘初级员工的面试时间达到 8~10 小时是非常平常的，有时可能高达 20 个小时，大量时间和精力的投入是取得人才的关键。

(3) 企业的需要和员工的价值观以及技能相适应。小组工作制、持续改善的精神和弹性工作制度是丰田汽车公司的核心价值观，解决问题能力、人际关系技巧、优良品质的追求是录用员工的关键要素。

(4) 员工的自我选择也是重要的招聘过程。丰田汽车公司不论是在招聘的初期，还是在长达 6 个月的试用期中，都给予了员工双向选择的机会，同时淘汰不能胜任的员工。整个全面招聘体系需要应聘员工作出同样的牺牲，员工需要花费大量的时间和竭尽全力才能得以入选。

(二) 现代企业招聘理念

1. 重视学习能力和团队精神

应聘者的学习能力比他们已经获得的技能显得更为重要，企业对通才的需要已经超过对专才的需要，所以，招聘时应注重应聘者的学习能力和团队合作精神。

2. 对应聘者坦诚相见

招聘人员需要给应聘者以真实、准确、完整的有关职位的信息，这样才可能产生雇员与企业匹配的良好结果，从而带来较低的雇员流失率。

3. 应聘者是否与本企业文化相融合

对于那些与企业文化不能融合的人，即使是很有能力和技能的人，也会对企业的发展不利。在进行筛选工作的时候，就开始让应聘者充分了解企业的文化，这样就等于把到职培训提前到招聘筛选过程，所以，现在招聘发展的新动向就是面谈时间越来越长。

4. 招聘过程要树立企业的品质形象

企业需要像对待自己产品的声誉一样对待自己在人才市场上的声誉，注意自己是否已经建立起能够很好对待员工的好名声。一个企业在人才市场上的名声如何，对于它能否吸引潜在的申请者有很大影响。

5. 招聘需要人力部门与直线部门配合

在招聘时，需要对空缺岗位有明确的描述，便于应聘者衡量自己是否合适。岗位描述写得越含糊，公司招聘人员给自己找的麻烦也就越大。负责招聘的人员不是拿到岗位描述就可以按图索骥了，最好要到岗位现场考察一下，与有关人员进行直接沟通，了解岗位有哪些特殊要求，特别是对于应聘者的性格、能力、技能等有哪些要求，广泛收集有关职位的主要工作要求与工作内容素材。

二、员工招聘流程及管理

在整个招聘流程中，关键要做好以下流程的管理工作[①]。

(一) 招聘决策管理

招聘决策就是组织在招聘工作正式开展前，对招聘工作的具体行动进行全面计划的过程，主要包括八个方面。

1. 招聘需求决策

招聘需求决策，即确定招聘是否是必须的。一般人力资源需求可能来自原有员工离职、调岗等原因所造成的原有职位空缺，以及规模扩大等造成的新职位需求。

① 张永生，方静. 2005. 成功招聘的细节技巧. 中国人力资源开发, (9): 30-33.

前者可以考虑用加班、工作重新设计等策略来弥补；后者可以用部门间职位轮换等方法来弥补。只有在上述办法都不能完全解决问题时，招聘才是最合理的。因为，如果通过上述措施解决了职位空缺的问题，不仅可以降低重新招募新人而支付的各项成本，如时间、物质、人力、培训成本等，还可以激励原有员工，从而提高工作绩效。

2. 招聘类型决策

招聘类型决策，即聘用正式、固定员工还是利用其他灵活的雇佣方式。根据职务的不同可以采用临时、租用、承包等方式来弥补职务空缺。如公司新成立时，可以聘用临时网络工程师为公司组建网络。对于临时工等性质的员工，只需开支全额的工资费用而不用支付相当于工资14%的福利费。

3. 招聘人数决策

招聘人数决策，即确定招聘人数是应该少于、等于还是多于当前需求。如果倾向于员工队伍稳定，则宜少招聘，等以后再招聘；如果倾向于完成任务，则宜按照需求招聘；如果流动率较大，则可以考虑多招聘。

4. 招聘渠道决策

招聘渠道决策，即采用外部招聘、组织内部招聘还是“内外双招”。如果采用外部招聘，要确定借助于猎头、网络、报刊，还是直接去校园或人才市场招募人才；如果采用内部招聘，要确定是内部公开招聘、员工推荐还是采用其他方式。这些都要根据不同的职务种类具体选择，细节上的考虑是：办公文员等基层工作可以从校园或网络上外招，因为这类人有极大的可塑性，易于培训，易于激励，易于与组织文化同步；而经理等管理层职员可以通过“内外双招”，增加公司职位的透明度，一方面扩大了选择范围，降低了可能的风险成本，另一方面也可以了解内部哪些员工具有主动向上发展的意向，以便对他们进行专门培训，建立人才后备队伍。

5. 招聘时间决策

招聘时间决策，即确定什么时候招聘最有利。高效的招聘策略还要确定恰当的招聘时间，尤其是季节性的需求和供给对招聘时间的要求更强。例如，某组织欲招5 名业务员，一星期后进行初步培训，根据预测，招聘中每个阶段的时间占用分别为：招聘准备需半天，征集简历需半天，筛选简历、面试安排、通知面试需一天，初试和复试面谈各需一天，组织的最终聘用决定需一天，接到面试或聘用通知的应聘者进行接受与否的决定需一天，如此一来，招聘就必须提前一星期进行才能保证招聘有很好的效果。

6. 招聘地点决策

招聘地点决策，即选择在哪个地方进行招聘。一般要考虑潜在应聘者寻找工作的行为、组织的位置、人才市场状况等因素。客观上，组织通常在既有招聘条件又有招聘经历的地方招聘，倾向于在所在地招聘办公室人员和工人，在本地或跨地区的市场上招聘专业技术人员和业务员，而在全国范围内甚至国际上招聘高级管理人才。

7. 招聘经费预算决策

招聘经费预算决策，即需要哪些花费、费用多少。除了参与招聘工作的有关人员的工资外，还需要考虑支付合理的广告费、考核费、差旅费、电话费、通信费、文具费等费用，以保证招聘工作的正常进行。

8. 招聘的具体实施方案决策

招聘的具体实施方案决策，即如何招聘，主要内容包括确定招聘工作小组的人员组成，即由哪些人参加招聘，谁负责初试，谁负责面试；制订招聘章程、考核方案和择优选聘的条件；拟订招聘简章；规定招聘工作的进度等。

(二) 招聘前的准备

当招聘决策完成后，接下来就要为招聘的实施作具体的准备工作了。规模较大的公开招聘工作是一项比较繁琐的系统性工作，应该在工作开始之前将各个环节考虑周到，充分准备，做到应对自如，有条不紊。

1. 配备人力

招聘工作各个环节所需工作人员应该事前作好预测和安排，如信息发布、报名、筛选、考核、聘用等阶段均需要有相关专人负责。

2. 设计各种表格

求职登记表、各种评分表、考核表等都应该在招聘前设计好。例如，求职登记表的设计，首先应该和公司职位维度的侧重点相统一。不能为了省事或节约成本而直接采用网上下载的表格或者采用人才市场提供的表格，应该根据公司具体情况予以修改使用。其次，要遵循“中看且中用”的原则。如工作经历中要留下足够的空间，以便应聘者能够详尽地填写。再次，增加一些软性的内容，如“你为什么会选择我们公司?”“你在选择一个公司时最看重的是哪些因素?”这样可以直接提高初选阶段的效率，剔除一些不合公司文化的人员。最后，增加一些人性化的设计，如大空间的部分采用分行设计，使填写更为方便尽可能多设计一些选择项，缩短填写时间。

3. 设计和发布招聘广告

招聘员工的工作本身就是一项市场宣传和推销活动。招聘广告应该生动且具有创造性。例如，告诉读职位广告的人，他/她的一天都将做什么。若能利用公司网站发布职位说明，可以考虑是否加上表现某人正在做工作的录像片段或声音片段；另外，采用照片或图画的形式也会使职位描述与众不同。在网站上设置招聘专区是组织实力和重视人才的充分体现；设计好招聘现场会的纸质宣传广告也能达到吸引人的目的。

4. 宣传资料

参加招聘专场会时，可以携带几份公司或产品的宣传资料、宣传版画。宣传资料不仅可以使应聘者了解公司，增加被选择的权重，而且能减轻招聘人员向众多应聘者介绍公司情况的负担，避免手忙脚乱，顾此失彼，以保证介绍的质量。

(三) 招聘的具体实施

当所有的一切都准备停当后，接下来就要正式进入招聘的实施阶段。

1. 招聘人员形象

求职人员对公司的接触不多，甚至是第一次接触，因此更多是依靠自己在应聘过程中的感受来判断公司。招聘人员是公司的窗口，其自身形象对招聘工作非常重要。

(1) 态度真诚。在招聘过程中，不论何种情况，均须热情、诚恳和耐心，千万不可采取高高在上的态度，要始终把应聘人员当做顾客。例如，不少单位在参加现场招聘会时，由于环境嘈杂引致心烦意乱，对询问的人员敷衍了事、随意遗弃求职者的个人简历等，给应聘者留下不好的印象。

(2) 仪表得体。负责招聘的人员在着装上也应该以干净整洁、大方得体为佳。招聘时以穿正装为主，最好统一为工作装。同时，切记不可浓妆艳抹，应以淡雅为佳。

(3) 谈吐清晰。招聘时应说普通话，避免一口方言，影响双方交流时信息获取的质量，给对方以不好的印象。同时要保证语速和音量，以适中为佳，不可太快或太慢，太过高昂或太过低迷。

2. 电话

现在，应聘者咨询公司情况及公司通知应聘者面试或通知录用等，一般都会采取电话方式，这时电话礼仪也被提到了一个新的高度，它同样关乎公司的形象。电话礼仪包括三个方面。

(1) 声音热情、清晰。电话中，对方无法看到你，只能通过声音来获得部分信息，所以声音一定要热情。同时也要控制好音量和语速，以保证对方听清楚你讲话的内容。

(2) 理清思路。拿起听筒之前，应先考虑一下自己想说什么，保证能把自己所要通知的内容清晰地传达到，如自己的身份、面试时间、地点等。此外，为对方提供公交路线建议将会提供方便给对方，从而给对方一个好印象。

(3) 确保对方准确获取了信息。打电话的目的就是为了通知对方来公司面试，所以，一定要确保对方准确地获得了时间地点等信息。

3. 面试

“百闻不如一见”强调的是要用自己的亲身体会去感受。面试使得组织和应聘者双方有机会互相观察，作出最直观的判断，因而面试成为招聘工作中最常见的环节。

(1) 面试考官礼仪。面试主考官在面试过程中扮演着举足轻重的作用，除了应该注意态度、仪表外，如果能够注意以下细节也会给招聘带来意想不到的效果：①主动出来邀请应聘者。通常情况下，应聘者都是由秘书引领到主考官的办公室。如果主考官亲自到前台去接应聘人员，就多了一个面试观察的机会。②介绍自己，主动握手。这一简单的礼貌之举就可以显现出面试考官与众不同的风范。③确保双方座位舒适、角度合适。尽量降低应聘者因看到主考官在记录而带来的紧张感，会更有利于交流。④关怀、问候应聘者。面试正式开始前，先问候应聘者“路上顺利吗？”、“这里好找吗?”这类关怀性质的话，可以很容易拉近双方的心理距离，消除陌生感，更有利于深入交流。⑤办公桌上只摆应聘者一个人的简历。不把所有的简历都放在办公桌上，不要让应聘者看到其他的简历，否则其一进来心里就非常紧张。⑥针对简历中的疑点提问。根据面试前浏览应聘者简历时找出的可疑点提问。⑦及时记录应聘者行为。在下一个应聘者进来之前，要留出几分钟的时间，及时、完整地记录应聘者的行为结果，以保证对前一个应聘者的评价是一个完整的印象，避免事后回忆可能带来的问题，保证面试效果，为以后的进一步评估做好准备。⑧不要显得太忙。主考官不可在面试时显得比谁都忙，一会儿看表，一会儿接电话，一会儿又要在文件上签字。面试应该安排一个独立的空间、独立的时间。⑨面试结束礼节。主考官在面试即将结束时，应注意允许求职者有时间提问题；说明下一步的程序和大概时间，如两天后会通知应聘者再次来面试；真诚地感谢应聘者花时间来面试，尽管也许主考官此时已经觉得其不合适。

(2) 面试方式。有一个重要的面试加法公式：一次好的面试=(提问+收集信息+准确的记录+评估+测试+取证)面试方式。这个公式很精练地道出了面试方式的重要性。这部分内容将在第四节详细讲解。

(四) 应聘者的甄选

1. 重视维度正确

在评估之前，要再复习一遍某个职务的维度是什么，需要具备哪些方面的能力，哪些是主要的，哪些是次要的。例如，一个应聘研发职务的人，需要的是学习力、创新力和勤勤恳恳的态度，就算他有再好的沟通能力，这些方面达不到也不是最好的。

2. 避免误区

招聘中的误区主要有晕论效应、相比错误、首因和近因效应、盲点等，在评估时都应尽量避免。一个很好的做法就是：打分前，先自省。即打分前，先想一想自己以前容易犯哪些错误，会进入哪种误区，把它们写下来，贴在办公桌前，然后再根据维度和记录进行客观地评估。

3. 70 分选才标准

70 分的意思就是不刻意追求百分之百的人，只要应聘者能够达到 70 分就可以考虑录用了。70 分人才在工作中更能够发挥主动性，更容易激励，从而取得更好的工作绩效。

(五) 新员工的管理

只有把新员工管理成功了，才能巩固招聘的果实。针对新员工的管理工作主要包括通过培训让新员工：①了解组织文化、政策及规章制度；②熟悉工作环境、岗位环境、人事环境，熟悉工作内容、性质、责任；③熟悉、掌握工作流程、技能。

在经过培训和一段时间的实际工作后，可以考核新员工是否适合本公司的工作或其职务。若适合，就可签订正式聘用合同，办理人事关系，同时根据公司实力和个人需求设定薪酬和福利。若不适合，也应该处理好一切事务，并明确委婉地告知新员工哪些方面不适合公司发展和其个人的发展，祝福其能找到更适合的工作，切忌不合适就把新员工粗暴地扫地出门，导致各项事务不了了之，从而损坏公司形象。

第二节　招聘标准

一、招聘标准的确定

(一) 招聘标准

设置招聘标准，可以将资格要求分为两大类：必备条件和择优条件。所谓必备条件，就是对候选人最低限度的资格要求，不能依靠学习新的技能或从其他途径获得帮助等加以弥补。例如，如果要求汽车司机能驾驭复杂的路况，那么他的基本驾驶能力则必不可少。一旦必备条件确定以后，与此对应的要求也需要确定，即要确定带有倾向性的资格要求，也就是所谓的择优条件。在候选人其他方面都相当的情况下，择优条件可以帮助组织比较候选人的相对优劣。只有掌握了招聘标准，招聘人员才能用这把“尺”去衡量每一位应聘者。

世界 500 强企业比较偏爱应聘者的以下素质：团队精神及协作能力、创新精神及创造能力、沟通能力、学习能力、工作热情主动、敬业、责任感、诚实、正直、专业技能、进取心及成就欲、忠诚等(表 4-1)。世界 500 强企业的人员招聘标准可以从个性特征、工作能力、工作态度和人际交往四个方面进行分类。再经过分析，可以得到 36 项素质特征，如图 4-1 所示。

表 4-1 世界 500 强 33 家企业员工招聘素质频次统计表

素质	团队精神及协作能力	创新精神及创造能力	沟通能力	学习能力	工作热情主动	敬业	责任感	诚实	正直	专业技能	进取心及成就欲	忠诚
频数	27	22	17	15	14	13	12	11	11	10	10	10

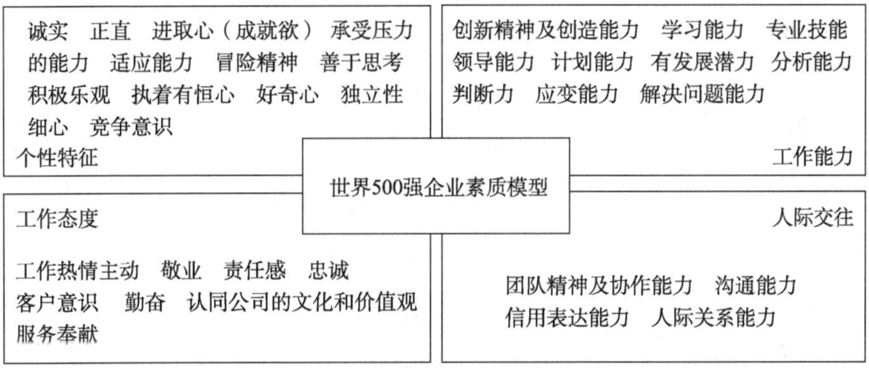

图 4-1 世界 500 强企业素质模型

资料来源：李志，王林. 2006. 世界 500 强企业招聘特征探析. 中国人力资源开发, (12): 93.

(二) 胜任特征

1. 概念

“胜任特征”(competency)这一概念最早出现在 1973 年美国著名心理学家大卫·C.麦克利兰(David C.McClelland)的文章中，他强调胜任素质比智商更能影响学生学习的绩效，并称之为胜任力(competence)，后来有研究者和实践者将其称作胜任特征。随后，这两个术语交替使用。从此，基于胜任特征模型的思想开始影响管理学界和职业资格考试。

1994 年，麦克利兰和他的同事斯班舍对“胜任特征”给出了一个全面的定义：“明确区分优秀绩效执行者和一般绩效执行者，或者说能够明确高效的绩效执行者和低效率的绩效执行者的可准确测量的个体特征，这些特征可以是动机、特质、自我概念、态度或价值观、具体知识、认知和行为技能。”胜任特征模型则是指为完成某项工作，达成某一绩效目标所要求的一系列不同胜任特征要素的组合。通过员工胜任特征模型，可以判断并发现导致员工绩效好坏差异的关键要素，从而为改进与提高绩效提供基点。

2. 胜任特征的结构

在胜任特征的定义中包含了外显的行为和内隐的动机，所以胜任特征模型中的一部分是内隐成分，而另外一部分则容易被感知，代表表层特征。因此，人们将胜任特征模型形象地比喻成漂浮于水中的一座冰山，水上部分代表表层特征，如技能、知识等，这些特征容易被感知，但不能预测或决定能否有卓越的表现；而处在水下的深层次胜任特征，如自我概念、社会角色、动机等，决定着人们的行为与表现(图 4-2)。

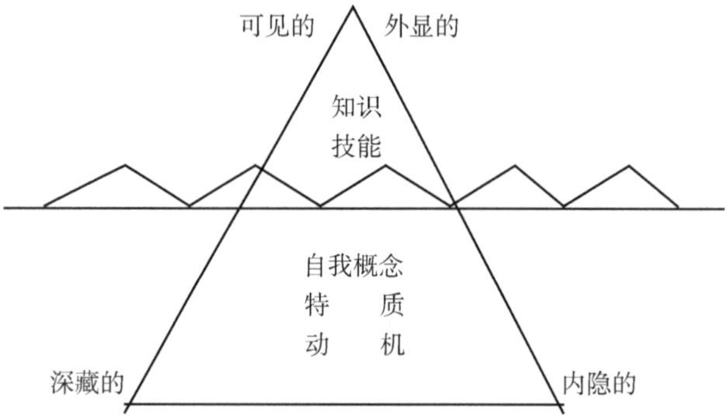

图 4-2　胜任特征的结构

胜任特征的构成要素包括六个方面。

(1) 知识，指个人在某一特定领域拥有的事实型与经验型信息。这些信息是员工在生产经营活动中所需要的各种相关知识，这些知识涉及岗位作业的流程和程序，涉及人与物、人与人、人与事的相互关系，以及解决和处理的方式方法等。知识是员工胜任岗位工作职责所必备的条件，但员工的绩效是否显著突出，事业能否取得成功，难以用其知识水平的高低进行测度和区分。

(2) 技能，指结构化地运用知识完成某项具体工作的能力，即对某一特定领域所需技术与知识的掌握情况。技能按其性质和特点，可区分为动作技能和心智技能。动作技能即人的手脚躯体所实现的一系列实际动作，如操纵机械设备。当这些实际动作以正确合理的方式组织起来并能够顺利进行时，就形成了一个动作系统；心智活动技能是指人的头脑中所实现的一系列认识活动，它涉及感知、记忆、想象、思维等心理活动，特别是以抽象思维为主的心理活动。每种以脑力活动为主的职业，在解决本专业的具体课题时都有一套熟练的心智活动方式，并包含着一系列的思维“动作”。掌握合理正确的思维方式是心智技能的本质特征。

(3) 社会角色，即个体在公共场合所表现出来的形象、气质、风格。

(4) 自我概念，指个人自我认知的结果，包括个人的价值观、对人和事物的态度和看法等。作为动机的反映，可以预测短期内没有监督条件下人的行为方式。

(5) 动机，指推动个人为达到一定目标而采取行动的内驱力。动机会推动和指导个人行为方式的选择朝着有利于目标实现的方向前进，并防止偏离。树立和培养员工某种正确的动机，可以采取多种措施，如正确的目标指引、原有动机的转移、创设任务的条件、激发工作兴趣、充分肯定员工绩效、不断地鼓舞斗志等。

(6) 特质，指个性、身体特征对环境与各种信息所表现出来的一种一贯反应，如自信、压力的忍受度、做事谨慎小心、善于倾听别人的意见、工作有毅力能持之以恒等。特质与动机可以预测个人在长期无人监督下的工作状况。

二、人与岗位、团队、组织相匹配的素质标准

1. 招聘的“三个两”现象

在企业招聘工作中常常存在“三个两”的现象[①]，即员工到岗后的两周、两个月、两年是离职的临界期，这是令人力资源管理人员很头疼的问题。那么原因何在呢?①员工两周内离开公司的原因不外乎两个：一是实际工作内容与招聘面谈内容有落差，即员工的知识、技能、经验等与岗位需求存在差异；二是对公司物理环境如办公、住宿等不满意。②员工两个月内离职的原因主要和直接主管、本部门同事之间的工作方式异同、融洽程度等相关，如在试用期的员工发现与上级和同事难以相处，就可能离开。③员工两年内离职的主要原因与企业价值观、文化等相关。比如，员工通过两年来深入了解企业人力资源管理的政策，发现与自己的理念和想法并不一致且难以协调，于是主动离开。除此之外，还可能与员工的职业发展有关。

此时企业需要考察三个层面的问题：第一层面是人–岗匹配(person-job fit)，主要考察应聘者拥有的知识、技能与经验成果等是否满足岗位要求；第二层面是人–团队匹配(person-team fit)，主要考察入职员工的个性特点、目标与用人部门的领导及同事的性格、目标等的同质性或异质性；第三层面是人–组织匹配(person organization fit)，主要考察应聘者的价值观、态度等特点与企业的文化、价值观是否匹配。

---

① 樊宏. 2007. “三位一体”的全方位招聘模式. 中国人力资源开发, (2): 58-59.

2. 综合的素质标准

要解决“三个两”问题还需考虑两方面的内容：一是界定考察要素及指标；二是寻找合适的人力资源测评方法和技术。企业可通过从人的专业能力、核心素质、工作—生活—家庭平衡三个方面抽取考察指标，评估人–岗、人–团队、人–组织的匹配度，进而判断并预测招聘的效果，如图 4-3 所示。

因此，看应聘者是否可用或满足岗位要求，主要看其专业能力与岗位的匹配度，即知识、技能、经验与成果与岗位的匹配度。看进入员工是否好用，主要看其专业能力、核心素质与团队其他成员的匹配度、互补性和一致性程度，即进入员工的知识、技能、个性、目标、态度等是否与团队相容，如《西游记》中唐僧等师徒四人的团队搭建就是最好的例子。看进入员工是否能长期为公司服务，主要看他的核心素质、工作—生活—家庭平衡两个方面，即其价值取向、生活态度、家庭观念等是否与组织文化、价值观等一致。例如，湖南长沙的三一重工股份有限公司有“嫉慢如仇”的企业文化，那么工作性子慢的员工就不会很多。

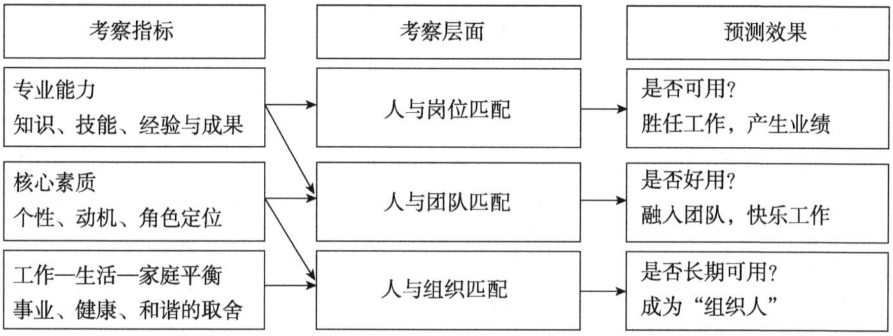

图 4-3　招聘标准示意图

企业需要确定两个目标。

第一，人才标准/能力素质标准界定。根据麦克利兰的能力素质“冰山”图，可将人的能力素质分解为两大部分：专业能力和核心素质。专业能力指完成工作需具备的能力素质，如知识、技能、经验等，考察要点可从岗位说明书或任职资格标准中提炼。核心素质指“组织人”应具备的行为特征，如团队合作、冒险等，主要考察点可从素质模型提炼。

第二，倡导工作—生活—家庭的平衡。个体的社会角色是多元的，而价值取向决定了其在工作—生活—家庭中不同的平衡关系。比如，事业取向的人会在工作中多投入一点，并达到一种平衡状态；家庭取向的人对亲人投入多一点，并形成了另一种平衡。有些公司将三种平衡关系作为公司的一种倡导，比如爱默生电气公司的“健康、家庭、工作”，就把健康放在了第一位，体现了公司对员工的人文关怀。

为把工作、生活、家庭三方面的平衡落到实处，需要把握三个关键点。一是地理位置的取舍。例如，我国南北文化、习惯、气候的差异等，会成为应聘者考虑的生活问题。一位常年生活在北方的应聘者是否会为一份比较满意的在南方的工作，舍弃习惯的生活方式和已经建立起来的生活圈，取决于其对工作与生活平衡的把握和取舍。二是婚姻或恋情的取舍。特别是高校毕业生在择业时最可能面临这样的选择。两个人选择在同一个城市还是分开，取决于工作与恋情的痛苦抉择。三是家庭亲情的取舍。每个家庭的情况不一样，考虑父母赡养等问题是一个重要变量。

[案例 **4-2**]①

小李的离职

小李是一个优秀的物流管理人才，有着多家大型快速消费品企业的物流管理经验，而且业绩突出，在业内享有盛名。

A 公司是一家 2005 年 10 月注册成立的快速消费品生产和销售企业。由于产品独特，一投入市场，便有大批订单蜂拥而至。2006 年入夏以来，随着业务量的激增，公司物流运转不够顺畅，物流成本不断增加，效率大打折扣，一些经销商的不满情绪渐增。在这种情况下，公司迫切需要一位优秀的物流管理人才。

此时，恰逢想换换工作环境和希望接受挑战的小李前来应聘，人力资源部经理久闻小李大名，见机会难得，便直接上报总裁。总裁求贤若渴，亲自上阵面试，经过交谈发现小李确实是自己梦寐以求的物流管理人才，于是当场拍板，让小李次日上班，担任物流部经理。

人力资源部经理和总裁如释重负，但是，三个星期以后，二人都意外地收到小李的辞呈。经过多方面了解，人力资源部经理弄清了小李离职的原因：① 思想活跃、喜欢创新和挑战的小李与保守稳重的直接上级——生产副总多次因意见不统一而发生冲突；②小李在 A 公司物流部面对一群“素质不高”的同事，经常产生一种“曲高和寡”的孤独感；③小李无法适应一个各项制度不健全、管理流程混乱的企业，认为在这样的企业，自己的能力无从施展。

小李的闪电离职令人深思。究其原因，根源在于 A 公司的招聘失误。对这一失误的集中概括就是：公司只是急于聘到优秀的人才，而没有考虑要聘合适的人才以及怎样招聘合适的人才。具体表现在四个方面。

① 刘红霞. 2004. 从员工离职看企业如何成功招聘. 中国人力资源开发, (11): 40-41.

1. 从总体上说，失误在一个“急”字

公司急于聘到能人，导致招聘过于仓促，企业与拟聘人才双方缺乏深入了解。当公司一碰到优秀的物流管理人才小李，人力资源部经理和总裁就犯了同一个错误：只看到小李的物流管理能力，而没有考察其能力在本公司到底能发挥多少作用。任何人能力的发挥都是需要条件的，A公司至少没有考虑以下问题：小李习以为常的或者说小李能承受的工作环境和氛围本公司现在是否具备，小李能否适应一个刚刚成立、尚在起步中的企业。从小李的角度来讲，他想换换工作环境和接受新的挑战，对A公司的实际情况缺乏深入了解，也没有考虑自己能否适应。

2. 招聘策略失误，人才与组织不匹配

公司招聘策略失误是小李闪电离职的最主要原因。A公司招聘策略上的失误集中反映在只关注人岗匹配，而没有考察人与组织的匹配问题。人岗匹配固然重要，但是对于处于初创期的A公司来说，人与组织的匹配问题更重要。而A公司不但没有在追求人与组织的高度匹配上下工夫，而且根本没有考虑这一问题，表现在：①没有考察个人与团队的融合程度。A公司的招聘没有考虑小李的风格是否与主管以及拟任职团队的特性相匹配。在A公司，小李的直接上级是一个保守稳重的人，而小李是一个喜欢挑战和思想活跃的人，二者的个性和行为风格迥异，所以双方配合发生冲突也在预料之中。另外A公司物流部现有的工作人员观念相对陈旧、素质不高，而刚刚上任的经理小李却是一个观念超前、能力优异的人，小李“曲高和寡”的孤独感便由此而生。②没有考察个人对企业现状的适应程度。小李业务能力强，业绩佳，但未必是A公司拟聘的最佳人选。因为小李的工作经历都是在大型快速消费品企业工作，相对来说，大型企业的各项管理制度和流程比较成熟和完善，小李也因此而养成了一种工作习惯和行事作风，甚至是思考问题的方式。而A公司成立不久，各方面管理制度和管理流程还不规范，小李能否适应确实是应该考虑的问题。

3. 招聘准备不足

招聘准备不足主要表现在：①没有明确的选人标准。在A公司，无论是人力资源部，还是公司总裁，都急于招聘一个优秀的物流管理人才，而对于具体招聘一个什么样的物流管理人才却没有明确的定位。这导致在招聘过程中只关注小李的能力和业绩，以至于仓促作出录用决策。②人才评价方法和工具缺失。在A公司的整个招聘过程中，各种判断和决策都带有浓厚的主观色彩，几乎是一种“跟着感觉走”的情况。A公司对于小李的评价只有公司总裁的主观感知，而缺乏科学依据。比如，没有对小李的个性特征作出评价，同时也没有对小李的胜任特征、适应能力、价值观念等作出科学的判断。

4. 招聘流程上失误

A公司没有考虑怎样合适地招聘人才的问题。招聘流程上的失误为小李的离职埋下了伏笔。比如，在招聘小李的过程中，只有人力资源部经理和公司总裁面试，而真正的用人单位，也就是小李的直线上级——生产副总没有参与招聘，也没有征求其任何意见。这一关键人物在招聘过程中的缺失，是导致小李闪电离职的另一个重要原因。

小李离职事件给我们的最大启示就是：招聘的最大挑战不在于聘到人才，而在于聘到合适的人才，而且要合适地去招聘人才。具体而言，①聘到合适的人。首先，要制定合理的招聘策略，招聘策略应视企业所处的生命周期或企业的人力资源管理战略制定。其次，进行充分的招聘准备。这些准备包括明确的选人标准、科学的评价方法和评价工具的有效运用。②合适地招聘人才。首先，要讲究效率，避免盲目追求速度，而忽视质量。其次，要制定合理的招聘流程，并按流程分步走，一步都不能少。在招聘过程中，必须由用人部门的负责人拍板定案，或者至少必须让用人部门负责人参与面试并发表意见。

第三节　招聘渠道选择

一、常见的招聘渠道

(一) 现场招聘

现场招聘是一种企业和人才通过第三方提供的场地，进行直接面对面对话，现场完成招聘面试的一种方式。现场招聘一般包括招聘会及人才市场两种方式。招聘会一般由各级政府及人才中介机构发起和组织，较为正规，同时，大部分招聘会具有特定的主题，比如“应届毕业生专场”、“研究生学历人才专场”或“IT类人才专场”等，通过毕业时间，学历层次，知识结构等的区分，企业可以很方便地选择适合的专场设置招聘摊位进行招聘。对于细分的招聘会，组织机构一般会先对入会应聘者进行资格的审核，这种初步筛选，节省了企业大量的时间，方便企业对应聘者进行更加深入的考核。但是目标人群的细分在方便了企业的同时，也带来了一定的局限性，如果企业需要同时招聘几种人才，那么就要参加几场不同的招聘会，这会提高企业的招聘成本。

人才市场与招聘会相似，但是招聘会一般为短期集中式，且举办地点一般为临时选定的体育馆或者大型的广场，而人才市场则是长期分散式，同时地点也相对固定。因此对于一些需要进行长期招聘的职位，企业可以选择人才市场这种招聘渠道。

现场招聘的方式不仅可以节省企业初次筛选简历的时间成本，同时简历的有效性也较高，而且相比于其他方式，它所需的费用较少。但是现场招聘也存在一定的局限，首先是地域性，现场招聘一般只能吸引到所在城市及周边地区的应聘者；其次这种方式也会受到组织单位的宣传力度以及组织形式的影响。

(二) 网络招聘

网络招聘一般包括企业在网上发布招聘信息甚至进行简历筛选、笔试、面试。企业通常可以通过两种方式进行网络招聘，一是在企业自身网站上发布招聘信息，搭建招聘系统；二是与专业招聘网站合作，如中华英才网，前程无忧，智联招聘等，通过这些网站发布招聘信息，利用专业网站已有的系统进行招聘活动。

网络招聘没有地域限制，受众人数大，覆盖面广，而且时效较长，可以在较短时间内获取大量应聘者信息，但是随之而来的是其中充斥着的许多的虚假信息和无用信息，因此网络招聘对简历筛选的要求比较高。

(三) 校园招聘

校园招聘是许多企业采用的一种招聘渠道，主要是企业到学校张贴海报，举办宣讲会，吸引即将毕业的学生前来应聘。对于部分优秀的学生，可以由学校推荐；对于一些较为特殊的职位也可通过学校委托培养后，企业直接录用。

通过校园招聘的学生可塑性较强，干劲充足。但是这些学生没有实际工作经验，需要进行一定的培训才能真正开始工作，且不少学生由于刚步入社会对自己定位还不清楚，所以工作的流动性也可能较大。

(四) 传统媒体广告

在报纸杂志、电视和电台等载体上刊登、播放招聘信息，受众面广，收效快，过程简单，一般会收到较多的应聘资料，同时也对企业起了一定的宣传作用。通过这一渠道应聘的人员分布广泛，但高级人才很少采用这种求职方式，所以在招聘公司中基层和技术职位的员工时比较适用。同时该渠道的效果同样会受到广告载体的影响力、覆盖面、时效性的影响。

(五) 人才介绍机构

人才介绍机构一方面为企业寻找人才，另一方面也帮助人才找到合适的雇主。一般包括针对中低端人才的职业介绍机构以及针对高端人才的猎头公司。企业通过这种方式招聘是最为便捷的，因为企业只需把招聘需求提交给人才中介机构，人才中介机构就会根据自身掌握的资源和信息寻找和考核人才，并将合适的人员推荐给企业。但是这种方式所需的费用也相对较高，猎头公司一般会收取人才年薪的 30%

作为猎头费用。

(六) 员工推荐

企业可以通过员工推荐其亲戚朋友来应聘公司的职位，这种招聘方式最大的优点是企业和应聘者双方掌握的信息较为对称。介绍人会将应聘者真实的情况向企业介绍，节省了企业对应聘者进行真实性考察的时间，同时应聘者也可以通过介绍人了解企业各方面的内部情况，从而作出理性选择。目前已经有许多企业采用这种招聘方式，如高露洁公司就鼓励员工推荐并设置了一些激励手段，如果应聘者被录取，介绍人将会得到一定的奖金。但采用该渠道时也应注意一些负面影响：一些公司内部员工或中高层领导为了栽培个人在公司的势力，在公司重要岗位安排自己的亲信，形成小团体，这会影响公司正常的组织架构和运作。

(七) 内部招聘

内部招聘是指公司将职位空缺向员工公布并鼓励员工竞争上岗，如中国移动通信集团公司就采用这种招聘方式。对于大型企业来说，进行内部招聘有助于增强员工的流动性，同时员工可以通过竞聘得到晋升或者换岗，因此这也是一种有效的激励手段，可以提高员工的满意度，留住人才。内部招聘的人才一般对公司和业务已经比较了解，因此可以较快进入新角色，不需要公司大量的培训成本。但是这种方式也有一定的缺点，如果企业过多使用内部招聘，企业将缺乏具备新观点新视角人才的加入，员工会存在一定的思维惯性，因而缺少活力。

在以上七种招聘渠道中，前六种属于外部招聘，而最后一种则为内部招聘。外部招聘是想改善或重塑现有的弱势组织文化，而内部招聘是想维持现有的强势组织文化。表 4-2 可以让我们对内部招聘和外部招聘的优势和劣势一目了然。

表 4-2　内外部招聘优缺点比较

内部招聘	外部招聘
优点	优点
● 组织对候选人的能力有清晰的认识	● 更大的候选人选择空间
● 候选人了解工作要求和组织	● 会把新的技能和想法带入组织
● 鼓励高绩效、有利于鼓舞员工士气	● 比培训内部员工成本高
● 组织仅仅需要在基本水平上雇佣	● 降低徇私的可能性
● 更低的成本	● 激励老员工保持竞争力，发展技能
缺点	缺点
● 会导致“近亲繁殖”状态	● 增加与招聘和甄选相关的难度和风险
● 会导致为了提升而进行的“政治性行为”	● 需要更长的培训和适应阶段
● 需要有效的培训和评估系统	● 内部的员工可能感到自己被忽略
● 可能会因操作不公或心理因素导致内部矛盾	● 新的候选人可能并不适应企业文化
	● 增加搜寻成本

二、广东省企业人才招聘的现状调查①

通过对广东省境内 84 家企业进行调查，了解广东省企业人才招聘的现状。表 4-3 列出了各种招聘渠道的使用频率和效果。招聘渠道使用较多的依次是人才交流会、大专院校、在互联网上做广告、在报纸上做广告、公司现有员工或熟人的推荐。招聘渠道使用较少的依次是工作场所及其他地方张贴广告、招聘讲座、职业中介机构、猎头公司、在杂志上做广告、在电视上做广告。在工作场所及其他地方张贴的广告受到的关注较小，招聘人才的档次较低；招聘讲座需精心组织特定场所及对象；职业中介机构操作不规范；猎头公司主要瞄准的是高级人才；有影响的专业性杂志较少；在电视上做广告成本较高，可能是造成该招聘渠道使用较少的主要原因。

表 4-3 各种招聘渠道的使用频率和效果

各种招聘渠道	使用频率(满分 5 分)	效果(满分 5 分)
在杂志上做广告	1.52	2.33
工作场所及其他地方张贴广告	2.23	2.48
在电视上做广告	1.30	2.63
职业中介机构	2.22	2.92
猎头公司	2.06	3.07
主动求职者	2.83	3.09
招聘讲座	2.22	3.19
在互联网上做广告	3.06	3.24
在报纸上做广告	2.97	3.37
公司现有员工或熟人的推荐	2.96	3.42
大专院校	3.14	3.57
人才交流会	3.34	4.22

各种招聘渠道的使用效果较好的依次是人才交流会、大专院校、公司现有员工或熟人的推荐、在报纸上做广告、在互联网上做广告。这些效果较好的招聘渠道与其使用频率基本相一致，即效果越好，使用频率越高，反之亦然。这说明许多企业已在实践中逐步形成了一套适合企业自身特点的、行之有效的招聘渠道。招聘讲座、猎头公司以及职业中介机构的使用频率虽然较低，但效果还是过得去的。对大多数企业而言，在电视上做广告、工作场所及其他地方张贴广告以及在杂志上做广告不但使用频率低，效果也不令人满意。

① 陈国海. 2004. 广东省企业人才招聘的现状调查. 中国人力资源开发, (10): 92.

第四节　测评方法选择

一、面试

面试是一种经过精心设计，在特定的场景下，以面对面地交谈、观察为主要手段，由表及里测评应试者有关素质的一种方式。

1. 面试的特点

(1) 以谈话和观察为主要手段。在面试中测评者必须善于运用自己的感觉器官，特别是视、听来获取来自于被测者的各种信息，并迅速加以分析。

(2) 面试是一个双向沟通的过程，这一过程是双方的互动过程，被测评者并不是完全处于被动的状态。

(3) 面试不同于其他形式的交谈，主要表现在：①这种谈话具有明确的目的性；②这种谈话是预先进行了精心设计的，有着严密的计划和程序。

2. 面试的分类

根据面试的标准化程度可以将面试分为三类。

(1) 结构化面试。指根据对职位的分析，确定面试的测评要素，在每一个测评的维度上预先编制好面试题目并制定相应的评分标准。在面试时，考官就预先确定的标准化问题，按一定的顺序向应试者提问。在面试结束后，评价者使用相同的评价标准对被试者的表现进行数量化的分析。主要包括三方面的含义：一是面试程序的结构化，即面试的初始阶段、核心阶段和结尾阶段，测评者都准备做些什么，注意什么，达到什么目的，事先都需要经过精心策划；二是面试题目的结构化，即在面试中要考察被试人哪些方面的特点、能力及何时问何种问题、如何问，都是事先计划好的；三是面试评定的结构化，即从哪些角度来评判被测评人的表现，如何划分评分等级，如何打分等在面试前都有明确的规定，并在测评者之间有统一的尺度。结构化面试的主要内容一般包括以下方面。

◆个人情况

姓名、性别、出生年月、籍贯、
政治面貌、健康状况、婚姻状况

◆工作兴趣、偏好

所申请职位、工作是什么？
你认为本职位包括什么内容？
为什么申请这个职位？
你认为你能胜任这个职位的原因是什么？

你对薪资的大致要求是什么?
你对我们单位知道些什么?
◆目前的工作状况
你目前是否有工作?如果没有工作，你失业有多久了?为什么会失业?
如果你现在有工作，你为什么要放弃原来的工作来申请这份工作?
如果你被录用，你愿意什么时候来我们单位工作?
◆工作经历
最近10年内的工作变换和职务变动情况及工作的名称和职责;
你所做的工作获得过何种奖励?
你现在或最近的主管是什么职位?其姓名、联系电话是什么?
你最喜欢与最不喜欢工作的什么方面?
你为什么想离开原来的工作单位?
你有兼职或第二职业吗?如果有，请介绍一下情况。
你开始工作时的工资大约有多少?现在的工资是多少?
你对目前的收入评价如何?
你在工作中得到什么经验，受过什么培训?
还有什么其他的经历或培训能够证明你可以胜任你所申请的工作?
请说明一下你在何处通过何种方式获得这种经历或培训?
◆受教育、专业培训和奖惩情况
请说出你所受过的高等教育或专业培训的情况。
◆业余活动
你业余时间一般做什么?
为什么要做这种活动?
◆态度倾向
你是否愿意被我们单位重新安排工作?
你是否愿意经常出差?
你认为你能持续出差在外的最长时间是多少?
你能超负荷工作吗?
你怎样看待节假日或周末加班的问题?
◆自我评价
你认为自己的优点是什么?
你认为自己的缺点是什么?
你认为自己的工作能力有什么欠缺和不足?

(2) 非结构化面试，指在面试中事先没有固定框架结构(指没有预先确定测评要素等)，也不对被测评者使用有确定答案的固定问题的一种面试方法。通常，在非结构化面试中，面试的组织、过程的把握、问题的提出及评分角度的把握都是随意的。非结构化面试的测评重点在测评人员的下列一些素质上：综合分析能力、管理决策能力、应变能力、人际协调能力、组织控制能力等。因此，非结构化面试方法一般用于企业的管理人员，尤其是企业中高级管理人员的招聘、选拔测试。但是，由于非结构化面试的上述特点，又使其成为一种比较难以掌握的方法。因此，对主试者的素质要求较高，一般都聘请专门人员参与主考。

(3) 半结构化面试，是一种处于结构化和非结构化面试之间的面试方法。

二、心理测验

心理测验实质上是对行为样组进行客观的和标准化的测量。通俗地说，心理测验就是借助心理量表，对心理特征和行为的典型部分进行测验和描述的一种系统的心理测试程序。

第二次世界大战以后，西方各国常用心理测验来作为评价选用员工的一种工具，至今已发展成为多种测验方式。国内外最流行的心理测验，有加洲心理测验(CPI)、卡特尔 16 因素测验(16PF)、比奈-西蒙智力测验、罗夏墨迹测验、默里与摩根的主题统觉测验(TAT)、明尼苏达多项个性测验(MMPI)、艾森克人格测验(EPQ)、皮亚杰故事测验、雷斯特测验等。

1. 心理测验的特点

(1) 心理测验的优点：①使用方法简单，操作方便，测验效率高；②测验内容集中，测验标准和成绩客观性强；③可以通过计算机来测验，结果反馈快；④成本低。

(2) 心理测验的缺点：①开发周期长，编制一个测验通常要花几年的时间，且耗费大量人力、物力、财力；②由于本身的局限性，无法准确测量许多能力和个人特点，如组织管理能力、创新能力、诚实性、社会责任感等，测验的效标的可靠性难以把握；③每个被测者的测验表现受环境因素及内在因素影响，如受测验效应和个人自卫机制的干扰，因而有出现误差的可能性；④变通性比较差，一般无法根据具体情境对测验内容加以调整。

2. 心理测验的种类

心理测验因岗位要求不同而有所差异，但一般包括以下四个方面。

(1) 职业能力测验。判断受试者具有何种能力优势，预测其从事工作成功和适应的可能性以及发展的潜能，主要测验受试者言语、数量关系、知觉速度、理解和推理等能力，包括认知能力测验、职业能力倾向测验以及行政人员、领导人员基本素质测验等。认知能力测验最初主要以智力测验为主，目前人们仍多采用韦氏智力量表、比奈-西蒙智力量表、瑞文推理测验、塞斯登智力测验等进行评定；能力倾向测验开发较晚，目前常用的有企业管理人员能力倾向测验、行政职业能力倾向测验、学术能力倾向测验、现代会计人员能力测试等。

(2) 职业适应性测验。判断受试者职业兴趣及职业适应性特点，为其选择职业及进行相关职业培训提供参考依据，主要包括生活特性问卷和职业兴趣测验。

(3) 人格测验。判断受试者的人格特征、人格发展的状况等，以此评价受试者适应环境和工作要求的心理素质，常用的主要有明尼苏达多项个性测验(MMPI)、卡特尔 16 因素测验(16PF)、艾森克人格测验、管理人员人格测验、矢田部达郎-吉尔福特(Y-G)人格测试等。

(4) 情绪测验。判断受试者情绪的稳定性和心理健康状况等，此类量表种类繁多，常用的有抑郁量表、焦虑量表、生活事件相关量表、症状自评量表等。

三、评价中心

评价中心就是一种测定一群人中每个个体在多种情景事件中表现出的行为特征的操作程序。评价中心是由对多次行为的标准化评估构成的，由许多受过训练的观察者运用技术手段，主要对被评价人从专门设计的模拟情景中表露出的行为作出判断，这些判断被提交到评委参加的会议上或经过统计方法加以分析整合。在为达成统一评分意见的讨论过程中，每位评委要全面地解释被考核人行为的原因，提交评分结果，讨论的结果是按照设计好的以测度被考核人行为的维度/竞争能力或其他变量给予被考核人绩效总评。而运用统计的方法可以符合专业认可的标准。

1. 评价中心的特点

(1) 评价中心的优点：①动态性。形式上是分开的、单独的各种测试，而实质却是彼此相关并非独立的，同时提供较长时间的紧张压力，让被测者在其中与各种有关的人员打交道，处理相关事宜，并能在动态中评价一个人。②综合性。评价中心的内容是一系列测评手段的结合，是一种集人格测验和能力测验于一体的综合性的测评方法，并且情景模拟测评是其中必须采用的方法之一。评价中心的最终结果是综合各种测评后而得出的。③形象逼真性。评价中心的每一个情景测验，都是从许多实际工作样本中挑选出来的典型，经过测评技术的处理，使许多与测评无关的因素都得到了有效的控制。经过组合加工，还可以把分属不同工作中的活动综合连接在一起，既提高了测评的准确性又扩大了测评的内容与范围，可以在同一种情景模拟中测评多种管理素质。④信息量大。评价中心综合了多种测评活动，有多个测评人员共同测评。测评方式突破了各种形式的限制，测评内容涉及监督、管理与决策诸方面的技能。⑤标准化。评价中心虽然活动频繁，形式多样，时间持续从几个小时到一周不等，但每个活动都是统一的，主试与被测的活动，都是以工作分析所确定的素质为目标进行的。此外对主试的培训程序也是统一的、严格的。⑥行为性。评价中心要求被测者表现的是行为，主试观察评定的也是行为。这种行为是复杂的，是多种素质的综合体现，同时它又是直观而生动的。

(2) 评价中心的缺点：①评价中心操作难度大、技术要求高，一般人很难掌握。因为虽然评价中心结果可以用来作为鉴定其他测评方法或培训计划的效标，但其本身质量好坏却很难找到参照效标。②人力、物力、财力花费大，且很费时间。正因为实施评价中心需要较大成本，所以限制了它的应用。③应用范围小，主要用于管理能力的测评，且一次测评的人数不宜过多。④存在一些不可克服的误差。一是被测者目前的工作行为表现并不一定能揭示他在以后新的工作中的管理能力；二是主试在观察评定中存在错误与偏见，例如，当被测者即将上任的工作与评价他的主试的工作完全不一样时，主试总是用自己的行为模式来衡量被测者的优劣。

2. 评价中心的种类

(1) 公文处理。公文处理是评价中心用得最多的一种测评形式。在测评中，被测者假定为接替某个管理人员的工作，他将面对一大堆亟待处理的各种文件，要求他在规定时间内处理完毕，并且回答评价人员的提问以及说明为什么要这样处理。

(2) 角色扮演。角色扮演主要用于测评人际关系处理能力。在测评活动中，主试设置了一些尖锐的人际矛盾与人际冲突，要求被测者扮演某一角色并进入角色情景去处理各种问题和矛盾。

(3) 无领导小组讨论。无领导小组讨论就是让一组被试者在一定的背景下围绕给定问题进行讨论，并要求其达成一个小组决定。所有参与讨论者地位完全平等，评价人不参与讨论，只是事先给出讨论的问题和所处的背景及讨论要求。

(4) 案例分析。案例分析是先让被测者阅读一些关于企业中的某些问题的材料，然后要求其向高层管理部门提交一个分析报告，以考察其综合分析能力和作出判断决策能力的一种测评形式。

(5) 个人演讲。个人演讲可分为即兴演讲和有准备的演讲，通过让演讲者就一定的题目发表演讲来评价其沟通技能、思维敏捷性、系统性、条理性、创造性、说服能力以及自信心等。

四、各种测评方法使用的统计分析[①]

通过对广东省境内 84 家企业的调查，了解了广东省企业人才招聘过程中各种测评方法使用的现状。表 4-4 列出了各种测评方法使用的频率和效果。使用较多的是

① 陈国海. 2004. 广东省企业人才招聘的现状调查. 中国人力资源开发, (10): 93.

面试、求职简历、体检、专业知识/技能考试。特别是面试和求职简历，可以说是必备。使用较少的是工作取样(实际操作)、背景调查、评价中心、心理测验。工作取样复杂、背景调查困难、评价中心费用较高及心理测验尚未普及等可能是造成上述测评方法使用较少的主要原因。

表 4-4　各种测评方法使用的频率和效果

各种测评方法	使用频率(满分 5 分)	效果(满分 5 分)
心理测验	2.25	3.13
背景调查	2.64	3.15
评价中心	2.33	3.17
推荐材料	2.99	3.31
工作取样(实际操作)	2.85	3.6
体检	3.83	3.90
专业知识/技能考试	3.82	3.96
求职简历	4.63	4.00
面试	4.85	4.61

使用效果较好的测评方法依次是面试、求职简历、专业知识/技能考试、体检。使用效果较差的选拔方法依次是推荐材料、评价中心、背景调查、心理测验。这与使用频率相一致，也就是说使用频率越高，效果越好，使用频率越低，效果越差。

1. 面试

几乎所有被调查的企业均在选拔过程中使用了面试方法。从表 4-5 可以看出，大多数企业使用结构化面试，且效果较好。但也有不少企业使用非结构化面试及压力面试，效果也不错。这表明，大多数企业以使用结构化面试为主，结合使用非结构化面试和压力面试，也就是说，大多数企业采用的是半结构化面试。56.6%的企业在面试时采用面试评分表，而 43.4%的企业并未采用面试评分表。

表 4-5　各种面试方法使用的频率和效果

面试方法	使用频率(满分 5 分)	效果(满分 5 分)
结构化面试(面试前已准备好问题清单)	3.95	4.14
非结构化面试(面试前并未准备好问题清单)	3.24	3.5
压力面试(给应聘者提出一个意想不到的问题)	3.21	3.91

一般情况下，企业的面试官通常有招聘专员、人力资源部经理、用人部门经理和企业领导。50.6%的企业设有招聘专员，72.7%的企业的人力资源部经理和用人部门经理参加招聘，约半数(占 48.1%)企业的领导(如总经理、副总经理)参加招聘。而雇佣外部的心理专家参与招聘的企业仅占 2.6%。设立专职人力资源管理岗位的企业

占 89.6%；仅有兼职人力资源管理人员的企业占 10.4%，这些企业主要是规模较小的企业，如员工人数不足 100 人。有 40%的企业设立了人力资源总监(相当于副总裁、副总经理级别)，这些企业通常是规模较大的企业，如集团公司；有 60%的企业未设立人力资源总监。一般来说，公司员工人数越少，招收员工数也较少，招聘工作量也较少，其设立人力资源总监的可能性也较小。

应聘人数与实际面试、招聘的人数比例如下：有 14.3%的企业小于 2∶1，这些企业主要是国有企业和民营企业；37.1%的企业大于 2∶1 但小于 5∶1；30%的企业大于 5∶1 但小于 10∶1，这些企业通常有一定声誉且效益较好；18.6%的企业大于 10∶1，这些企业通常是跨国外资企业，也是许多大学毕业生向往的公司。

2. 评价中心方法

约有 37%的公司在选拔过程中采用或部分使用了评价中心方法。表 4-6 列出了评价中心各种方法的使用频率和效果。面试、案例分析、无领导小组讨论以及个人演讲被认为是较多使用的方法，这些方法的效果都不错，特别是面试的效果很好。而少数企业指定使用的其他方法，如实践考试、能力倾向测验、辩论、笔试，虽然用得少，但效果不错。使用较少的方法有公文处理、管理游戏、情景模拟、角色扮演、心理测试，效果也一般。

表 4-6　各种测评方法的使用频率和效果

测评方法	使用频率(满分 5 分)	效果(满分 5 分)
实践考试、能力倾向测验、辩论、笔试	0.63	3.83
心理测试	2.89	3.23
角色扮演	2.91	3.24
管理游戏、情景模拟	3.06	3.60
公文处理	3.13	3.21
个人演讲	3.46	3.59
无领导小组讨论	3.52	3.94
案例分析	3.70	3.81
面试	4.68	4.52

3. 心理测验方法

有 22.1%的企业在招聘过程中使用了心理测验的方法，使用频率为 3.94，使用效果为 3.88。这表明，已经使用了心理测验的企业，经常使用心理测验，且效果不错。像明基电通信息技术(中国)有限公司广东分公司就经常使用性格测试，效果不错。广东轻工业品进出口(集团)公司有时使用加州心理测验，效果不错。广州日报报业集团较多使用南方人才市场心理测试，效果不错。信泰联·精熙集团公司(亚洲光学)经常使用加州心理问卷，效果不错；有些企业使用卡特尔 16 因素测验(16PF)和矢田部达郎-吉尔福特(Y-G)人格测试测验，效果不错。这些使用心理测试的公司以集团公司、大企业为主。

4. 另类的招聘方法

(1) 日本松下电器产业株式会社(简称松下)—— 70 分就行。到松下应聘，松下都要求应聘者据实给自己打分，那些给自己打 70 分以上者公司一般不予录用。松下认为自认为优秀的人员，或者眼高手低，不服管教，或者跳槽率高。因为松下要的是“适当”的人才，70 分就已足够。

(2) IBM——没有缺点不要。IBM 充分尊重员工个性，同时也承认人性中不可避免地会有弱点。他们不信任一个自称没有缺点的人，也不欣赏一个不敢承认自己缺点的人。因此，对不承认自己有缺点或将缺点作“技术处理”的应聘者， IBM 将会毫不留情地拒之门外。

(3) 假日酒店——会打篮球优先。假日酒店认为，那些喜爱打篮球的人，性格外向，身体健康，而且充满活力，富于激情。假日酒店作为以服务至上的公司，需要员工有亲和力和饱满的干劲，朝气蓬勃。一个缺乏情趣、死气沉沉的员工既是对公司的不负责，也是对客人的不尊重。

(4) 统一企业中国控股有限(简称统一)公司——先打扫厕所。统一公司要求员工具有吃苦精神和脚踏实地的作风。凡来公司应聘者，公司会先给其一个拖把让他去擦洗厕所，不接受此项工作或只把表面擦洗干净者均不予录用。公司认为一切利润都是从艰苦劳动中得来的，不敬业，就是隐藏在公司内部的“敌人”。

(5) 索尼株式公社——请客吃饭。索尼面试有时不足 10 分钟，要求五六个求职者同时参加；有时则十分复杂，半个月里可能会约见求职者三四次，面试人经常更换，提很多与工作无关的问题，到了吃饭时间，面试人会像老朋友那样请你到餐厅共进午餐，说说笑笑地聊些家长里短。前者往往被用于面试市场人员，考验的是他们在大众面前的表现力以及“抗压性”；后者一般会用在要求较高的岗位或有一定级别的职位，通过多角度的接触，营造轻松的沟通环境，从而获取更多信息，为是否录用提供依据。

[案例 **4-3**][①]

招聘测评的具体流程

Y 公司系外商独资企业，主要从事公路养护设备的设计、制造和销售及承接公路路面养护工程，于 20 世纪 90 年代中期进入中国内地市场。Y 公司在国内的分支机构分列在北京、上海、广州、南京、重庆、石家庄等地。在高速路

① 龚文，钱树刚. 2007. 评价中心在招聘测评中的应用实践. 中国人力资源开发, (5): 60-61.

养护领域内，Y公司把国外最先进的沥青路面修补技术及其维修设备带到国内，代替传统修补养护方式，在国内市场取得很大的成功。随着我国高速公路的迅猛发展，Y公司销售队伍近年日益壮大。新员工，特别是有一定工作经验的销售经理的招聘是人力资源部的一项重要工作。从1998年开始，其销售经理的招聘测评工作开始采用评价中心技术，经过具体评价工具、信息整合手段的不断完善，目前已经日益成熟。

1. 招聘岗位

Y公司的销售特点决定了其所需要的销售经理的任职资格。工程机械销售及养护工程的承揽是销售经理的主要职责。此外，还包括了客户关系的维护、对客户提供技术支持和市场信息的收集整理等。其销售工作的特点是设备单价和销售总价都比较高、销售周期长、销售过程中环节多、销售期间不可控因素多、需要多人(甚至跨部门)合作。这就导致了反馈周期长、真实信息会伴随比较多的杂音、销售方法的总结和升华十分困难等问题。因此，销售经理的任职要求，除了必要的专业知识以外，还要求任职者热爱销售工作，愿意接受挑战，能经常出差，自信，具有较强的沟通能力、工作责任感和团队合作精神等。

2. 评价维度

根据以上分析，评价者确定了下列八项评价维度作为选拔测评的重要考察维度。

(1) 销售理解力：运用经验分析解决销售实践中的问题，特别是在销售过程中是否会有效地采用一些销售技巧。优秀者特征是销售经验丰富，深得销售工作要领；不足者特征是对销售工作的理解非常肤浅，不具备一般的销售常识。

(2) 言语能力：能把握以言语为载体的抽象事物之间的逻辑关系。优秀者特征是言语理解力、表达能力强，可以自如地运用言语进行逻辑分析；不足者特征是很难准确把握比较复杂的问题的实质，进一步掌握新知识的潜力不足。

(3) 人际交往能力：在与人打交道时，能够恰当、自然地与人进行沟通，能与陌生人建立良好的关系。优秀者特征是社交场合自信、自然、大方，以恰当地方式进行双向沟通；不足者特征是社交场合拘谨、放不开、过于封闭自己。

(4) 灵活性：能根据环境条件的变化调整个人的行动策略以及观念，不拘泥于固有的定势的能力。优秀者特征是随机应变，做事讲求策略，适应环境的能力很强；不足者特征是囿于定势，刻板，对新事物不够敏感。

(5) 情绪稳定性：在面临冲突和压力状态下保持镇静，克制冲动性，维持稳定的情绪。优秀者特征是情绪稳定，善于自我克制，以沉着、审慎的态度面对现实问题；不足者特征是情绪容易波动，经常会急躁不安，对强烈的感情冲动不加控制。

(6) 自信心：对自己的能力和信念始终保持乐观的态度，在遇到挫折时仍然能够坚持。优秀者特征是敢作敢为、乐观积极、少顾虑、多行动；不足者特征是自卑，面对机会往往采取观望的态度，遇到困难容易丧失信心。

(7) 责任感：按照要求持久、认真地工作，遵守承诺、可靠。优秀者特征是做事严守职责，一丝不苟，在需要时敢于承担责任；不足者特征是工作马虎，敷衍了事，回避困难和责任。

(8) 销售动机：让他人接受自己的产品或者观念的动力或者愿望。优秀者特征是有强烈的愿望从事销售工作，非常希望把自己的产品或者观点推销出去；不足者特征是缺乏从事销售类工作的动力，在销售中不够积极主动。

3. 招聘测评工作流程

根据招聘测评的栅栏原则，测评程序中成本较低的过程会安排在前面。Y公司的招聘测评包括简历筛选、电话沟通、笔试、面试和情境测验5种方式，通过5种方式对应聘者进行层层筛选。其中笔试中的心理测验、面试、情境测验等部分共同构成了评价中心。每轮招聘工作，5种测评方式的总体通过人数大约是20∶15∶12∶6∶2。

(1) 简历筛选。由招聘专员对收到的简历进行基本的筛选，主要关注点是学历、工作经历是否达到公司内定的要求。

(2) 电话沟通。由招聘专员(或招聘经理)对简历基本符合要求的应聘者进行简单的电话沟通。主要内容是对其简历进行基本核对，在核对过程中将对应聘者的言语表达和人际沟通能力进行一个最基本的评估。没有明显缺陷者将被通知参加下一环节的招聘测试。

(3) 笔试。在电话沟通的基础上，公司通常会安排10~15名应聘者前来参加笔试。招聘经理首先向大家介绍一下公司背景和招聘测评的大致程序。之后，应聘者将应答标准化的心理问卷和专业知识问卷。标准化的心理问卷包括：高级瑞文推理测验(APM)和加州个性问卷(CPI)。这2份问卷都将参照Y公司常用模式进行分数转换及解释。测试时间分别为60分钟和30分钟。专业知识问卷包括：道桥工程基础知识、工程机械基础知识、商务合同知识(包括国内销售合同，进口销售合同)、国内政府采购的投标常识。测试时间为120分钟，期间允许应聘者自行安排短暂的休息。

(4) 面试。面试的主试官一般由大区经理和招聘经理共同承担。采用半结构化的面试程序，通常为40~50分钟。通过面试的应聘者将被邀请参加他日组织的情境测验。

4. 情境测验的评价活动

销售经理的评价中心主要采用两种情境测验方式：无领导小组讨论和模拟演讲。

(1) 无领导小组讨论：一般以5~6名被评价者为一组，每组有一个讨论任务，小组讨论采取自由开放的形式，不指定他们当中谁是“领导”，只让他们自由地去讨论如何才能完成这个任务。一个小组讨论一个虚拟的业务问题，主题是销售项目的取舍，即在5~6个销售项目中选择一个项目。讨论前每人将有10分钟的时间分别阅读一份500字左右的各自负责的项目的介绍。之后的60分钟希望小组成员能达成共识，从中选择一个项目作为唯一的业务突破口。资料中每个销售项目都有一些积极和消极的因素。讨论过程中，评价者将主要观察以下方面：每个候选人提出了哪些观点，提出的观点是否有新意，与自己观点不符时怎样处理，候选人是否坚持自己认为正确的提议，怎样说服别人接受自己的观点以及谁引导讨论的进行并善于进行阶段性总结等。在这个过程中还可以看到，每个人的领导能力如何、独立见解如何、能否倾听别人意见、是否尊重别人、是否侵犯别人的发言权等。

(2) 模拟演讲：每名被评价者在抽到一个题目以后做5分钟的准备，之后进行15~20分钟的即兴讲演；最后的5~10分钟让在座的3~4位评价者对被评价者的演讲内容进行提问，被评价者回答问题。演讲的题目包括销售人员必备的两项基本素质、团队合作的两项基本要求等。评委可以从以下几个方面进行观察：声音是否洪亮有力、口齿是否清楚、是抑扬顿挫还是平平淡淡缺乏感染力；举止是否自然、平静放松；目光是否与听众进行了交流；论据是否有说服力；回答提问是否敏捷、思路是否清楚等。

5. 评价者及相关培训

情境测验的评价者通常包括大区销售负责人、公司主管销售的副总经理、人事经理和专业的测评专家。公司每年将组织一次关于评价中心评价者的培训，所有销售主管每月要接受4小时的培训，包括学习面试和情境测验基础知识，观看情境测验的录像(本公司以前的案例)，就录像资料对被评价者作出评估并讨论等。

6. 评价结果的整合

两项情境测验之后，评价者将首先独立地进行评估，再以讨论的形式来完成是否雇佣的人事决策。讨论的程序会包括对标准化测验结果的解释、面试和情境测验中主观评价的综合和归纳。在讨论中大区销售负责人的意见将被足够地重视。从结果来看，虽然评价者的背景迥然不同，但只要测评前接受了合适的培训，他们的评分一致性可以达到较高的水平。

要做好招聘测评工作，下列几个是关键流程：①销售人员应该具备的素质，即建立该企业销售人员的胜任特征模型；②结合多种测评方法判断销售人员的测评维度；③对评价者的培训是确保评价中心技术实际运作中可以获得有效评价的关键环节。

[案例分析[①]]

B 公司由董事长与其妻(现任总经理)于 1995 年创办，从最初十多人的家庭作坊发展为当今佛山市最大工艺品生产厂家之一，年销售收入 5 亿多元人民币，员工 3000 多人。销售部经理是公司创始人的独子；现任人力资源总监是一位在职人力资源博士，曾任人力资源咨询公司项目经理，将赴沪任职；现任人力资源部经理，将回广州原单位工作。

一、招聘需求分析

B 公司人力资源部经理一职面临空缺，在具体招聘活动实施之前，需要进行企业分析与工作描述，确定该职位的胜任力模型和具体要求。

(一) 人力资源经理工作描述

人力资源部除了经理，还设副经理、招聘经理、培训经理、劳动关系管理员、薪酬福利管理员等职，其直接上级为人力资源总监，经常与总经办、后勤部、财务部、销售部、生产部和技术部等部门经理发生工作接触。人力资源经理工作可以从以下 11 个方面进行描述。

(1) 在总经理的授权下，在人力资源总监的指导下，全面负责公司人力资源管理工作。

(2) 制订人力资源部年度工作目标与工作计划，经审核后实施。

(3) 组织草拟公司中长期人力资源发展战略与人力资源计划。

(4) 根据人力资源计划组织招聘工作及审核员工内部调配方案。

(5) 负责审核人员的调入、招聘、辞退、辞职、调出、停薪留职等事项。

(6) 负责制订、修订与执行公司人事管理制度，健全人力资源管理的各项基础资料。

(7) 制订员工考核办法和薪资管理方案，经批准后组织实施，指导各部门的考核工作。

(8) 负责组织本公司人力资源开发、职业规划与培训工作。

(9) 负责员工的配置管理，并定期向公司高层管理人员提供员工满意度报告。

(10) 负责协调本部门与其他部门的工作关系。

---

① 陈万思，赵曙明. 2009. 家族企业人力资源经理的招聘管理. 中国人力资源开发, (5): 63-66.

(11) 完成领导临时交办的其他工作任务。

(二) 人力资源经理胜任力模型

基于工作描述，结合对现任人力资源经理及其上下级、同事等的360度行为事件访谈，形成行为描述式量表，在征求相关专家意见并修订，确保内容效度较高后，发放给上述被访者。人力资源经理四维胜任力模型对应于乌尔里克(Ulrich，1997)的人力资源四角色：战略伙伴、职能专家、员工支持者和变革推动者。其中，职能管理最重要，包括保密性、人力资源管理知识、表达能力、坚持力、前瞻性、解决问题能力、冷静力、职业偏好、培养他人能力；员工管理次之，包括回应他人的能力、增进士气能力、忠于企业程度；再次是变革管理，包括了解他人的能力、系统分解能力、号召力；战略管理最不重要，包括模式创新能力、活用规制能力、概念应用能力、企业判断力。其中保密性、回应他人的能力、人力资源管理知识、表达能力、坚持力、法律意识、赢得支持的能力、自信力、电脑操作能力、果断力、了解他人的能力、公平待人的能力、增进士气能力和接受挑战能力是最重要的胜任力项目，为招聘测试重点。

二、招聘活动实施

总经理就招聘人力资源部经理召开办公会，与公司高层管理人员商量的结果是：内部无合适人选，须从外部招聘；基于人力资源经理胜任力模型开展招聘。

(一) 熟人推荐

公司总经理认为，目前公司人力资源管理还不够规范，急需一位专业人力资源经理，最好是熟人；于是要求中高层管理者询问其熟识的优秀人力资源经理是否有求职意向。一个月后，6位基本符合职位要求的候选人进入招聘测试环节。

(二) 二轮面试

胜任力被分为两类：较易通过培训、教育获得发展的知识和技能是基准性胜任力；短期内较难改变和发展的特质、动机、自我概念、社会角色、态度、价值观等；高绩效者在职位上获得成功所必备的条件是鉴别性胜任力。首先，初步面谈。保密性、人力资源管理知识、表达能力、法律意识、电脑操作能力、商业知识、职业偏好等基准性胜任力是测试重点。接着进行诊断性面试，回应他人的能力、坚持力、自信力、果断力、了解他人的能力、接受挑战的能力、系统分析能力、冷静力、概念应用能力、解决问题能力、活用规制能力、企业判断力等通过关键事件和行为分析才能区分的鉴别性胜任力是测试重点。

(1) 初步面谈。总经理为主考官，人力资源总监和现任人力资源经理担任考官，基于应聘者简历设计面谈提纲，针对其回答中涉及的关键事件进行追问，经验性判定明显不符合职位的需求者，如一位应聘者详细介绍原单位薪资，未能保守企业机密；一位应聘者说江西方言；一位应聘者近期频遭劳资纠纷。其余 3 位均能保守企业机密与尊重员工隐私，受过人力资源教育或培训，能清楚地说明看法，了解国家和省市劳动法律法规等，熟练使用计算机、网络工作，了解企业整体运作，乐于从事企业人力资源管理工作。

(2) 诊断性面试。董事长与总经理为主考官，销售部经理与人力资源总监、现任人力资源经理担任考官，介绍公司人力资源状况、管理现状与转型挑战，请应聘者据此提出工作设想，找到其中的重点难点，填写检核性描述量表。一位美资企业人力资源经理所提方案理论上看相当好，显示其业务能力过硬，但实施方案不够有效。一位国有垄断行业企业人事经理，在被问及如何应对工人罢工时，因从未有此经历，仅提出“做思想工作”、“加薪”之类的举措。而 A 则不然，A 与总经理毕业于同所大学，共同认识很多师友。A 在浙商创办的企业任人力资源经理时，遇到工人因不满工资罢工，A 先请生产主管吃饭，请其说明本公司与其他公司薪资的具体差距，主管们说不出。于是请主管们到周边几家同规模同行业工厂各找两位工人一起调查。结果发现，本公司工资福利、津贴补贴及免费午餐和住宿等若转换为货币工资，总体还略高于同行业工厂。之前老板为尽快平息罢工已提出调高工资 10%，但 A 了解到本公司薪资不比同业低，因而提出绝不能“工人一吵，工资就加”，而应奖励高绩效者。于是 A 承诺“公司效益提高，大家工资还会增加”，罢工得以平息。事实证明 A 的举措是正确的。由于当年企业效益好，绝大多数超额完成任务的工人的收入也随之增加，大家干劲更足。

妥善处理罢工这一关键事件反映 A：①有及时回应能力，能对员工主动提出或自己观察发现的问题给予关注；对自己的专业判断、能力有信心，遇到困难不放弃，特定情况下果断决策并采取必要行动；较短时间内能了解他人态度、兴趣、性格或需求等；愿接受挑战，积极面对问题。②能将复杂任务系统分解成若干可处理的部分；面临很大压力时能控制自己情绪，并使他人冷静；根据企业实际适当修改人力资源理念或方法，客观分析事件因果，找出几种解决方案并衡量其价值，能视情况灵活应用规章制度。于是董事长与总经理当场拍板聘用 A。

三、招聘效果评估

(一) 试用期考察

B 公司与 A 约定试用期 3 个月，试用期满签正式劳动合同。赢得支持能力、公平待人能力、前瞻性能力、更新知识能力等需较长时间方可判断的鉴别性胜任力是试用期考察重点。匹配分析贯穿甄选全过程，但前期环节更侧重筛选，后续环节综合分析候选人表现。A 在与原公司新人力资源经理顺利交接后进入 B 公司，总经理建议其在试用期做员工满意度调查。A 在设计问卷后“一对一”征询中高层管理者特别是即将离任的人力资源总监和人力资源经理的意见，并据此修订后在公司内网做全员调查 1 周。针对调查中反映的问题，在非正式场合如就餐时与员工沟通。1 个月后 A 提交报告，指出公司人力资源管理现实的问题，结合未来发展提出配套解决方案。总经理看完报告，提议召开中高层干部会议边讨论报告边考察 A，并由人力资源总监设计了综合型标准参照式观察测评量表。大家认同 A 撰写的报告，而且试用期工作反映出 A：公平对待各层次、各类型员工，主动与相关部门及员工保持良好关系，赢得有力支持；虽不太了解本行业，但积极阅读有关书籍和请教员工，尽可能了解公司经营管理；以前瞻性眼光开展分析，避免问题发生及尽可能创造、把握良机。试用结果是 A 提前转正。

(二) 年度评价

A 认为，人力资源管理制度化是企业发展的基础，经与中高层管理者进行各种形式的多次沟通，得到大家特别是企业核心人员的认同。A 结合人力资源理论和各类员工特点，与相关部门合作制定并有效实施了人力资源管理制度。销售部经理全力支持 A 在本部门试点，效果理想。A 与总经理深入沟通后，后者也力推新制度。新考核制度在公司顺利实施。

A 基于职位胜任力和工作绩效分析下属与其工作的匹配度，作出若干调整。例如，人力资源部副经理老李被提拔前是驾驶员调度，还曾在公司创立时担任总经理司机。A 请老李制订薪酬方案，该方案引起工人公愤，老李被调回原职。A 约老李喝酒谈心“您其实更胜任车辆调度”，老李对此表示认同。之后，A 报请总经理将一直积极协助自己开展工作、人力资源管理专业本科毕业、司龄 3 年的人力资源部经理助理小季提升为副经理，小季感动之余更加努力。此外，A 校园招聘一位人力资源、法律双学位应届本科生，作为储备干部培养。

总经理和人力资源部员工及经常接触部门的经理基于关键事件对 A 进行年度评估，除了再次验证其应聘与试用期表现出的胜任力，还发现 A 具有如下能力：采取必要行动，增进员工士气；洞察企业需要，据此创造适合企业的人力资源新模式；培养员工而授予新任务，及时晋升有能力员工；维护公司利益，尊重权威人物，取得信任和支持；拥有真实号召力，激发团队热情和承诺。董事会基于人力资源管理的战略作用，特别是A的高度胜任力，吸收其进入公司决策领导团队。

[思考题]

1. 什么是员工招聘?主要包括哪些环节?
2. 现代企业的招聘理念主要表现在哪些方面?
3. 目前在招聘流程中存在着哪些误区?如何克服这些问题?
4. 胜任特征模型的结构内容有哪些?
5. 在企业招聘中，如何选择招聘的渠道?
6. 企业招聘时，主要采用哪些测评技术?各自有什么特点?

CHAPTER 5

第五章　员工培训

[内容提要]

员工进入企业后，其能力和态度等方面可能与企业的发展战略及岗位要求不相适应，这时就应进行员工培训。分析员工的培训需求、制订培训规划方案、进行培训效果评估等将是本章的主要内容。

[学习要点]

1. 了解员工培训的定义与作用；
2. 掌握员工培训方案的设计流程；
3. 掌握员工培训需求分析的基本方法；
4. 了解员工培训方法的特点；
5. 理解员工培训效果评估方法。

开篇案例

五月花制造公司是美国印第安纳州一家生产厨具和壁炉设备的小型企业，大约有150名员工，博比是这家公司的人事经理。厨具和壁炉设备行业的竞争很强，五月花公司努力使成本保持在最低的水平上。

在过去的几个月中，公司因为产品不合格问题已经失去了三个主要客户。经过深入的调查，发现次品率为12%，而行业平均水平为6%。副总裁提米和总经理考森在一起讨论后认为问题不是出自工程技术，而是因为操作员工缺少适当的质量控制培训。考森使提米相信实施一个质量控制的培训项目将使次品率降低到一个可以接受的水平上，然后授权提米负责设计和实施操作培训这一项目。提米很担心培训课程可能会引起生产进度问题，考森强调说培训项目花费的时间不会超过8个工时，并且分解为4个单元、每个单元2小时进行，每周实施一个单元。

然后，考森向所有一线主管发出了一个通知，要求他们检查工作记录，确定哪些员工存在生产质量方面的问题，并安排他们参加培训项目。通知还附有一份讲授课程的大纲。在培训设计方案的最后，考森为培训项目设定了培训目标：将次品率在6个月内降低到6%。培训计划包括课程、讨论、案例研讨和一部分电影。在准备课程时，教员把讲义中的大部分内容印发给每个学员，以便于学员预习每一章的内容。在培训过程中，学员花费了相当多的时间来讨论教材中每章后面的案例。

由于缺少场所，培训被安排在公司的餐厅中举办，时间安排在早餐与午餐之间，也就是餐厅的工作人员清洗早餐餐具和准备午餐的时间。

本来每个培训单元应该有大约50名员工参加，但是平均只有30名左右出席。在培训过程中，很多主管人员向考森强调生产的重要性，有些学员也对考森抱怨说，那些真正需要参加培训的人已经回到车间去了。

考森认为评价这次培训最好的方法是看在培训项目结束后，培训的目标是否能够达到。结果，产品的次品率在培训前后没有明显的变化。考森对培训没有能够实现预定的目标感到非常失望。在培训结束6个月之后，次品率与培训项目实施前一样。考森感到自己压力很大，他很不愿意与提米一起检查培训评估的结果。

该案例至少涉及这样四个问题。

(1) 为什么考森实施的员工培训没有起到预期效果？

(2) 培训项目的设计存在哪些问题？

(3) 如何进行员工的培训需求分析？

(4) 如何评价员工培训效果？

通过本章的阅读，将有助您回答以上问题。

第一节 员工培训概述

一、员工培训

(一) 员工培训的定义与作用

员工培训(employee training)是指组织为实现企业战略目标及培育人才的需要，采用各种方式对员工进行有目的、有计划的培养和训练的管理活动，其目标是使员工不断地更新知识，开拓技能，改进员工的动机、态度和行为，使员工适应新的要求，更好地胜任现职工作或担负更高级别的职务，从而促进组织效率的提高和组织目标的实现。

有效的员工培训，其实是提升企业综合竞争力的过程。良好的培训对企业的作用主要有四个方面。

(1) 培训能增强员工对企业的归属感和主人翁责任感。就企业而言，对员工培训得越充分，对员工越具有吸引力，越能发挥人力资源的高增值性，从而为企业创造越多的效益。百事可乐公司对深圳 270 名员工中的 100 名进行过一次调查，调查显示这些人几乎全部参加过培训，其中 80%的员工对自己从事的工作表示满意，87%的员工愿意继续留在公司工作。培训不仅提高了员工的技能，而且提高了员工对自身价值的认识，对工作目标有了更好的理解。

(2) 培训能促进企业与员工、管理层与员工的双向沟通，增强企业向心力和凝聚力，塑造优秀的企业文化。企业管理人员和员工认同企业文化，不仅会自觉学习掌握科技知识和技能，而且会增强主人翁意识、质量意识、创新意识，从而培养起敬业精神、革新精神和社会责任感，形成上上下下自学科技知识、自觉发明创造的良好氛围，企业的科技人才将茁壮成长，企业科技开发能力会明显增强。

(3) 培训能提高员工综合素质，提高生产效率和服务水平，树立企业良好形象，增强企业盈利能力。据美国权威机构监测，培训的投资回报率一般在 33%左右。对美国大型制造业公司的分析显示，公司从培训中得到的回报率可达 20%~30%。摩托罗拉公司每年向全体雇员提供至少 40 小时的培训。调查表明：摩托罗拉公司每 1 美元的培训费可以在 3 年以内实现 40 美元的生产效益。摩托罗拉公司认为，素质良好的公司雇员们已通过技术革新和节约操作为公司创造了 40 亿美元的财富。

(4) 培训能适应市场变化、增强竞争优势，培养企业的后备力量，保持企业经营的生命力。企业竞争说穿了是人才的竞争。明智的企业家愈来清醒地认识到培训是企业发展不可忽视的“人本投资”，是提高企业“造血功能”的根本途径。美国的一项研究资料表明，企业技术创新的最佳投资比例是1∶1，即人本投资和硬件投资各占50%。人本为主的软技术投资，作用于机械设备的硬技术投资后，产出的效益会成倍增加。在同样的设备条件下，增加人本投资，可达到投1产8的投入产出比。

(二) 员工培训的形式

从培训与工作的关系来划分，员工培训的形式主要有在职培训、岗前培训和脱产培训。在职培训是指不离开自己的工作岗位，在工作进行的同时实施的培训；岗前培训主要是针对新员工招聘进来以后在上岗前进行的培训或企业内员工轮换到新工作岗位前进行的培训；脱产培训是指企业为了企业发展和员工个人发展的需要，让在职员工离开现任的工作岗位去接受培训。

按培训目的来划分，员工培训的形式主要分为过渡性教育培训、知识更新培训或转岗培训、提高业务能力培训和专业人才培训。过渡性教育培训主要是指企业在录用中学毕业或大中院校毕业的应届生后，帮助其完成由学习生活向职业生活过渡的教育培训；知识更新培训或转岗培训是使员工掌握新产品的生产制造、使用维护等方面知识或适应新岗位要求的培训；业务能力培训主要是为了不断提高本企业员工的业务素质能力，最终达到提高企业生产率的目的；专业人才培训是为开发优秀员工并使其在企业中发挥特殊作用而进行的培训，包括专业技术人才的培训和管理人才的培训等。

按培训对象在公司中的地位划分，其形式还可以是公司经理培训、基层经理培训、专业技术人员培训和一般员工培训等。

[案例 5-1]

松下——逐步深化的培训层次

松下的培训分为四个逐步深入的层次。

首先要培养员工的专业知识和正确的价值判断力。松下认为，没有足够的专业知识，就不能满足工作上的需要；而如果员工没有正确的判断事物价值的能力，就无异于乌合之众。

其次要培养员工细心认真的工作态度。松下认为，细心体贴并非不足挂齿的小节，往往足以影响公司的经营大局。

再次是注重企业文化的宣讲与渗透。松下力主培养员工的向心力，将对员工精神和常识上的教导视为经营者的责任，旨在让员工了解公司的创业动机、传统、使命和目标，从而使松下的企业文化深植于员工心中，并渗透于员工的工作行为。

最后是注重员工人格的提升。松下强调，真正的培训要能够使一个人的人格得到提升，至于知识和技能的传授只是培训的第二意义。

二、员工培训方案设计流程

员工培训尽管是人力资源管理中的一环，但它又是一项相对独立的系统工程，所以应该采用一种系统方法，使培训符合企业发展的目标，让培训的每一项工作都能实现企业组织、员工个人以及员工所从事的工作三方面的优化。具体流程如图 5-1 所示。

(一) 培训需求分析

培训需求分析是在企业培训需求调查的基础上，采用全面分析与绩效差距分析等多种分析方法和技术对企业及其成员在知识、技能、目标等方面进行系统分析，以确定是否需要培训，以及培训内容的过程。

需求产生于目前的状况与理想的状况之间存在的差距，这一差距就是“状态缺口”。企业有培训需求，也正是由于存在“缺口”。企业对雇员的能力水平提出的要求就是“理想状态”，而雇员本人目前的实际水平即为“目前状态”，两者之间的差距就是“状态缺口”。企业要努力减小这一“缺口”，就形成了培训需求。具体的分析方法详见本章第二节。

培训需求评估对企业的培训工作至关重要，它是真正有效地实施培训的前提条件，是使培训工作准确、及时和有效的重要保证。

(二) 制订培训计划

培训计划的设计是基于对培训需求了解基础上展开的工作，其目的是保证培训工作合理开展。培训计划是规范培训工作、提高培训效率的有效手段，培训计划主要有以下六方面内容。

1. 选定培训对象

明确了培训要求之后，企业首先要确定需要培训的人员。培训的一个重要目的就是让不符合岗位知识和技能要求的员工通过培训符合要求。但是，企业的培训资源是有限的，如何合理分配培训资源是人力资源部和直线经理面临的重要问题。并不是员工接受培训以后，就一定有所收获，因为这与各员工的主观意愿和学习能力有很大关系。特别是在培训经费紧张的情况下，培训工作就更要保证满足确实需要培训的人员的要求。

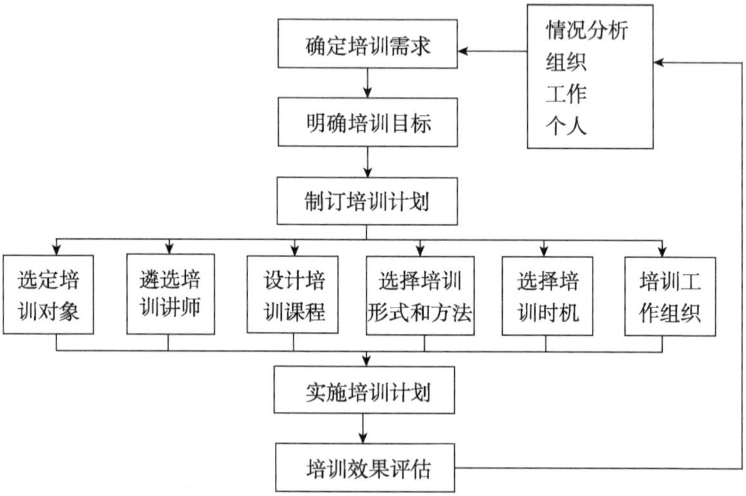

图 5-1　员工培训方案设计流程

2. 遴选培训讲师

企业培训工作者是企业培训工作的主体，在员工培训中占据重要地位，他们承担着提高企业员工素质的重任，是企业培训的具体实施者和落实者。培训工作者水平的高低关系到培训效果的好坏和培训质量的高低。

3. 设计培训课程

现代培训的内容一般分为五个方面：①知识培训，目标是解决“知”的问题；②技能培训，主要解决“会”的问题；③思维培训，解决“创”的问题；④观念培训，解决“适”的问题；⑤心理培训，解决“悟”的问题。根据培训的内容和培训需求分析的结果，进行培训课程的设置。

4. 选择培训形式和方法

培训有很多种形式，包括在职培训、岗前培训和脱产培训等，我们要根据培训的实际需要来选择。如果培训内容含量大、要求高、时间长，那么选择脱产培训比较合适；反之，对于知识、技能补充性的培训可以采用在职培训的形式。

随着科学技术、培训管理理论的发展，培训方法日益丰富。在实际工作中，要依据公司培训的需要和可能、培训的内容以及培训的对象等方面，合理地选择采用。不同培训方法有不同特点，其自身也各有优劣，如何选择培训方式要根据具体情况具体分析。具体内容详见本章第三节。

5. 选择培训时机

在做培训需求分析时，需要确定培训哪些知识与技能；根据以往的经验，对这些知识与技能培训作出日程安排，估算培训大致需要的时间以及培训真正见效所需的时间，从而推断培训提前期的长短；根据何时需要用到培训知识与技能及提前期，最终确定培训日期。

6. 培训工作组织

一次高效的培训离不开培训的组织工作。培训的组织工作首先应获得培训主管部门支持，组建培训项目小组。培训单靠培训部门很难完成，必须得到很多方面的支持，尤其是各个部门的配合与协助。

(三) 培训效果评估

所谓的培训评估也就是对培训效果进行评价，它指依据培训目标，对培训对象和培训本身作一个价值判断。培训评估是对培训项目的改进，或者是为企业以后的培训工作积累经验，一般的培训项目都要进行评估。从严格意义上讲，培训评估并不能说是培训的最后一个阶段，因为在有些培训中，评估可能贯穿于培训活动的始终。具体内容详见本章第四节。

三、心理培训①

(一) 心理培训概念

企业心理培训是指将心理学的理论、理念、方法和技术应用到企业管理和训练活动之中，以更好地解决员工的动机、心态、心智模式、情商、意志、潜能及心理素质等一系列心理问题，使其心态得到调适、心态模式得到改善、意志品质得到提升、潜能得到开发等。心理培训是一种相对独立的培训，因而人力资源管理工作者有必要首先认识其独特性。

(二) 企业何时需要开展心理培训

一般来说，企业什么时候都可以进行心理培训，但是在以下几个时间段，则特别需要进行心理培训。

1. 企业组织变革时

从职业心理健康的角度分析，组织变革对员工是一个特殊且强大的刺激源，员工必然会产生不同寻常的应激反应。比如，若员工没有足够的能力应付强大的压力，将会有一系列生理、心理、行为上的不适，进而影响其正常的工作与生活，这样也会对组织变革的推进产生消极影响。有调查表明，组织变革时有 60%以上的人可能

① 彭移风. 2007. 企业如何开展心理培训. 中国人力资源开发, (4): 28-29.

受到消极情绪的困扰，50%的人有失眠情况，70%以上的员工工作效率下降，40%以上的员工工作失误增加，甚至有人出现了一些过激行为。

2. 企业出现重大突发事件时

重大突发事件是指突然发生、影响巨大、对员工生理和心理产生强烈冲击的事件。尤其是突发事件的目击者或直接相关人员，由于对其心理产生了巨大冲击，所以特别需要心理干预。比如，企业发生突发性灾难造成人员伤亡，员工因为失去了同事而处于巨大的心理悲痛之中，这时就需要群体性心理培训。

3. 企业员工出现普遍性职业倦怠时

职业倦怠是个体在体力、精力和能力上都无法应付外界要求而产生的身心疲劳与耗竭的状态。根据国际标准，工作倦怠包括情绪衰竭、玩世不恭和成就感低落三个指标，通常表现为一种感觉疲劳或挫折的状态。职业倦怠因工作而起又反作用于工作，致使形成一种恶性循环。人力资源管理人员如果发现员工近来没有工作兴趣，甚至开始厌倦工作、工作效率明显下降，那么在排除其他因素的影响下，可以尝试进行心理培训。

4. 新员工入职时

每个企业对员工的心理素质都有不同的要求。因此，可以根据岗位需求对新员工进行有针对性的心理培训，以促进其更快更好地适应企业文化。

(三) 心理培训的具体方法

1. 心理暗示法

暗示是用含蓄、间接的手段、方式和方法对人的心理和行为产生影响，从而使人按一定的方式去行动或接受一定的意见，使其思想、行为与自己的意愿相符合。暗示有他人暗示、自我暗示、行为暗示、环境暗示、言语暗示等。在企业心理培训中，多种形式的暗示可对员工的心理与行为施加影响，促使其心理与行为朝着目标方向发展，同时使员工学会积极的自我暗示。

2. 游戏训练法

游戏训练法是现代企业培训过程中常用的一种方法，是寓教于乐的有效方式。它原先的目的是为了改变培训现场气氛，提高参加者的好奇心、兴趣及参与意识，并改良人际关系。现在则是通过游戏产生体验获得知识，或使参加者的心理、行为、思想发生变化。此法常用来改变员工已有的认知方式，改良群体的人际关系，改善员工的心智模式。

3. 拓展训练法

拓展训练法是一种体验式的学习方法和训练方式，它利用特定的自然环境，通过独具匠心的设计，在解决问题和应对挑战的活动过程中增进人的勇气与自信、理解与沟通、进取与互助。

拓展训练活动的形式有许多，如场地项目、水上项目、野外项目、室内项目等，企业应根据实际加以选择。拓展训练可用来激发员工的潜能、培养团队精神与合作默契。

4. 头脑风暴法

头脑风暴法是一种通过会议形式，让所有参加者在自由愉快的气氛中自由交换想法，并以此激励与会者的创意及灵感的方法。此方法重在集体参与和努力，并在协作中完成某项任务或解决某一问题。集体的参与将增加学员的团队协作精神、增强个人的自我表现力及口头表达能力，并且容易产生很多新思想。因而，该法被广泛用于创造性思维活动中。

5. 角色模拟法

角色模拟法是在联系职业岗位的现实问题的基础上，创设一定的情境或仿真情境，目的是让受训者模拟扮演情境中的角色，通过角色活动获得心理体验，并分享体验、分析角色行为，以形成特定的心理品质与行为习惯。角色模拟是实际情境或过程的抽象化或简化。角色模拟法有利于培养员工的换位思考能力，打破部门之间的隔阂和误会，也有助于培养员工的全局观念。

6. 心理剧技术

心理剧是在团队领导者的引领、支持和帮助下，通过团队成员创造性地参与表演，使其能充分表达内心感受、释放情绪、提升洞察力并对问题加深理解，进而发展出积极的新行为。该方法也可用来优化员工的个性。在心理剧表演过程中，通过演绎“个案”使员工普遍觉察到自己身上“看不见”的、但又无时无刻不在发挥作用的负面人格特质，从而起到修复心理创伤、提升心灵品质的效果。

第二节　员工培训需求分析

一、基于组织、任务、人员的三层次培训需求分析

(一) 培训需求分析内容

基于组织、任务、人员三层次培训需求分析模型，可将培训需求分析分为组织分析、任务分析、人员分析三个层次，其分析重心、分析目的、分析方法各有侧重，如表 5-1 所示。

表 5-1　培训需求分析的层次、目的和方法

层次	目的	分析方法举例
组织分析	决定组织中哪里需要培训	·通过考察组织长期目标、短期目标、经营计划来判定 ·知识和技术需求 ·将实际结果与目标进行比较 ·人力资源计划 ·评价组织环境
任务分析	决定培训内容是什么	·分析工作的业绩评价标准、要完成的任务 ·分析成功完成任务所需的知识、技能、行为和态度
人员分析	决定谁应接受培训；需要接受什么培训	·通过业绩评估，分析造成差距的原因 ·收集和分析关键事件 ·进行培训需求调查

1. 组织分析

组织分析需要依据公司和部门的运行计划和远景规划，预测未来本组织在技术上和组织结构上可能发生的变化，了解现有员工的能力并预测组织的发展需要，确定员工需要具备哪些知识、技能和态度，以保证培训计划与组织的整体目标和战略要求相符，并确保取得管理层和同事对培训活动的支持。

2. 任务分析

任务分析的目的是明确任务的职责及各种重要任务对任职者知识、技能和态度等方面的要求，从而确定培训的内容。并不是每一次培训都必须重新进行工作分析，通过不断改进先前建立起来的岗位说明书和工作规范就可以完成此项工作。

3. 人员分析

判断造成工作绩效不佳的原因是什么，通过培训能不能解决这些方面的问题，以确定谁需要接受培训，接受什么样的培训以及培训内容是什么，并让其做好培训准备。

(二) 实例：A 汽车销售公司年度培训需求调查和分析[①]

调查对象为 A 公司各部门员工，调查形式采取问卷式调查。共发放调查表 40 份，有效问卷 33 份，有效率为 82.5% ，其中领导 16 份，部门员工 17 份；老员工(入公司 6 个月以上)28 份，新员工(入公司 6 个月以内)5 份。调查内容主要有：①通用知识(共 10 项)；②培训形式(共 8 项)；③培训时间调查；④员工发展意愿调查(多选)；⑤各部门专业知识需求(填写)；⑥影响公司发展的问题(填写)。

1. 组织分析

对影响 A 公司发展的问题进行调查，结果显示这些问题涉及制度的执行、部门间的协作、有效的激励方式、团队合作、质量控制的系统性、目标明确性、产品质

① 王清，徐金贤. 2009. 企业培训需求分析个案探究——以 S 汽车销售公司为例. 中国人力资源开发，(8): 68-70.

量、人力资源、采购配套体系、产品开发及变更过程的控制、用户对产品质量及售后服务(含备件供应)满意度等。通过组织分析，确定公司整体目标主要有六个：实现销售目标、提高服务质量、培养领导队伍、学习先进企业、提高管理质量、提高创新能力。据此确定与公司整体目标相适应的培训，包括销售人员培训、提高服务品质、提升领导力、加强管理与不断创新的培训(图 5-2)。

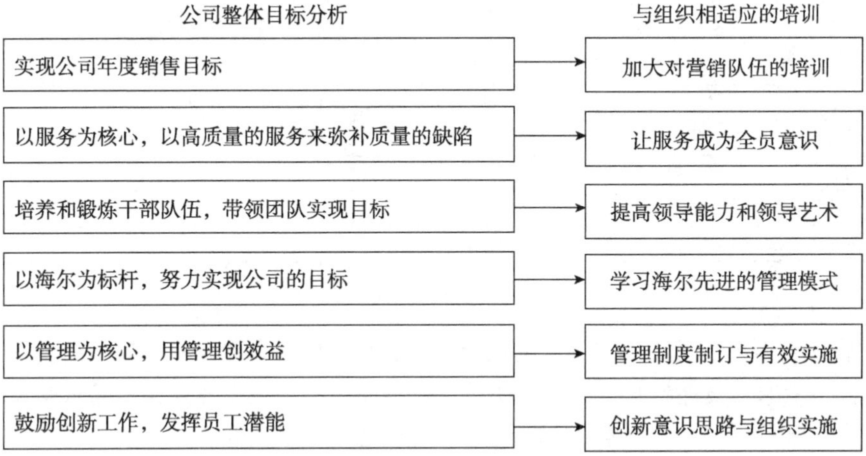

图 5-2 组织分析结果

2. 任务分析

员工对通用知识的重视程度的调查结果如表 5-2 所示。从得分结果分布上可发现员工在产品知识、商务礼仪、汽车知识等项目上有较高的得分，说明员工认为产品知识、商务礼仪和汽车知识的重要程度较高，在工作中非常需要这方面的知识和技能，需要考虑加大培训力度。但是在安全知识、外语、质量知识等项目上得分较低，尤其在安全知识上，只有 100 分，这说明员工在安全、涉外、质量等方面意识较为淡薄，需要进行广泛宣传，转变员工态度，增强员工的安全意识，并设置安全方面的相关课程。从表 5-2 中还可以看出员工几乎没有其他必备通用知识的需求(仅为 6 分)，说明公司的通用知识培训课程安排较为周密。

表 5-2 员工对通用知识的重视程度

通用知识	产品知识	商务礼仪	汽车知识	企业文化	法律法规	公文写作	质量知识	外语	安全知识	其他知识
得分	233	202	183	171	163	160	143	124	100	6

注：根据员工对培训内容需求的排序情况进行数字统计，第 1~10 位分别计分为 9~0，得分越高，需求量越大。

各部门对专业知识的需求如表 5-3 所示。从调查结果可以看出：各部门员工的专业知识需求与部门工作紧密相关，员工对培训内容的选择比较理性。部门年度培训计划应将员工的专业知识需求充分考虑进去。

表 5-3　各部门专业知识需求分析

备件公司	物流管理；产品知识；财务知识；绩效管理；现场管理；IT 知识；信息系统；包装工艺；
特销部	商务谈判；财税知识；营销技巧
客户服务部	汽车构造知识；消费者心理学；汽车召回管理办法；客户投诉处理技巧；管理及沟通技巧；消费者权益保护法；客服理念
综合管理部	绩效管理；劳动关系管理；薪酬福利管理；员工的培训与开发；公共关系处理
品牌推广部	品牌知识；行业分析；心理学知识；品牌实践成功案例
物流部	物流知识；营销技巧
市场研究部	领导艺术；管理科学
服务技术部	财务知识；专业技术；管理知识

3. 人员分析

表 5-4 给出了员工发展意愿的调查结果。从表中可以看出有 55.5%的员工希望成为岗位专家或技能特长专家，说明员工对本岗位的相关专业知识的需求是比较明显的，这显示了员工发展意愿和培训课程需求之间有很强的联系。数据显示 40.7%的员工有向行政管理发展的意愿，比重较大，一方面反映出员工积极上进的态度；另一方面也反映出员工对于工作岗位有所偏好。因此，需要针对员工的实际情况，正确引导员工的职业生涯发展规划。

表 5-4　员工发展意愿的调查

员工发展意愿	向行政管理发展	成为本岗位专家	成为技能特长专家	熟练岗位业务
比重/%	40.7	33.3	22.2	14.8

表 5-5 显示了员工对培训形式的效果评价。从中可知，员工认为外公司学习、外派培训、导师指导和轮岗培训的效果较好，认为内部培训和自学的效果最差。这反映出员工对本公司或本岗位知识更新需求增大，需要根据公司发展战略和管理革新要求，更新培训课程设置。员工认为内部培训的效果较差，需要引起公司综合管理部的重视，针对这一现象进行反思，对公司内部培训系统进行深度系统分析并加以优化改进。员工认为到外公司工作学习的培训效果最好，这一点需要引起注意，需要对公司员工流动率进行分析之后再作分析。导师指导的方式在经验传递、人际交流方面具有优势，但是需要选取理论知识和实践经验都比较丰富的优秀员工作为新员工的导师。自学的方式主要依靠员工利用业余时间进行学习，需要员工自我监督、自我努力，干扰因素比较多，因此实施培训时应尽量避免使用这种形式。

表 5-5 员工对培训形式效果的评价

培训形式	外公司学习	外派培训	导师指导	轮岗培训	行业研讨	脱产培训	内部培训	自学
得分/分	136	129	124	124	112	108	75	56

注：根据员工对各种培训形式的效果排序情况进行数字统计，第 1~8 位分别计分为 7-0，得分越高，效果越好。

员工对培训时间的要求如表 5-6 所示。员工更倾向于周末培训和完全脱产培训，选择下班后培训的比重较低。目前公司内部培训课程大多数安排在下午下班以后，员工比较劳累，希望能够得到足够的休息时间，也需要处理工作与家庭的关系，很难专心接受培训。选择培训时间需要综合考虑组织情况和员工的实际生活问题。

表 5-6 培训时间的调查

培训时间	周末培训	完全脱产	下班后培训	其他意见
比重/%	38	38	17	7

二、基于胜任特征的培训需求分析

基于胜任特征的培训需求分析也包括组织分析、任务分析和人员分析，但这三部分的内容发生了很大变化。基于胜任特征的培训需求分析，主要通过组织环境变化的判断，识别出企业的核心胜任力，并在这个基础上确定企业关键岗位的胜任素质模型，同时对比员工的能力水平现状，找出培训需求。具体如图 5-3 所示[①]。

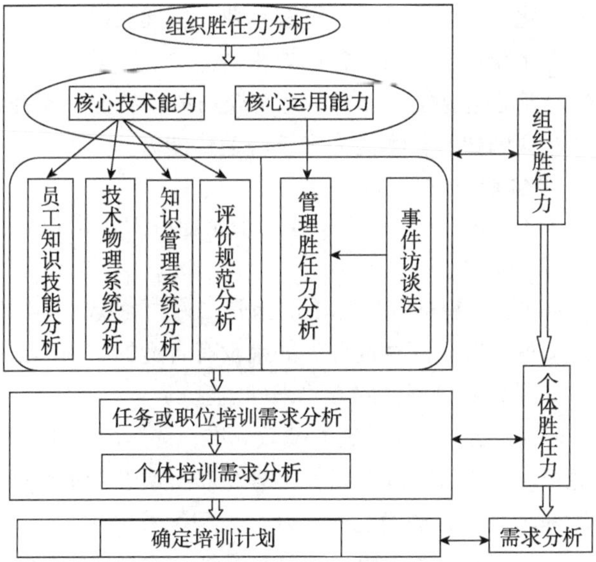

图 5-3 胜任特征的培训需求分析模型

①张娟. 2010. 基于组织胜任力的企业员工培训需求分析模型构建. 企业家天地，(1): 65-67.

培训需求基本分析步骤有三步。

1. 进行组织分析，确定企业的核心胜任力

企业的核心胜任力包括核心运作能力和核心技术竞争力。核心技术能力包括以下四个互相关联的维度。

(1) 员工的知识和技能：员工头脑中积累起来的知识和技能。

(2) 物理技术系统：随着时间的流逝，技术竞争力在物理系统中不断积淀，如数据库、机械和软件程序等。

(3) 管理系统：公司的教育培训和激励系统对员工知识的引导、传递和管理。

(4) 价值和规范：支持和鼓励知识和技能背后的指导理念。

核心运作能力是使企业能快速、高效率生产高质量产品和服务的过程和功能。

在实践中，可以采用个案研究的方法分析组织的核心技术能力和核心运作能力，包括企业档案查询、访谈、现场调查。

(1) 企业档案查询。企业档案主要包括企业三年内的培训档案、企业制定的各种程序文件、企业的各种技术合同。通过对这三类档案的搜集、分析，提炼出企业在市场竞争中体现出的独特优势。

(2) 高层管理者访谈。通过企业高层管理者的团体焦点访谈，运用 SWOT 分析和价值链分析方法了解企业发展所面临的外部机遇、威胁和企业内部具有的优劣势以及企业价值链的变化。在此基础上，了解企业的发展战略和组织文化，并结合这三者的分析结果，得出企业发展对人才的要求。

(3) 现场调查。查询企业技术资料，理解企业的核心业务流程，结合现场调查研究的记录，确认企业的核心技术能力和核心运作能力。

2. 任务分析，建立岗位胜任模型

开展基于胜任特征的任务分析的关键在于企业各关键岗位胜任特征模型的构建，具体包括以下五个步骤。

(1) 定义绩效标准。理想的绩效标准应该是“硬”指标，如销售额或利润、获得的专利和发表的文章、客户满意度等。如果没有合适的“硬”指标，可以采取让上级提名，同事、下属和客户评价的方法来确定。

(2) 确定效标样本。根据已经确定的绩效标准，选择优秀绩效者和一般绩效者，确定优秀组和普通组。如果客观绩效指标不容易获得或经费不允许，一个简单的方法就是采用“上级提名”的方法确定绩效好、表现优秀的样本。

(3) 获取效标样本有关的胜任特征的数据资料。收集数据的主要方法有行为事件访谈(behavioral event interview，BEI)、团体焦点访谈与专家小组、问卷调查、德尔斐技术(Delphi)、网络项目技术(repertory grid technique)、系统性多层次团体观察等。就目前应用实践来看，胜任特征建模时收集客观数据最常用的方法是行为事件访谈法。作为一种结构化的访谈，BEI 事件访谈遵循 STAR 标准进行，包括四个方面的内容，即事件的情景(situation)、任务(task)、行动(action)和结果(result)。它的实施步骤，一是设计访谈提纲；二是根据访谈提纲，询问受访者工作过程中发生的一些关键成功事件和不成功事件。根据受访者对每个事件的描述，通过访谈主持者追问一系列问题，如事件发生的条件，即该事件是在什么情况下发生的、发生的地点和时间等，不同条件会导致不同结果，尽可能让受访者详尽描述整个事件的起因、过程、结果、时间、相关人物、涉及的范围以及影响层面等。同时也要求受访者描述自己当时的想法或感受。描述时要求尽可能使用可视化的语言，对个体的行动进行“拍照”，以准确获取个体动作视觉化的信息。这样，研究者收集的资料就是受访者描述的这些看得见的行为资料。

(4) 分析数据资料并建立胜任特征模型。首先，结合国内外构建的同类关键岗位的胜任特征模型和工作分析调查的结果，初步形成胜任特征的编码词典。然后，依据词典对行为事件访谈进行文本编码，接着根据初步编码结果，对优秀绩效任职者和一般绩效任职者的胜任特征编码频次和等级进行统计比较分析。最后，进行第二次编码，收集每个胜任特征不同水平的行为表现，获得关键岗位的胜任特征模型。

(5) 验证胜任特征模型。一般可采用三种方法来验证胜任特征模型：一是选取第二个效标样本，再次用行为事件访谈法来收集数据，分析建立的胜任特征模型是否能够区分第二个效标样本(分析员事先不知道谁是优秀组或普通组)，即考察“交叉效度”；二是针对胜任特征编制评价工具来评价第二个样本在上述胜任特征模型中的关键胜任特征，考察绩效优异者和一般者在评价结果上是否有显著差异，即考察“构念效度”；三是使用行为事件访谈法或其他测验进行选拔，或运用胜任特征模型进行培训，然后追踪这些人，考察他们在以后工作中是否表现得更出色，即考察“预测效度”。

3. 人员分析，确定培训需求

这一步的关键是分析员工的现有状况与理想状况之间的差距。其过程是：依据关键岗位胜任特征模型，编制能力评价问卷，对现有人员的胜任能力进行 360 度评估，得出能力差距。主要包括以下六个环节。

(1) 组建 360 度评估队伍。此处应注意：无论是由被评价人自己选择还是由上级指定的评估者，都应该得到被评价者的同意，这样才能保证被评价者对结果的认同和接受。

(2) 对被选拔的评价者进行“如何向他人提供反馈”和评估方法的训练和指导。

(3) 实施 360 度评价。对具体施测过程加强监控和质量管理。例如，从问卷开封、发放、宣读指导语到疑问解答、收卷和加封保密的过程，实施标准化管理。

(4) 统计评分数据并报告结果。目前，已有专门的 360 度反馈评价结果分析软件，能绘制多种统计图表，使用起来相当方便。

(5) 对被评价人进行“如何接受他人反馈”的训练。可以采用讲座和个别辅导的方法进行。重点建立被评价人对于评价目的和方法可靠性的认同，并指出 360 度反馈评价结果主要用于为员工工作改进和未来发展道路选择提供建议，与奖励、薪酬挂钩程度有限。

(6) 根据反馈的问题，企业管理部门和员工共同商量制定相应的培训计划。

第三节　员工培训方法

一、直接传授培训方式

直接传授培训方式是指培训者直接通过一定途径向培训对象发送培训中的信息。这种方法的主要特征就是信息交流的单向性和培训对象的被动性。尽管这种方法有不少弊端，但仍有其独特作用。其具体形式主要有课堂教学法、工作指导法以及影视法等。

(一) 课堂教学法

[案例 5-2]

汉堡大学的历史

麦当劳为了追求高品质、一致性，对加盟者进行必要的培训一直是其重要的举措。1957 年，麦当劳制作了一部训练影片，打算在各加盟店里分别讲习训练。后来麦当劳的经理们觉得必须制造出教室的气氛，才能教授这些加盟者一般的经营的哲学和理论，而这在各个店里是做不到的。当时，没有任何经营连锁业者想到开设一个全天候的训练中心，但麦当劳为了使所有加盟者对标准化有充分认识，决心付诸实践，努力达到这一目的。最初，麦当劳在一个店里的地下室建造了一间教室，配备了必要的教学器材，并且聘请全天专职的教师任教。这样，1961 年 2 月麦当劳成立了著名的汉堡大学。

麦当劳采用的这种方法就是课堂讲授法。这种方法属于传统模式的培训方式，指培训师通过语言表达，系统地向受训者传授知识，期望这些受训者能记住其中的重要观念与特定知识。这种培训方法的优点在于传授内容量大，有利于大面积培养人才；传授的知识比较系统、全面；对培训环境要求不高；学员可利用教室环境相互沟通；学员能够向教师请教疑难问题；员工平均培训费用较低。但是，课堂教学中常常因为传授内容过多，学员难以吸收、消化；容易导致理论与实践相脱节；单向传授不利于教学双方互动，同时也不能满足学员的个性需求；一般情况下，这种传授方式较为枯燥单一，不适合成人学习方式。

(二) 工作指导法

[案例 5-3]

联想的新员工培训

联想的新员工在上岗之前，都要指定一对一的指导人。公司有一系列的规范来选择指导人，包括要求和资格认定及指导工作评价，在新员工报到前一周，各部门就要将名单报人力资源部，由人力资源部进行资格审查。新员工在没有指导人的情况下，该部门要暂缓进人计划，待有合格的指导人后方可进人。指导人负责带新人并考察新员工在试用期间的表现能力等，其作用一是代行人力资源部的考察职责，二是通过帮带行使部门职责。在这种体制下，新员工通过指导人的帮助，能够尽快进入角色。

联想这种指导人制度和我国以前的“师傅带徒弟”或“学徒工制度”相类似。目前我国仍有很多公司在实行这种帮带式培训方式，其主要特点在于通过资历较深的员工的指导，新员工能够迅速掌握岗位技能。

在工作指导(也称个别指导)中，新员工在师傅指导下开始工作，可以避免盲目摸索，从指导人处直接获取丰富的经验，而且能够尽快融入团队；特别是对于刚从高校毕业的学生来说，这种培训方法可以消除他们进入工作的紧张感；工作指导法还有利于企业传统优良工作作风的传递。但如果企业没有良好的制度保障，工作指导法有时并不能发挥出上述作用，如为防止新员工对自己构成威胁，指导者可能会有意保留自己的经验、技术，从而使指导浮于形式；指导者本身水平的高低对新员工学习效果的好坏有极大影响；指导者不良的工作习惯也会感染新员工；最为关键的是，采用个别指导法进行培训，不利于新员工的工作创新。

(三) 影视法

影视法就是运用电影、电视、投影或录像等手段对职工进行培训，员工在观看相关内容的影片过程中学习。我国以前常以看影片作为职工教育方式，但只是侧重于通过爱国主义教育片来提高员工的工作热情。现在，一些企业可以自制录像带或幻灯片，向新员工介绍本企业的概况，也可以将一些技能操作场景摄入其中，以进行技能培训。

影视培训法的优点在于形象，但如果缺乏现场讲解，其效果会受到很大影响，而且这种方法比较枯燥单一，不易于员工集中精神，掌握重点。一般情况下只依靠电影等影视设备进行培训效果并不大，其主要是为了增强培训的效果，提高培训工作的趣味性、生动性，而作为其他培训方式的辅助培训设备。

二、参与式培训法

参与式培训法是调动培训对象积极性，让其在培训者与培训对象的双方互动中学习。这类方法的主要特征是：每个培训对象积极主动参与培训活动，从亲身参与中获得知识、技能和正确的行为方式。其主要方法有角色扮演法、案例研究法、头脑风暴法、游戏法等。

(一) 角色扮演法

[案例 **5-4**]

IBM 如何培训销售人员

模拟销售角色是 IBM 市场营销培训的一个组成部门。在公司第一年的全部培训课程中，没有一天不涉及模拟销售角色，并始终强调要保证演习或介绍的客观性，包括为什么要到某处推销和期望达到什么样的目的。同时，对这些产品的特点、性能以及可能的效益要进行清楚的说明和演习。该公司采取的模拟销售角色的方法是，学员们在课堂上经常扮演销售角色，教员扮演客户，向学员提出各种问题，以检查他们接受问题的能力。

角色扮演法，又叫角色模拟法，就是培训者给一组人或某一个人提出一个情景，让参加者身处模拟的日常工作环境之中，并按照其在实际工作中应有的权责来担当与其实际工作类似的角色，模拟性地处理工作事务，从而提高处理各种问题的能力。

这种方法的精髓在于"以动作和行为作为练习的内容来开发设想"，也就是说，它不针对某问题的相互对话，而针对某问题的实际行动，以提高个人及其集体解决问题的能力。这种方法比较适用于训练态度仪容和言谈举止等人际关系技能，比如询问、电话应对、销售技术、业务会谈等基本技能的学习和提高；适用于新员工、岗位轮换和职位晋升的员工，主要目的是为了尽快适应新岗位和新环境。

这种培训方法的优点是学员参与性强，学员与教师之间的互动交流充分，可以提高学员培训的积极性；特定的模拟环境和主题有利于增强培训效果；通过观察其他学员的扮演行为，可以学习各种交流技能；通过模拟后的指导，学员可以及时认识到自身存在的问题并进行改正；在提高了学员的业务能力同时，也加强了其反应能力和心理素质。这种培训方法的不足之处是场景的人为性降低了培训的实际效果；模拟环境并不代表现实工作环境的多变性；扮演中的问题分析限于个人，不具有普遍性。

(二) 案例研究法

[案例 **5-5**]

哈佛大学的案例研究法

目前世界上最有名的案例设计来自哈佛大学。早在 1980 年，哈佛大学法学院教授 Mr. Christoper Langdell 发明了个案研究方法，将法院的判例作为个案。以后，这种方法逐渐发展到医学、商业和社会工作方面。

现在，哈佛大学的案例研究法的做法是：讲师先将故事作简要的介绍，并描述问题发生所需要的条件或可能的状况，学生自行想过一遍以后，再看资料，这样有利于激发学生的想象力和发现案例的吸引力，最后由学生个人从个案中去寻找答案。或者采取团体的训练方式，由于每个学生的想法不同，所以可能提出许多不同形式的解决方法，学员在训练中可以互相观摩学习。

案例研究法是培训界应用最多的培训方法之一，首先由培训顾问按照培训需求向培训对象展示真实性背景，提供大量背景材料，并作出相关解释后，由培训对象依据背景材料来分析问题，提出解决问题的各种方案，找出最佳方案，达到训练人员解决企业实际问题能力的目的。

案例研究法是一种信息双向性交流的培训方式，其将知识传授和能力提高两者融合到一起，是一种非常有特色的培训方法。案例研究过程中学员的参与性强，而且这种教学方式生动具体，直观易学，可以激发学员的学习积极性，学员在分析过程中将解决问题能力的提高融入知识学习当中。另外，学员之间也能够通过案例分析达到交流的目的。但是应用案例研究法需要用较长的时间准备案例，需要较多的培训时间进行案例分析；案例分析对培训顾问的能力要求很高，同时对学员能力也有一定要求；所准备的案例要有一定代表性，无效的案例会浪费培训对象的时间和精力。

因此，实行案例研究法有以下几点要求：一是案例要具有真实性，不能随意捏造，在缺乏案例的情况下，可鼓励培训对象从自己的工作环境中寻找案例，这样也有利于学员自身能力的提高；二是案例要和培训内容相一致；三是案例的呈现要客观生动，不能只是一些事例、数据的罗列；四是案例不能只包含唯一的答案；五是教学中采取分组讨论法，并且每一个人都要提出自己的意见和看法，讨论结束后，要将讨论结果公布，并由培训顾问再对培训对象进行引导分析，直至达成共识。

(三) 头脑风暴法

[案例 5-6]

西门子的“后院大学”

任何公司都会遇到一些令自己棘手的难题，西门子股份公司(简称西门子)也不例外，但它没有像其他公司一样花高额费用请外脑来解决。西门子的主管们建立了西门子大学，参加培训计划的分析部、工程部的主管们像攻读 MBA 的学生一样，分析公司的业务案例，解决实际问题。每年西门子的学员们要在一起聚好几次，参加在世界各地举行的课堂难题讨论会。

有一次，由六个中层管理人员组成的学习小组为了解决驻英机构问题，声称正在设计用什么方法收购电话业务。为了转化那些对其不信任者的观点，改变他们现有的管理思路和方法，学习小组起草了一份报告，详细列举了可节省数百万美元的方方面面，结果新措施使公司移动电话费猛降了 60%。

西门子的这种培训方法就是我们所说的“头脑风暴法”，也有人将其称为“研讨会法”、“讨论培训法”或“管理加值训练法”等。头脑风暴法的特点是培训对象在培训活动中相互启迪思想、激发创造性思维，它能最大限度地发挥每个参加者的创造能力，提供解决问题的更多更佳的方案。

运用头脑风暴法只规定一个主题，即明确要解决的问题，如上述案例中“驻英机构问题”就是一个非常明确的问题，这样才能避免讨论内容太过泛滥。把参加者组织在一起无拘无束地提出解决问题的建议或方案，在讨论中组织者和参加者都不能评议他人的建议和方案。事后再收集各参加者的意见，交给全体参加者。然后排除重复的、明显不合理的方案，重新表达内容含糊的方案。组织全体参加者对各可行方案逐一评价，选出最优方案。头脑风暴法的关键是要排除思维障碍，消除心理压力，让参加者轻松自由、各抒己见。

运用这种方法进行培训，培训本身就能为企业解决实际问题，帮助学员解决工作中遇到的实际困难，大大提高了培训的收益；这种培训方法集中了集体的智慧，达到了学员之间相互启发的目的，大大提高了培训中学员的积极性；小组讨论也有利于加深学员对问题理解的程度。尽管这是一种培训收益很高、很明显的培训方法，但它不一定适应所有培训，主要是这种培训法对培训顾问要求高。培训顾问在培训中主要扮演引导的角色，讲授的机会较少，如果培训顾问不善于引导讨论，可能会使讨论漫无边际；主题挑选难度大，不是所有的主题都适合用来讨论；讨论的主题能否得到解决也受到培训对象的水平限制。

(四) 游戏法

[案例 5-7]

宝洁的 Build A Tower 游戏

Build A Tower(垒一个塔)游戏内容如下：在 15 分钟内，仅用报纸和透明胶纸在地上搭一个塔，越高越好。作者在完成任务的过程中发现了这样的难题：垒到一定高度后，发现塔根本站不住，因为中间有些“关节”比较脆弱，所以应先解决稳固程度，再解决高度。于是在每个关节处加固，但最后还是站不稳，因为毕竟只是报纸和透明胶布，塔基根本不牢固。一个绝好的解决办法是：用胶布和报纸从四个方向把塔身和地面连起来，起到平衡作用。

到这里，宝洁公司(简称宝洁)想要告诉员工的已经很清楚了。每张报纸就是宝洁的每项业务，或者说开发的某种产品，目标是“塔尽可能高”，即公司要不断开发新的产品，寻找新的利润点，开拓新的业务，这样才能使企业不断成长和发展。而在这些产品开发和业务拓展的过程中，产品和产品的关联度，业务与业务的衔接是很重要的，即体现在“报纸与报纸的黏合处”。然而解决了衔接问题，却还没解决好“稳固”的难题。最后解决的办法是用胶布和报纸“以一贯之”，从各个不同的方向，将地面—塔基—塔身都用胶布连起。在公司的经营过程中，胶布何尝不是一种管理要素，而这“以一贯之”的胶布和报纸难道不是企业的哲学、企业的精神、价值观以及企业的文化吗？只有共同的目标、共同的理念，整个企业才能稳固地不断成长，才能将企业的产品、业务统一到企业经营整体，甚至是员工身上，才能发挥高效作用。这个培训游戏其实告诉我们这样一个重要道理：管理的重要作用、企业文化的强大的黏合力，以及企业的各部分需良好有效的结合。

游戏法是指由两个或更多的参与者在遵守一定规则的前提下，相互竞争并达到预期目标的方法。游戏训练法是一种在培训员工过程中常用的辅助方法，目的是为了改变培训现场气氛，并且由于游戏本身的趣味性，可提高参与者的好奇心、兴趣及参与意识。游戏形式取决于游戏或练习的内容。通常游戏中含有竞争或变革的内容，在某些实例中，小组要在一个新创的游戏中获得一个角色，此角色要在一段时间内或一个特定的事件中依据所掌握的信息经营公司的业务，如公司销售活动游戏等。而在宝洁的 Build A Tower 游戏中，游戏本身不仅仅是在测试团队的分工能力和考察领导者的把握重点能力，它还告诉被测者企业哲学的重要性。

游戏法的优点在于这种方法的趣味性能激发学员积极参与，培训对学科的兴趣。通过寓教于乐，学员在感受游戏乐趣的同时得到启发，不仅可以激发学员的创新精神和潜在能力，还能改善学员集体的人际关系，加深相互了解。将复杂的场景直观化、形象化，便于学员理解和记忆。但是游戏法使用面不宽，较适合观念和态度方面的培训，而且游戏的开发准备需要花较多时间，游戏需根据情况经常修改。

三、其他培训方法

(一) 网上培训

[案例 **5-8**]

LG 的网络培训

LG(Lucky Goldst)集团公司培训的形式不仅仅限于“大家坐在教室里集中听课”，相当一部分培训已经采用最新的网络工具来实现，如使用在线培训课堂软件进行远程教育等。其培训的新渠道是 IBL (internet based learning)课程，即基于互联网的学习。公司设计了以网络为基础的学习软件，活用网络提供的资源，以远程教育的形式营造有利的环境来促进学习。目前 LG 开发的课程有《新入社员课程》、《社员能力向上课程》、《超一流亲切课程》。把培训的课程输到软盘里，每个员工可以随时随地按照自己的方式和进度进行自我培训，完成课程中的课题，最后指导人员会把这种学习的效果评估反馈给员工。

另外，LG 有全球性的互联网，中国和韩国可直接交流课程的各种设置、培训的方式和方向等。例如，在中国可以查看韩国培训中心的课程运营表，决定是否参加某个课程。

网上培训是将现代网络技术应用于人力资源开发领域而创造出来的培训方法的产物，它以其无可比拟的优越性受到越来越多的公司的青睐。网上培训(online training)，又称为基于网络的培训(web-based training)，是指通过公司的内特网(intranet)、外特网(extranet)或因特网(internet)对学员进行培训。教师将培训课程储存在培训网站上，散布在世界各地的学员利用网络浏览器进入该网站接受培训。根据培训进程的不同，网上培训有同步培训与非同步培训两种类型。同步培训是教师和学员同时上网，教师在网上及时指导学员学习，而非同步培训是指学员根据自己的学习进程来安排培训。

与传统培训相比，网上培训有很大的优越性。培训过程中，无须将学员从各地召集到一起，大大节省了培训费用；在网上培训方式下，网络上的内容易修改，且修改培训内容时，无须重新准备教材或其他教学工具，费用低，因此，可及时、低成本地更新培训内容是网上培训的又一大优势；网上培训还可充分利用网络上大量的声音、图片和影音文件等资源，增强课堂教学的趣味性，从而提高学员的学习效率；网上培训的进程安排也比较灵活，学员可以充分利用空闲时间进行培训，而不用中断工作。

但网上培训也有一些缺点，首先是网上培训要求企业建立良好的网络培训系统，这需要大量的培训资金，中小企业由于受资金限制，往往无法花费资金购买相关培训设备和技术；某些培训内容并不适用于网上培训方式，如关于人际交流的技能培训就不适用于网上培训方式。

(二) 员工自我指导

员工自我指导是指在不需要任何指导者的情况下，由受训者根据自身的情况，安排学习进度和学习内容的一种方法。这一方法比较适合于一般概念性的学习，由于其承认学习具有偏重经验和理解的特性，能让具有一定学习能力与自觉的学员自学，所以是一种既经济又实用的方法。

员工自我指导的优点是学员的自主性比较强，可以在不影响工作的业余时间中，依照自己的进度节奏进行有重点、有选择的学习，这种方式还有助于为企业节约培训费用和培养学员的自学能力，而这种能力对于学员终生受教育起着重要的作用。但自学的缺点也很明显，自学的内容受到限制，一些需要交流、演练、指点才能掌握的内容显然不适合自学，学习中的疑问和难点也往往得不到解答。另外，自学还具有监督性弱的缺陷。

(三) 体验式培训

体验式培训，是个人首先通过参与某项活动获得初步体验，然后在培训师的指导下，与团队成员共同交流、分享个人体验并提升认识的培训方式。具体来说，体验式培训是这样一个过程：学习者通过在真实或模拟环境中的具体活动，获得亲身体验和感受，并通过与团队成员之间的交流实现共享，然后通过反思、总结提升为理论或成果，最后将理论或成果应用到实践中。培训师在培训过程中起着指导作用。

体验式培训最适用于开发与团队效率有关的一般技能、能力和态度(如问题解决、冲突管理、沟通技巧、领导力和自我效能)，而不适用于组织特异性培训(如企业特有制度、特有软件的培训)。体验式培训所倡导的是在快乐自然的体验中学习，将娱乐与学习融为一体。根据培训侧重点的不同，可以将体验式培训分为三类：一是娱乐型，力求让团队成员在活动中增进信任和友谊，而不太关注技能提升；二是体验型，强调项目对个人的冲击和团队体验，关注个人心态的改变和团队合作意识的提升；三是技能型，主要关注学员的团队合作、自我管理等技能的提升。

[案例 **5-9**]

美国培训 2007 大趋势

美国一直走在培训市场的前列。从美国培训的大趋势可以分析出中国未来培训市场的走向。实践家知识管理集团董事长、中国台湾著名管理培训师林伟贤先生在参加完培训 2007 美国第 30 届培训年会后，总结了美国培训 2007 的几大趋势。

(1) E-learning。作为一个幅员广大且科技十分发达的国家，美国的各大企业都已经建立起完整的 E-learning 系统，让所有的员工都可以轻松方便又不受时空限制地在任何时间任何地点进行学习。同时由于翻译工具的日益完备，已经建立好的学习课件，只要按照公司所在的区域的不同调整语言，就可以让所有的员工都以最低的成本同时进行学习。E-learning 是企业可以用最小的投资创造最大回报的工具。而除了企业自己内部 E-learning 学习系统以外，各种提供给人们学习的公开学习系统也会越来越多，同时更容易为人们接受。

(2) 网上大学。在 2006 年国际演说家协会年会和培训 2007 的培训年会中，现场都有许多参展的单位，而其中通过网络报读学士、硕士与博士的网上大学越来越多，其学历也受到各国教育部门的普遍承认。对于一向坚持要在学校里修业才承认其正式学历的华人教育系统而言，网上大学的未来市场不可不给予重视。而且，未来整个网络学习的免费化将会更加普及，人们开始注重真正的学习效果，而不只是形式上的文凭。全球知名的麻省理工学院已经将其所有的课件都完全免费放到网络上任人自由学习，并在其开放课程网页中声明："这是一个负责开放的教育资源，供全世界各地机构、学生和自学者使用。开放式课程系统代表麻省理工学院提升知识和教育水平的愿景，并且为 21 世纪的世界服务。"开放网络的目的与麻省理工学院继续追求卓越、创新和领导的价值观不谋而合。全世界的人都不需注册就可以直接在网络上学习到全世界最顶尖的大学课程，您可以直接到 http://ocw.mit.edu/index.htm 注册成为免费的学生。

(3) M-learning。在第 30 届培训年会上讨论最热门的主题之一是，通过人手一机的手机进行学习。由于 3G(generation)科技的日益普及化，欧美先进国家已经纷纷投入巨资进行手机学习内容的研发与运用。在亚洲地区，特别是在中国非常高的手机普及率下，在普通的短消息与彩铃下载等娱乐服务之外，还能够提供学习内容的知识供货商，将会获得未来最大的一个商机。而类似于手机游戏等互动性内容，更会是最大的卖点。

(4) 故事培训。在国际演讲家协会年会、全球变革领袖会议及美国培训年会等三大国际会议显示，如何运用故事来做培训，已经成为国际培训的新潮流。故事最容易打动人心，同一个故事可以因为听众各自经历的不同，而各有不同的引申与体会。在直销与保险等行业中，一个个客户的使用见证，就是最好的故事营销工具。海尔也是靠着不断讲述当年不惜"打烂 79 台电冰箱"以证明质量决心的故事，登上了国际级企业大舞台。所以，培训老板说故事以领导公司，培训营销代表说故事以销售产品，培训客户说故事以增加见证，是 2007

年培训界的大热门之一。

(5) 效益分析。在培训年会中讨论最多的主题之一是有关培训的投资报酬率。赔钱的生意没人做，所以每个企业家或学习者，都不会随便拿自己的钱开玩笑，他们关心实质的投资报酬率。香港总商会所作的调查指出，重视培训的企业比不重视的企业收入高 37%，员工收入高 57%，公司的市场价值比账面价值高 20%，这一切都证明了培训的益处。但是，更精准计算出企业每一分钱的报酬，将是企业越来越斤斤计较的重要课题。

第四节　员工培训效果评估

一、培训评估概述

为什么要对培训活动进行评估，评估究竟有哪些好处呢？第一，通过评估，可以对培训效果进行正确合理的判断，以便了解某一项目是否达到原定的目标和要求；第二，通过评估，可以判断受训人知识技术能力的提高或行为表现的改变是否直接来自培训本身；其三，通过评估可以找出培训的不足，归纳出教训，以便改进今后的培训；第四，通过评估可以检查出培训的费用效益。

培训评估的整个过程主要有评估决定的作出、评估规划、评估操作、数据的分析与整理以及评估报告的编写等。

二、系统的培训效果评估模式

培训效果评估的重要意义在于及时调整现行的培训活动，以及为组织以后的培训提供参考。因此，培训效果评估应是一种循环往复的闭环，只有这样才能确保培训始终处在可控节奏中。具体流程如图 5-4 所示。

1. 设计培训效果评估指标

要使培训评估成功，最重要的是选取既反映培训效果，又切合实际的评估指标。根据柯克帕特里克四维评估方法和朗旭的满意效比模型中的专家头脑风暴法，分解评估的四个维度，使之成为能够衡量培训活动成功与否的指标簇，如表 5-7 所示。

其中结果层面的评估主要涉及培训学员在培训后的绩效评估，因此需要选取一系列特殊的指标。通常来说，比较通用的一种方法是成本–收益法。该体系的基本计算模型为：培训收益=(培训后每个学员产生的效益–培训前每个学员产生的效益)×培训人数×培训效益持续年限–培训成本。而比较经典的成本——收益评估指标体系如表 5-8 所示。

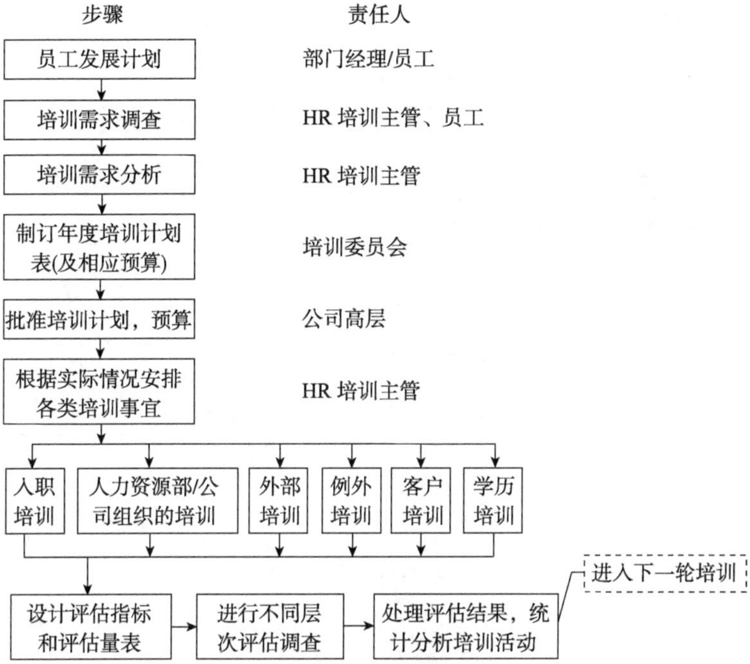

图 5-4 培训评估流程

表 5-7 培训效果的评估指标

评估标准	培训评估指标	举例	评估方法	评估主体
反应层面	情感结果	对培训的满意度；对企业文化的态度等	问卷调查、访谈法、观察法	培训班负责人、学员、讲师
学习层面	认知结果	企业规章制度；销售原理；绩效评估的步骤；面试技巧等	自我报告、笔试、现场测试	培训班负责人、学员、讲师
行为层面	技能结果	某种工具操作方法；倾听技能；教练技能；演讲技能等	现场测试、观察法、绩效考核	学员直接上级、学员
结果层面	结果	缺勤、事故有无减少；创新项目有无增加	观察、绩效考核	公司绩效考核小组
	投资回报	绩效考核结果；EVA 等	绩效考核、企业运营情况分析	

2. 规范培训评估工作流程

评估指标选定后，还需要从评估流程上进一步规范，以防止评估“走过场”。图 5-5 以学习层评估为例，列举在评估过程中所需准备的材料及工作流程，描述了一个较为理想的学习层评估流程。

表 5-8 成本—收益评估指标体系

培训成本	直接成本	培训设施、人力成本、课堂材料
	间接成本	学员机会成本、学员缺勤成本、设备损耗
培训收益	财务指标	公司利润增长、安全事故减少、生产成本减低
	非财务指标	市场占有率上升、人员流动率下降、员工满意度提高、公司品牌提升

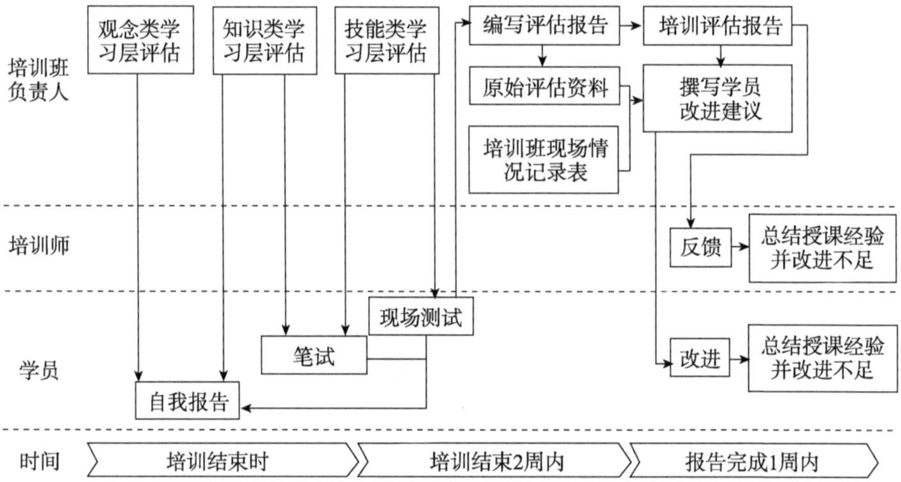

图 5-5 学习层评估工作流程

(1) 参与人员。培训班负责人、培训讲师和学员。培训讲师需要在培训结束之前设计出一套以培训内容为测评范围的评估试卷；培训班负责人则应该在学员进行评估时承担组织者的角色，包括准备评估试卷、安排评估时间和地点、评估现场的组织。

(2) 评估类型。包括自我报告式、笔试、现场测试。在学习层评估中，企业需要依据培训种类，采取差别的评估方法：对于观念类的培训评估如企业文化培训，可以采用自我报告式评估，即让每位学员写培训总结；而对于知识类培训，可以采用训后测试法，考察学员知识掌握度；对于技能专业类培训，可以采用现场操作测试法。

(3) 所需材料。对培训班负责人来说，除了组织评估打分之外，还要对整个培训过程进行实时跟踪，收集培训现场原始资料，以便于撰写评估报告。因此，作为培训的直接负责人，应该在学习层评估过程中准备好以下材料：学员自我报告调查问卷；学员自我报告调查评估报告；笔试评估报告；现场(模拟)测试评估报告。

以上仅是对一个学习层评估标准流程和该流程中一些关键点的举例，根据这一步骤还可以得出反应层和行为层的评估流程模式。

[案例分析]①

一、公司背景

南京H超市有限公司是全国重点连锁超市企业之一，自1995年开办第一家H超市百姓自选商场以来，至今已走过了十多个年头，曾经是江苏省内第一家连锁超市公司，第一家24小时营业连锁企业，第一家经营管理电脑联网化连锁企业，连续在2002、2003年位列全国连锁百强企业前50位。截至2005年，公司拥有便利店、标准超市和综合超市三种业态，采用总部—中心店—分店管理模式，共有店铺近200家，营业面积共计6万平方米，员工近1800人。

H超市的旧有员工培训体系由服务岗和技术岗培训、管理岗和经营岗培训两大类构成。在职员工培训以店长等中层管理者培训居多，一般每年两次，聘请外部专业机构来公司培训。基层员工以内训为主，按岗位不同由公司干部酌情授课。高层管理者培训以参加外部公开课为主，一般一年一次，人均花费最高。新进员工的培训一般在四天左右，内容主要是公司简介、岗位操作规范、企业组织框架和管理政策等知识。培训计划由人力资源部汇总各部门培训要求后制定，培训费用则根据每年确定的培训项目临时报批，基本上不搞培训评估。

与国内许多零售企业一样，H超市在运营中面临多方面人力资源压力：一是随着直营店和特许加盟店的增加，现有经营管理人才极度匮乏；二是人员素质参差不齐，导致公司的连锁经营战略及其政策难以落实到位；三是竞争对手除在采购、促销等方面与H超市正面竞争外，还不断挖走其优秀员工。为化解这些压力，必须采取有效措施，组织最有力的团队为顾客提供更好的服务，其中就包括全面培训员工，提高服务水平，树立以顾客为中心的态度和良好的合作精神。

然而H超市的培训工作恰恰是其软肋，无法与其采购、配送、服务等运营系统协调匹配，充分发挥其在人力资源开发和员工队伍建设中的有效支持价值。正如多数本土连锁超市一样，H超市工作时间长、待遇较低、成长空间小、人员流动率高；收银员、理货员等大量岗位只能吸引文化素质和专业技能双低人员；多种岗位的知

① 马新建，高晓英. 2008. 本土连锁超市员工培训体系的重构设计—以南京日连锁超市为例. 中国人力资源开发，(12): 50-53.

识、技能、职责要求差别大；员工在顾客面前显现率高，举止、行为和服务态度明显影响顾客购买过程。这些用工特点不仅使H超市的员工雇佣、配置和开发工作复杂化、琐碎化，而且带来了前所未有的挑战和压力，其原有培训体系难以满足现阶段企业竞争与发展需求。

二、对H连锁超市培训工作的诊断

为了应对挑战压力，改善人力资源开发工作，H超市人力资源部邀请外部相关专家对其员工培训工作进行管理咨询。经多方调查研究，咨询专家对H连锁超市员工培训工作诊断出以下基本问题。

(1) 企业在员工培养工作上存在较严重的短视现象。H 连锁超市对员工重使用轻培训，对用工流动率大、素质低习以为常，现有员工缺乏系统培训和有效开发，在培训投入上明显不够，年平均培训费用仅占员工工资总额的2.38%。

(2) 企业培训工作与企业运营和发展关联度不高，目标与计划性不够。企业缺乏承接发展战略、支持各项业务活动的员工培训开发计划；培训项目未能整合企业、任务、员工三层需求组织实施，影响了企业培训的投资收益。

(3) 企业的培训内容、师资与方法相对落后。企业员工内训课程设置门类不全、教材陈旧、知识简单，忽视工作态度、作风、沟通、合作、价值观诸方面内容。培训形式以课堂授课为主，方法单一，内训讲师在知识素养、信息量和教学艺术上局限性较大。

(4) 企业培训制度不健全，组织力量弱，工学矛盾突出。H 超市员工培训工作缺乏专业化管理制度，培训决策通常一事一议，培训项目以临时安排为主，不适合H超市推行的综合工时制(一种轮班制)，人员集中受训困难。

(5) 企业员工培训缺少科学的考核评估，培训成果转化差。

(6) 企业员工培训与其他人力资源管理政策衔接不够，激励效用较低。

结合H连锁超市员工培训工作现状，咨询专家与H超市管理层经讨论达成共识，认为现有员工培训体系无法匹配公司发展需求，决定重新建构H连锁超市的员工培训体系。

三、H连锁超市培训体系重构

1. H连锁超市培训体系重构定位

H连锁超市培训体系重构，首先必须从企业实际出发，统筹兼顾经营要素进行定位。定位必须与企业战略、资源特点和培训需求相匹配，必须满足企业经营管理、内部员工、外部目标顾客三方需要。

H 超市的培训体系定位于提高员工的专业知识水平和岗位工作技能，促使其工作绩效改进，提升企业整体运营水平，建立各层次员工交流平台，及时传递企业最新政策，巩固和发扬企业文化和经营理念，以促进超市服务竞争实力的提升，包括提升服务质量、降低价格、吸引顾客、优化内部流程、减少运营成本、提高顾客满意率等。

2. 连锁超市培训体系重构框架

H 连锁超市培训体系，是在恰当定位、理清思路的基础上，按时间和空间二维结构模式重新构建的，如图 5-6 所示。

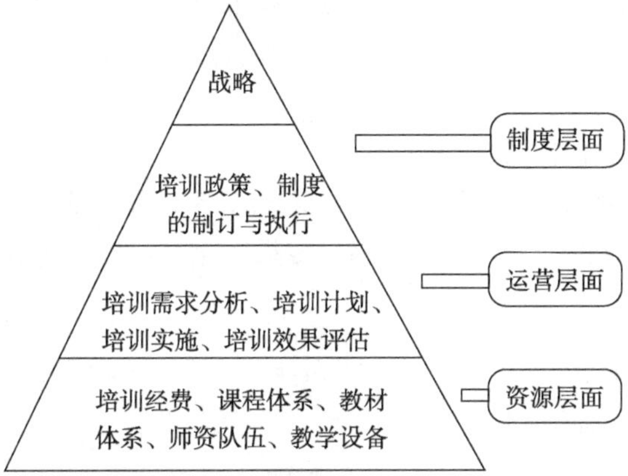

图 5-6　H 超市员工培训体系框架图

由图 5-6 可见，H 连锁超市培训体系的重构设计在空间上划分为资源、运营、制度三个层面。其中，承接公司战略的制度层面建设是其培训体系重构的主导；以需求分析、培训计划、培训实施、培训评估为主体的培训运营层面建设是其培训体系重构的主干；而培训资源层面的建设则是其培训体系重构的最具体、最基础的构成部分，这部分内容也恰恰是针对 H 超市培训投入少、课程体系不完整、教材老化、缺乏培训师资等现实软肋设计的。

H 连锁超市培训体系重构的设计顺序是制度层面、运营层面、资源层面；其建设操作的路径则遵循资源层面、运营层面、制度层面的次序进行。因为只有等员工培训的资源层面构建完整后，才有基础建设培训的运营层面，才能抓起计划执行能力，向培训要效率、要效益，进而把成功的做法和经验政策化、规范化，完成培训制度建设，最终建设成一个基于企业战略和资源，相对稳定、成熟和完善的员工培训体系，从中获取人力资源开发的预期收益。

在时间上，H 连锁超市的培训体系重构由长期培训计划(三年及以上)、中短期培训计划(一年左右)和具体培训项目三个层次构成，分别满足企业长期战略、中期目标和短期问题的不同要求。其中，长期培训计划项目是结合企业的战略目标制订的人才培养计划，对应于企业长期发展的人才开发需求；中短期计划是长期计划的年度细化；具体项目既是对中短期计划的细化执行，又是企业现实员工培训问题的应对活动。

按照上述时间和空间维度结构搭建的员工培训体系，通过对企业培训需求进行组织分析、任务分析、人员分析，针对连锁超市企业的培训情境、培训资源和受训者特点，可建立分层次、有侧重的培训对象和重点内容体系，有的放矢、因材施教地组织培训活动。

3. H 连锁超市培训体系重构过程

H 连锁超市的员工培训体系重构过程遵循图 5-7 所示流程进行，主要经过需求分析、确立目标、制订计划、组织实施、成果转化、评估改进等环节构建了员工培训系统的完整体系。

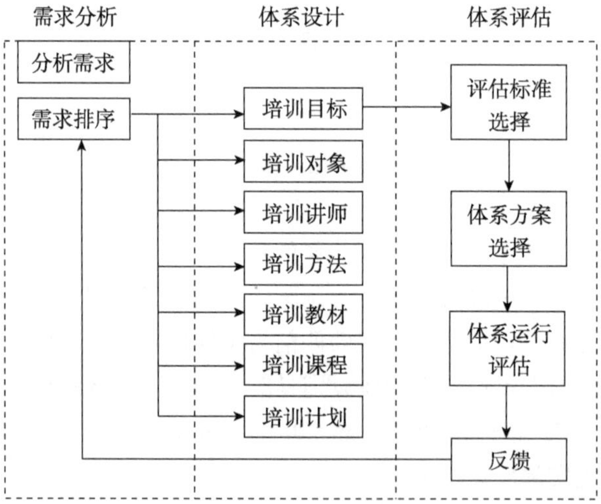

图 5-7　员工培训体系开发过程模型

H 超市对应培训需求的课程体系设计分为员工入职培训课程、固定课程和动态课程三类。其中固定培训课程是基础性培训，是从事各类各级岗位必须掌握的知识和技能，H 超市规定固定培训与员工岗位调动、职位晋升、绩效考核等密切挂钩执行。动态培训课程主要根据形势发展动态，结合企业发展目标和现实问题灵活设置。重构后的评估内容和方法见表 5-9。

表 5-9 H 超市培训评估内容与方式

评估层面	评估侧重	评估内容	评估方式	评估时间
反应层面	观察学员的反应	学员对培训的满意度；学员对培训的建议	当面访谈、心得报告	培训结束一至两周内
学习层面	检查学员的学习效果	学员学到了什么；学员在知识、技能、态度等方面有何收获	闭卷测试、讨论、操作演练、模拟示范等	培训结束一周内
行为层面	衡量培训前后的工作表现	学员是否将培训所学应用于工作；学员行为有何改进	主管观察记录、绩效考核	培训结束一至两个月
结果层面	衡量公司经营业绩变化	培训为企业经济效益的提高产生了多大贡献	商品破损率、库存情况、顾客投诉率、门店利润、流动率等指标	半年或年度，视考核数据采集周期而定

[思考题]

1. 联系实际论述培训开发对企业的重要意义。
2. 我国企业在人力资源培训开发方面主要存在哪些问题？
3. 培训方案设计的基本步骤有哪些？
4. 基于组织、任务、人员的三层次培训需求分析的主要内容。
5. 直接传授的培训方法有哪些？各自具有什么特点？
6. 参与式培训方法有哪些？各自具有什么特点？
7. 培训效果评估的主要作用有哪些？
8. 在企业中，影响培训效果的因素有哪些？怎样从管理角度提高培训的效益？

CHAPTER 6

第六章　职业生涯管理

[内容提要]

员工进入企业后，短期的人力资源开发可以通过培训达到。但长期的个人发展及组织与个人共同的可持续发展，就需要进行长远的规划，即职业生涯规划。从个人角度、员工与组织角度如何进行职业生涯规划，职业生涯规划涉及哪些主体等将是本章的主要内容。

[学习要点]

1. 了解职业生涯、职业生涯规划的概念；
2. 掌握职业生涯规划的主体；
3. 掌握个人职业生涯设计的基本流程；
4. 理解员工职业生涯管理的内容；
5. 理解职业生涯高原。

开篇案例[①]

2006 年 8 月 16 日，贵州省机械工业学校新生报名入学。一名北京科技大学毕业的本科生，在工作三年后，来到该校报名就读，成为数控技术应用专业的一名中专学生。此事在学校引起了不小的轰动。

在学校招生办公室，记者找到了刚办完入学手续的汪洋。近年 27 岁的汪洋，家住贵阳市。2003 年从北京科技大学工商管理系本科毕业，先是在北京一家期货公司干了半年，又转投到香港驻京的一家灯饰公司。七个月后，他就升到了业务经理的位置，但让汪洋苦恼的是，自己的专业知识很难用得上，工作中找不到感觉，压力很大。

2005 年 5 月，他辞职回到贵阳找工作。然而，受所学专业限制，找工作“高不成低不就”。相反，他发现一些技术人才却非常抢手。几经周折之后，汪洋决定，要好好学门技术。

据汪洋介绍，当他把自己的想法告诉父母时，父母对他的决定表示支持。但是，真的要重新来中专读书，去和一帮比自己小得多的学生一同学习，他又有些犹豫了。经过三个星期的考虑后，才下了决心。

大学学习并不多余。四年的大学本科生活，汪洋这样看待：“大学四年的学习丰富了我的人生经历，让我学到了很多其他地方无法学到的东西。没有大学四年，我觉得我的人生，有些残缺。但三年多的社会打拼让我认识到，自己要是掌握了一门技术，实实在在地干点事情，不管是现在，还是将来，都会过得比较踏实一些。”

中专专业定位适当。对于北京重点大学毕业的本科生，竟然返回中专学校学技术，贵州省机械工业学校招生就业办公室主任陈韵觉得有些意外。陈主任说，汪洋报名的专业，本来学制为四年，考虑到汪洋是本科毕业，学校经研究决定，让他免修前两年的文化课程，直接从三年级读起。

陈主任告诉记者，中专毕业出来的学生姿态低，定位准确，有技术在手，因而大多数中专生比大学生更好找工作。对于他们学校来说，每年的毕业生一次就业率都在 95%以上。

事实上现在的社会，对人才尤其是企业管理人才的渴求，越来越迫切，但并不是每一个人都可以找到满意的工作，甚至有“大学毕业就是失业”的说法。那么：

(1) 是毕业的大学生太多而可供选择的职业太少，还是招工的公司太苛刻呢？

(2) 还是自身的职业定位出现了错误？

(3) 如何进行自我的职业生涯设计呢？

通过本章的阅读，将为您提供以上问题的回答。

---

① 改编于魏新，刘苑辉，黄爱华. 2007. 人力资源概论. 广东：华南理工大学出版社：134.

第一节　职业生涯管理概述

一、职业生涯

[案例 **6-1**]

总经理的困惑

某乳品工程安装公司(以下简称 A 公司)的总经理说，他一向器重的高级工程师另谋高就去了。这位经理说："我们是国企，工资低得外面随便什么公司给个价就能把我这个设计部全锅端了，这点我早就有担心，也算有思想准备。可这个工程师在公司创业时就来了，年轻有为，我一直特欣赏他，还老给他来点儿感情投资想拴住他的腿，可是人家还是走了，他说走的理由不是为了多挣钱，因为人家给的工资和我给的差不多，而是要去奔事业。唉！我从机关出来挑起这摊儿事，钱也没多几个，还整天累得不着家，我这不就是拉着一伙人干事业吗？"

A 公司的总经理对于工资等物质待遇低可能导致人才外流早有心理准备，时常用感情投资来拴住人才的腿，但殊不知爱才惜才还要给人才创造真正"奔事业"的空间，给优秀员工创造良好的个人职业发展空间。根据美国人力资源管理协会最近的一项调查结果显示，85%的调查对象认为对职业发展不满可能是员工留在企业中的最大威胁。A 公司的高级工程师说是去"奔事业"，其实说到底就是对职业发展不满，即对企业的职业生涯发展阶梯单一不满，而这是国企的通病之一。

职业生涯就是一个人的职业经历，它是指一个人一生中所有与职业相联系的行为与活动，以及相关的态度、价值观、愿望等连续性经历的过程，也是一个人一生中职业、职位的变迁及工作、理想的实现过程。职业生涯是一个动态的过程，它并不包含在职业上成功与否，每个工作着的人都有自己的职业生涯。

一个人的职业生涯是一个漫长的过程。也许一生只从事一种职业，也许一生中从事多种职业，但每个人都希望找到一个相对稳定、适合自己的职业。如何选择和规划自己的职业生涯，往往受学识、爱好、机遇、工作环境等主客观条件的制约，只有根据现行的工作需要改变原来的职业目标和兴趣，调整心态，培养对所从事职业的敬业精神，在实践中产生对事业的热爱，才能集中精力全身心投入工作，实现个人价值，做出成就。

职业生涯有内外之分。外职业生涯是指从事一种职业时的工作时间、工作地点、工作单位、工作内容、工作职务与职称、工资待遇、荣誉称号等因素的组合及其变化过程。外职业生涯因素通常由他人给予和认可，也容易为他人所剥夺。比如，一个业务代表在应聘一家企业时，这个企业所提供的薪水不是他能决定的，即使他在进入企业之初的薪水很高，如果他不能给企业带来业绩，企业就可以随时降低他的薪水或辞退他。

内职业生涯是指从事一种职业时的知识、观念、经验、能力、心理素质、内心感受等因素的组合及其变化过程。内职业生涯因素主要是靠自己的不断探索而获得，不随外职业生涯的获得而自动具备，也不会由于外职业生涯的失去而自动丧失。例如，小王被任命为销售经理，他获得的只是外职业生涯的一个职务，至于他是不是有能力做好这个经理，该职业应该具备的知识观念、经验能力、心理素质等因素，并不是在被任命的那一天他就自动具备了，这只有在工作实践中探索、思考，才能逐渐获得。而一旦获得以后，即使由于某种原因，小王不再担任该职务了，他的知识观念、经验能力和心理素质依然为他自己拥有。

只有内、外职业生涯同时发展，职业生涯之旅才能一帆风顺。一方面，内职业生涯的发展，是外职业生涯发展的前提，必须用内职业生涯的发展，带动外职业生涯的发展。另一方面，外职业生涯发展顺利，还可以促进内职业生涯的发展。如果你的眼光只盯着外职业生涯的各种因素：底薪是多少、职务有多高、提成比重如何、交通费是多少等，往往会使你的职业生涯发展方向发生偏差，不能达成预期目标。

二、职业生涯规划

(一) 职业生涯规划定义

职业生涯规划(career planning)简称生涯规划，又称职业生涯设计，是指个人与组织相结合，在对一个人职业生涯的主客观条件进行测定、分析、总结的基础上，对自己的兴趣、爱好、能力、特点进行综合分析与权衡，结合时代特点，根据自己的职业倾向，确定其最佳的职业奋斗目标，并为实现这一目标做出行之有效的安排。生涯设计的目的绝不仅是帮助个人按照自己的资历条件找到一份合适的工作，达到与实现个人目标，更重要的是帮助个人真正了解自己，为自己定下事业大计，筹划未来，拟定一生的发展方向，根据主客观条件设计出合理且可行的职业生涯发展方向。

职业生涯规划的目的就是帮助个人达成其每一阶段生涯发展任务，并为下一个阶段发展作好预先的规划和准备。

[案例 6-2]

刘勇的职业选择

刘勇是计算机专业学生。开始他想做一个软件工程师，因为这和他的专业更贴近。但是他从报纸上看到，软件工程师是一个青春职业，和年龄有很大关系，35 岁以后软件工程师就面临着被淘汰的可能性，工作会不太稳定。于是他想去卖包子，他认为他家楼下卖包子的生意很稳定。从想做软件工程师到想卖包子，这给我们的震动也非常大。后来因为家里的反对，他放弃了这个想法。于是决定去公司应聘，首先想到的是去做销售，因为他看到很多公司高层领导都是从销售开始做的。但是求职销售没有成功，他又回到 IT 业，想做 IT 培训老师，但是还是没有成功。整个过程下来，他找了很多工作，做了很多选择，但都没有成功，他变得非常失望、焦虑，觉得自己的能力不被社会所接受。人碰到焦虑的时候会去排解这种情绪，于是他上网、玩游戏，这样可以暂时降低焦虑的情绪。毕业的时候为了逃避就业的压力，他决定考研，成为高校中的考研一族。这也是高校中的一个普遍现象。

那么，他的问题出自哪里呢？一方面他的求职方向变动很大，不太清楚自己适合的工作；另一方面，他的行动最后变得很消极。

怎样才能有一个正确的决策，清楚适合自己的工作呢？这就需要进行职业测评和职业生涯规划。职业测评，能够帮助求职者系统地了解自我。另外，职业生涯规划对了解自我也起很重要的作用。

一般来说，职业生涯规划可以从个人角度和企业角度划分成两个方面的内容。

企业组织中的绝大多数员工，其中包括受过良好教育的员工，都有从自己现在和未来的工作中得到成长、发展和获得满足的强烈愿望和要求。为了实现这种愿望和要求，他们不断地追求理想的职业，根据个人的特点、企业发展的需要和社会发展的需要，制订自己的职业规划，称为个人职业生涯规划。

个人职业生涯规划是个人对自己一生职业发展道路的设想和规划，它包括选择什么职业，以及在什么地区和什么单位从事这种职业，还包括在这个职业队伍中担负什么职务等内容。一般来说，个人希望从职业生涯的经历中不断得到成长和发展。个人通过职业生涯规划，可以使自己的一生职业有个方向，从而努力地围绕这个方向，充分地发挥自己的潜能，使自己走向成功。

在广大员工希望得到不断成长、发展的强烈要求的推动下，企业人力资源管理与开发部门为了了解员工个人的特点，了解他们成长和发展的方向及兴趣，不断地增强他们的满足感，并使他们能与企业组织的发展和需要统一协调起来，制订有关员工个人成长、发展的计划以及与组织需求和发展相结合的计划，称为员工职业生涯管理。

总之，职业生涯规划既要体现员工发展的需要，又要体现企业发展的需要。

(二) 职业生涯规划的主体

职业生涯规划涉及员工本身、上级管理人员和组织，完整的职业生涯规划应由三者共同努力来完成，具体来说，三者都有其具体的责任。

(1) 员工本身的责任。对员工职业生涯规划负主要责任的是员工本身。只有员工知道自己真正要从职业中得到什么，并且这些愿望是因人而异的。职业生涯规划关系到员工的切身利益，必须由员工亲自来做。制订自己的职业生涯规划是一项有难度的工作。尽管个人对自己的职业生涯规划承担最终责任，但实践表明，如果没有得到鼓励和指导，规划很难取得进展，组织可以通过请专家指导的方式来帮助员工设计职业生涯。

(2) 上级管理人员的责任。在帮助下属制订职业生涯规划过程中，上级管理人员应提供支持、建议和反馈，起到顾问、评价者、教练和指导者的作用。虽然上级管理人员不是职业生涯规划方面的专家，但他们向员工表明进行职业谋划的程序并进行指导，在规划进行中保证畅通的信息流动和意见反馈，最后帮助员工评价职业生涯规划的结论，在员工的职业生涯规划全程中起到催化剂的作用。

(3) 组织的责任。在员工的职业生涯规划中，组织的责任是制订和向员工传递组织内所存在的职业选择，组织应该把能实现员工职业目标的职业经历翔细介绍给员工。在新的职位出现和老的职位被淘汰时，保证所有员工得到翔实的信息。人力资源管理部门一般负责具体实施，提供必要的信息、工具和指导以及与管理层的沟通。组织并不对制订职业生涯规划承担主要责任，而是改善环境和创造条件，促进员工职业生涯规划的制订和职业发展。

成功的职业生涯规划是个人、上级管理人员和组织协调努力的结果，其中员工是规划制订中的主要角色，上级管理者给予指导和鼓励，而组织则要提供资源和渠道。

三、职业生涯发展阶段

职业生涯发展可划分为四个阶段，即四个年龄段。

1. 20~30 岁——走好第一步

20~30 岁是个体从学校走上工作岗位的时期，是人生事业发展的起点。如何起步，直接关系到今后的成败。这一阶段的主要任务之一，就是选择职业。在充分作好自我分析和内外环境分析的基础上，选择适合自己的职业，设定人生目标，制订人生计划。另一个任务，就是要树立良好的形象。年轻人步入职场，表现如何，对未来的发展影响极大。有些年轻人，特别是刚毕业的大学生，总认为自己有知识，有文化，到单位工作后不屑于做零星小事，不能给同事们留下良好的印象，这对一个年轻人的发展而言，可以说是一个危机。还有一个重要任务，就是要坚持学习。根据日本科学家研究发现，人一生工作所需的知识，90%是工作后学习的。这个数据足以说明参加工作后学习的重要性。

2. 30~40 岁——修定目标

30~40 岁是一个人风华正茂之时，是充分展现自己才能、获得晋升、事业得到迅速发展之时。此时的任务，除发奋努力，展示才能，拓展事业以外。对很多人来说，还有一个调整职业、修定目标的任务。人到 30 多岁，应当对自己、对环境有了更清楚的了解。看一看自己选择的职业、选择的生涯路线、确定的人生目标是否符合现实，如有出入，应尽快调整。

3. 40~50 岁——及时充电

40~50 岁是人生的收获季节，也是事业上获得成功的人大显身手的时期。对于到了这个年龄仍一无所得、事业无成的人应深刻反省一下原因何在。重点在自身上找原因，对环境因素也要做客观分析，切勿将一切原因都归咎于外界因素、他人之过。只有正确认识自己，找出客观原因，才能解决人生发展的困阻，把握今后的努力方向。

此阶段的另一个任务是继续“充电”。很多人在此阶段都会遇到知识更新问题，特别是近年来科学技术高速发展，知识更新的周期日趋缩短，如不及时充电，将难以满足工作需要，甚至影响事业的发展。

4. 50~60 岁——作好晚年生涯规划

50~60 岁是人生的转折期，无论是在事业上继续发展，还是准备退休，都面临转折问题。由于医学的进步，生活水平的提高，很多人此时乃至以后的十几年，都身体健康，照样工作，所以做好晚年生涯规划十分重要。日本的员工一般是 45 岁时，开始做晚年生涯规划；美国是 50 岁时做晚年生涯规划。

晚年生涯规划应包括以下四个方面的内容：一是确定退休后的二三十年内，你准备干点什么事情，然后根据目标，制订行动方案；二是学习退休后的工作技能，最好是在退休前三年开始着手学习；三是了解退休后再就业的有关政策；四是寻找工作机会。目前我国已有离退休人员的人才职业介绍所，可提前与这些部门联系，取得他们的帮助。

第二节 职业生涯管理流程

一、个人职业生涯设计

[案例 6-3]

陈新的职业生涯

陈新，男，35 岁，毕业于我国一所著名高校的机械自动化专业，1997 年以优秀硕士毕业生的资格被分配到北京一家大型国有企业担任产品设计工作。然而，由于公司业务发展受到外企冲击，加上单位领导无方，公司很快到了靠卖地给员工发工资的地步，与陈新一同分配来的年轻同事们纷纷辞职，陈新也在两年后跳到了一家欧资公司任机械工程师。在这家规模不大的外企，陈新工作上游刃有余，与同事的关系也十分融洽。

不过，欧资企业的管理相对松散，工作压力也不大，对于希望能够在技术上有所创新的陈新而言，越来越缺乏吸引力。因此，陈新在一年半后再次跳槽，进入一家全球顶尖的美资公司，职位仍然是工程师。

此后三年中，陈新参与了公司的三项重要技术项目，其中在两个项目中担任主设计师，而且这两个项目都获得了该公司在全球范围内评选、颁发的为数不多的技术奖。其间，陈新结婚了，家庭生活很幸福。但是，随着工作的日趋程式化，陈新已经没有当初进入公司时对工作的那种热情了。相反，每年公司组织的针对年轻员工管理技能方面的一些培训，激发了陈新对管理职位的兴趣。只是，公司内的各级管理人员，要么是美国总部派来的高管，要么是中国公司成立初期招聘的那批搞技术出身的老员工，陈新发现自己转为管理岗位的机会很小。陈新也想过转到其他公司找机会，可发了几封应聘信，回信都询问他是否对技术岗位感兴趣。不久，陈新买房了，装修、搬家等杂务使夫妻二人近一年的生活都乱了套，转工的事情也被拖延下来。

转眼到了 2005 年 3 月，陈新搬进了新家，生活逐渐恢复正常。公司在过去一年中没有新的技术项目，陈新越来越感到工作没劲，其职业发展又成为家里的重要议题。很巧的是，陈新偶然从网上看到一条信息，是欧洲一个著名的基金会组织的“国际经理人培养计划”，招募有技术背景的年轻人到欧洲攻读 MBA；基金会提供奖学金，学员读书期间在欧洲企业实习，毕业后被派回中国分公司。看到这则信息，陈新觉得豁然开朗，马上提出申请，并于 4 月初顺利通过面试。据基金会中国办事处的负责人介绍“根据往年情况，只要通过面试的人员同意前往，就没问题了”。由于正式的录取信要等6月底到欧洲与企业见面后才能发放，陈新又正在考驾照，他便辞了职，一边上驾校、一边复习英语。

2005年7月初，陈新一行12人赴欧洲参加企业面试，旅行费用由基金会担负。不料，结果大失所望：到见面会的企业寥寥无几，12人中最终只有3人与企业签订了协议，陈新空手而回。基金会的负责人向大家深表歉意，但已于事无补。陈新极度失望，回来后马上通过网络投放简历。然而，直到2005年12月，还是没有找到合适的管理职位，甚至连陈新一向擅长的技术岗位也没找到。

虽然陈新在硕士毕业后近十年的职业生涯中取得了非常瞩目的成就，但是仍存在以下四个问题。

(1) 个人职业生涯发展目标不明确。确定自己的职业目标是一个人职业发展的重要起点，是事业成功的前提条件。从本案例可以看到，虽然陈新是个有抱负而且素质很高的年轻人，但他并没有很明确的职业发展目标，每次职业上的转换都有些“无意识”；而且工作、生活中的其他事件(如获得嘉奖、买房等)，会影响他对所向往的管理职位的追求。由此可以判断：陈新并未真正将从事管理工作、成为出色的管理者作为自己的职业目标，至少这个目标不明确。这使得陈新在职业发展过程中很难有的放矢地投入精力，以至于自己的行动不断被外界的事务干扰。

(2) 个人职业生涯发展的路径选择不确定。一个人达成自己的职业成功，选择正确的职业发展路径也非常重要。其实，根据陈新的知识、学历及经历，既可以沿着高级专业技术人员的成长路径发展，也可以按照技术管理人员的成长路径发展。然而，陈新在两条路径的选择中显得犹豫不决：在为自己技术方面的成就及由此得到的嘉奖陶醉的同时，又因为不甘心于当“一辈子受人领导”的技术人员而向往管理岗位。由于未能尽早确定自身生涯发展的路径，陈新在职业成长中显得举棋不定。

(3) 未对自身职业素质及所处职业环境进行系统评估。职业目标的确定，必须在考虑个人的兴趣、价值观、性格、能力等多种职业因素同时，还应该对自己所处的职业环境有清楚的认识和正确的评判。本案例中的陈新虽然技术能力很强、对管理职位有强烈的兴趣，但并未曾根据管理岗位的职位要求对自身职业素质进行系统评估。而且他所从事的行业，是偏重于成本发展战略的传统行业，企业的管理人员往往是以内部提升为主的，加之陈新扎实的专业知识和在原公司的技术背景都很难为其“管理技能项”加分。因此，他从欧洲回来后寻求管理职位就显得有些盲目，所以很难得到积极的回馈。

(4) 选择职业转换的时机和方法不科学。一个人的职业成功除了其职业素质外，还取决于其对职业机会的把握能力。只有把握适时的职业机会，才能成功地实现职业成长(职务晋升)或进行职业转换(部门或行业的转换)。陈新在转换职业时，显得不够慎重。由于一些客观原因，近年来，“每年 12 月份至来年 2 月份为转工高峰期”成为越来越显著的现象。而陈新选择 4 月初离职，正是各个公司人员岗位刚刚就绪的时期；虽然有一些初级管理人员会因为出国攻读 MBA 而在 7 月份辞职，但 7 ~11 月也是人力资源市场相对的“淡季”，高级技术职位很少、符合陈新要求的管理职位更少。陈新在辞职前，没有考虑欧洲项目的风险，也没有虑及现实人力资源市场的情况，在欧洲项目出现问题后，陷入十分被动的境地。

要做好个人职业生涯规划就必须按照职业生涯设计的流程，认真做好每个环节。职业生涯设计的具体步骤概括起来主要有以下六个方面。

1. 自我评价

也就是要全面了解自己。一个有效的职业生涯设计必须是在充分且正确认识自身条件与相关环境的基础上进行的。要审视自己、认识自己、了解自己，作好自我评估，包括自己的兴趣、特长、性格、学识、技能、智商、情商、思维方式等，即要弄清我想干什么、我能干什么、我应该干什么、在众多的职业面前我会选择什么等问题。

2. 确立目标

确立目标是制订职业生涯规划的关键，通常目标有短期目标、中期目标、长期目标和人生目标之分。长远目标需要个人经过长期艰苦努力、不懈奋斗才有可能实现，确立长远目标时要立足现实、慎重选择、全面考虑，使之既有现实性又有前瞻性。短期目标更具体，对人的影响也更直接，也是长远目标的组成部分。

3. 环境评价

个人在进行职业生涯设计时还要充分认识与了解相关的环境，评估环境因素对自己职业生涯发展的影响，分析环境条件的特点、发展变化情况，把握环境因素的优势与限制。了解本专业、本行业的地位、形势以及发展趋势。

4. 职业定位

职业定位就是要为职业目标与自己的潜能及主客观条件谋求最佳匹配。良好的职业定位是以自己的最佳才能、最优性格、最大兴趣、最有利的环境等信息为依据的。职业定位过程中要考虑性格与职业的匹配、兴趣与职业的匹配、特长与职业的匹配、专业与职业的匹配等。职业定位应注意：①依据客观现实，考虑个人与社会、单位的关系；②比较鉴别，比较职业的条件、要求、性质与自身条件的匹配情况，选择条件更合适、更符合自己特长、更感兴趣、经过努力能很快胜任、有发展前途的职业；③扬长避短，看主要方面，不要追求十全十美的职业；④审时度势，及时调整，要根据情况的变化及时调整择业目标，不能固执己见，一成不变。

5. 实施策略

就是要制订实现职业生涯目标的行动方案，要有具体的行为措施来保证。没有行动，职业目标只能是一种梦想。要制定周详的行动方案，更要注意去落实这一行动方案。

6. 评估与反馈

整个职业生涯设计要在实施中去检验，看效果如何，及时诊断生涯设计各个环节出现的问题，找出相应对策，对设计进行调整与完善。

由此可以看出，整个设计流程中正确的自我评价是最为基础、最为核心的环节，这一环做不好或出现偏差，就会导致整个职业生涯设计各个环节出现问题。

二、员工职业生涯管理

(一) 员工职业生涯管理概念

员工职业生涯管理是指组织管理部门根据组织发展和组织人力资源规划的需要，根据员工自身的特点及岗位特征进行评价，并帮助员工具体设计合理的职业生涯发展规划，为员工提供适当的教育、培训、轮岗和提升等发展机会，协助员工实现职业生涯发展目标。一般来说，完整的职业生涯管理能够体现两方面的要求：一是员工个人职业发展的要求，二是组织发展的要求。

(二) 员工职业生涯管理流程

员工职业生涯管理是一个相当复杂的过程，但职业生涯管理按其管理的方式来分，主要包括下面五个方面的内容。

1. 员工自我评估

员工的自我评估指员工个人对自己的能力、兴趣、气质、性格及职业发展的要求等进行分析和评估，以确定适合自己的职业生涯目标和职业生涯发展路线。员工的自我评估的好坏受员工的知识水平和所了解信息的限制，可能出现自我估计不足的情况，这时需要组织为员工提供必要的帮助。组织可以为员工提供关于如何进行自我评估的材料，制订一些针对员工具体情况的估计方法，协助员工做好自我评估，但要注意绝对不能替代。

2. 组织对员工的评估

在员工的自我评估之后，组织也要利用相应的信息对员工的能力和潜力作出客观公正的评估。组织能否正确评价每个员工个人的能力和潜力是组织职业生涯管理成败的关键。职业测验指运用适宜、有效的测量工具(各种心理测验、体能测验等)对寻求指导的个体的职业素质进行评价的过程；职业鉴定则指对测量数据进行综合分析，并做出职业适应性判断的过程。对员工的评估通常采用职业测验方法。

世界著名的摩托罗拉公司采用了把员工的绩效评估和职业发展紧密结合的方式，强调上司对下属的绩效评估主要用来作为员工职业发展的基础。当员工在某方面表现欠佳时，由上司在绩效评估时和员工一起讨论如何改进目标和计划。这样的评估以帮助员工发展为主题，目的在于将绩效评估突出为一种具有建设性的交流和反馈方法。

3. 职业信息的传递

一般来说，员工进入一个企业组织以后，要想制定出切实可行的职业发展目标，必须知道可利用的职业选择和职业发展机会，并获得组织内有关职业选择、职业变动和空缺的工作岗位等方面的信息。组织为了使员工的个人职业发展目标制订得实际并有助于其目标的实现，需要及时为员工提供有关组织发展和员工个人的信息，增进员工对组织的了解，包括职位升迁机会与条件限制、工作绩效评估结果、训练机会等的信息，帮助员工了解自己的职业发展通道。

组织在传递职业信息时，必须注意公平地将有关员工职业发展的方向，职业发展途径以及有关职位候选人在技能、知识等方面的要求及时地利用企业内部报刊、局域网、公告或口头传达等形式传递给广大的员工，以便对该职位感兴趣，又符合自己职业发展方向的员工进行公平的竞争。

4. 职业咨询与指导

组织的人力资源管理部门应关心每个员工职业需求和目标的可行性，给予他们各方面的咨询，以便使每个员工的职业计划目标切实可行，并得以实现。对咨询人员来说，要搞好咨询或指导，就要切实地了解并正确地从各方面的信息资料分析中，对员工的技能和潜能做出正确的评价，并在此基础上对他们的职业发展目标实现的道路或途径提出建议或指导。

作为本企业组织员工的职业计划的制订和其目标实现的咨询人员——各级管理人员和人力资源管理部门的工作人员应协助员工回答上述的问题。并对其职业计划目标的实现和途径进行具体的指导和必要的支持。

5. 员工职业发展设计

员工职业发展设计是对员工可能的各种职业发展途经所做的安排，它是职业生涯管理最核心的一块。如为了锻炼员工各方面的工作能力，对员工的职位轮换计划和培训计划；为了直接实现员工职业的发展，制定员工的提升计划等。通过职业发展计划可以帮助员工实现对个人创造力和职业扩展的期望，促进形成个人必需的能力，这符合组织和员工的共同利益。

三、职业生涯高原

[案例 6-4]

职业生涯高原

上周市场部的王经理带着几名下属突然集体跳槽了。这一举动在公司上下引起了很大震动，本周技术部的骨干，李先生又写了份离职申请交到了总裁办公室。这下可急坏了人力资源部的何经理，公司总裁吩咐他立刻调查原因。经调查发现，市场部的王经理认为自己业绩突出，早就应该升任市场总监，可是公司上个月突然外聘了一位，面对升迁无望，王经理毅然决定离职；技术骨干的李先生在自己的岗位整整干了五年，虽然同事们很羡慕，但他却觉得工作缺乏挑战性，都是些日常性的技术活。何经理经仔细琢磨发现原来他们都从不同侧面遭遇了职业高原。为此，何经理立即写了份报告送到了总裁办公室，引起了老总的高度重视。

职业生涯高原，是指员工已不大可能再得到职务晋升或承担更多的责任，尽管发展通道和更高层次的职位是清晰可见的，但在职务晋升时似乎被一层玻璃挡着，可望而不可及。当员工感到工作受阻或缺乏个人发展的空间时，就会产生到达职业顶峰的异常情绪，这种受挫感可能会导致员工工作态度恶劣，缺勤率上升及工作绩效不佳，严重时还会促使员工萌生离职的想法，这样不仅浪费了企业对其投入的培训费用，还可能导致商业秘密的泄漏。

导致员工进入职业生涯高原期的因素很多，除员工个人以及组织管理这两方面最主要的原因外，还有外部环境的影响因素。

(一) 员工因素

(1) 员工的培训不足，自我学习不够。科学技术的迅猛发展对各种职业提出了新的需求，过时的技能知识必须得到及时更新，以适应组织获取竞争优势的需要。一个培训不足的员工不但难以胜任更高一级的职务，在承担更多责任方面往往是心有余而力不足，而且在工作中缺乏创新意识，甚至连本职工作也难以完成。这样一种个体职业发展上的停滞状态，称之为内容高原。

(2) 员工个人的能力不够，主要指学习能力不够和身体能力不够。由个体的异质性所决定，人的能力各不相同，具有先天性，各种形式的能力开发不仅以个人天赋为基础，而且某些能力并不是培训就能得到，即教育和培训并非万能。人的能力发展到一定阶段后，要想向更高职位发展，接受更有挑战性的工作，就必须提高自己的综合能力，而员工个人学习能力的不足却制约了其自我能力的提高，自然也就难以胜任更高的职务或更重要的工作。此外，员工个人的生理生命周期的影响也甚为重要。身体健康因素常常直接影响个人能力的发挥甚至提高，使员工对事业失去雄心，在平淡中生活。因此，个人能力不足会严重制约员工职业发展，形成个人高原。

(3) 员工个人的低成就需求。心理学认为，人的需求具有层次性。在现实生活中，我们常常发现，低成就需求除了具有先天性和遗传性特点外，还与生活环境密切相关。一些有能力的员工满足于现实生活，对自己要求不高，“小富即安”的思想观浓厚。究其原因，一是个人的社会生活经历；二是家庭生活的繁琐和压力；三是对现职岗位缺乏积极性；四是文化教育背景相对不足；五是现实职业发展与早期职业目标、职业理想不一致；六是不和谐的上下级关系。在这些情况下，较低级别的员工为了避免上级的不认同，不得不做出让步，看上级脸色行事，唯唯诺诺工作，最终对本职工作失去兴趣。安于现状，缺乏成就事业的强烈动机必然导致个人高原。

(二) 组织因素

(1) 不公平的工资制度。若组织的激励机制不完善，职位间报酬收入差距不合理，员工觉得付出与收获不成正比，则导致对自我事业追求动力不足，在失衡心态的影响下，普遍倾向安于现状。此外，对于不同层级的员工，为了达到差别激励效果，组织往往采取不同的工资提升幅度，层级越高，工资提升幅度越大。这就意味着较低层级的员工工资提升幅度较小，其吸引力、激励性大为减弱，工作热情退缩，本职工作难以令人满意。得不到组织的认同，个人发展也就无从谈起，即形成结构高原。

(2) 员工岗位职责不清。岗位职责模糊不清的结果是，员工对有利于自己目标实现的工作抢着做，而对于需要承担责任的工作则相互推诿，敷衍塞责，以致无人负责，这样必然导致团队绩效考核结果欠佳，在缺乏组织认同的情况下，员工个人的发展空间势必受阻。另一种情况是，员工为了协调人际关系，会做一些相对无利的工作，或是自我放弃岗位工作。在由不敢管到不想管，再到不去管的转变中，员工要求自我表现的欲望不断受到冲击，对自我岗位从冷漠到怀疑甚至困惑。缺乏明确的组织认同和个人职业认同，员工会做出两种行为选择，一是放弃工作参与，转向更多的关注工作之外的自我发展和家庭生活；二是对工作本身失去了“反应”，积极性、兴奋点、注意力已不在工作上，而在组织的福利薪酬上，表现在对报酬、津贴、安全、工作条件等问题的计较。这是一种较为典型的结构高原。

(3) 缺少发展机会而造成的职业成长过慢。发展机会不足有时是相对整个组织而言，即组织所能提供的发展机会相当少；有时是相对不同层次员工个人发展而言，即个人发展机会不够。其原因主要有以下两点：①组织性的发展机会短缺。一方面由于竞争压力的加剧，组织为了适应获取相对竞争优势的需要，都采取了诸如结构扁平化和分权的变革，等级层次压缩使得向上发展空间受阻；另一方面，技术进步、组织重组也会削减很多职位，加上组织、行业的发展具有周期性，处于低成长时期的组织不太可能给员工提供充分的发展机会，即形成组织高原。②组织内发展机会可能很多，但对一部分员工来说还是不够，甚至根本没有。造成这种情况，一是组织受社会外部环境的影响，对于人才的选拔使用上存在唯学历倾向，使部分文化程度不高的员工缺乏发展机会；二是组织的人力资源管理措施不到位，职业通道设计过窄，缺乏附属通道的有力支撑；三是与组织的人力资源开发取向有关，当前，不管是在国有企业，还是在私营企业、外资企业，都不同程度地存在人才选拔、使用上的地域歧视、社会背景歧视及本国教育歧视，极大地限制了人才的发展。这容易导致个人高原。

[案例分析][①]

一、背景介绍

特变电工股份有限公司新疆变压器公司(以下简称公司)是特变电工股份有限公司的全资公司，近几年人才流失问题比较严重。这些流失的人才基本上是毕业三年左右的大学毕业生，都已基本成熟，正是开始发挥重要作用的时候。人才的流失给公司发展带来较大的负面影响。为此，公司人力资源部展开了一次针对公司历届大学生的员工满意度调查，以求找到员工离职的原因。

调查问卷结论显示员工对企业文化、有效激励等表示满意。而不满的地方主要在于公司薪酬水平、个人职业发展等。在访谈中了解到，在员工职业发展这一问题中，主要的不满是认为员工的职业设计过于单一和对内部发展道路不清楚。因此，如何为员工设计有吸引力的职业发展道路，以合理的薪酬留住人才是公司人力资源

① 尹鹏飞. 2004. 特变电工新疆变压器公司员工职业生涯规划设计. 中国人力资源开发, (10): 95-97.

管理部应尽快解决的问题。对员工职业发展而言，如何为不同类型的员工设计职业发展道路，让员工感到在公司有足够的上升空间及前景等问题急需解决。公司人力资源部于是以新员工为切入点，对 2003 年招进的应届大学毕业生进行新员工职业生涯规划设计。

二、新员工职业生涯规划

1. 初定岗位

新员工的初定部门和岗位是公司人力资源部根据各部门人才需求情况以及新员工的专业来设定，新员工不能自主选择。

2. 入职培训

新员工报到时间定为 7 月初。报到后进行为期一个月的入职培训，使新员工了解公司和岗位情况，了解自己与公司、岗位的适应程度，为他们设计自己的职业生涯规划提供帮助。新员工培训包括：①职前培训，包括公司企业文化、战略规划、组织结构、基本产品知识、相关人事制度以及职业发展教育等方面的培训；②部门培训，包括初定岗位、相关岗位业务知识和技能培训以及经验的交流。

3. 入职引导人

新员工一报到，人力资源部为他们每人安排一名入职引导人，入职引导人为新员工初定部门领导或有 5 年以上工作经验的资深员工。

入职引导人在新员工入职初期，主要帮助其熟悉工作、生活、学习环境，包括吃、住、行、看病、图书馆、健身、工作部门情况等；在入职一个月后主要帮助其解决工作、生活、学习中存在的问题，使新员工进一步加深对企业和本岗位的了解，并进一步加深企业对新员工的了解；在试用期即将结束时，与新员工交流沟通，根据其职业兴趣、资质、技能、背景、特长等明确职业发展意向、设立未来职业目标、制订发展计划表。以上工作需要在年底竞聘前完成。

在年底公开竞聘后，人力资源部根据实际情况调整入职引导人。入职引导人长期的工作包括：定期沟通、跟踪检查职业发展计划实施情况、了解工作、学习情况、评估和修正职业发展路线、计划等。

人力资源部制定《入职引导人考核管理制度》，将入职引导人引导新员工进行职业生涯规划工作纳入到其个人绩效考核体系中，切实发挥入职引导人的作用。

4. 新员工自我规划

自我规划由新员工自己完成，人力资源部和入职引导人进行必要的帮助、引导或监督、检查。

(1) 确定志向。志向是事业成功的基本前提，没有志向，事业的成功也就无从谈起。

(2) 综合评估。包括：①自我评估：自我 SWOT 分析，包括兴趣、特长、性格、学识、技能、智商、情商、思维方法等。②职业生涯机会的评估：主要是评估各种环境因素对自己职业生涯发展的影响，包括环境的特点、环境的发展变化情况、自己与环境的关系、自己在这个环境中的地位、环境对自己提出的要求以及环境对自己有利的条件与不利的条件等。

(3) 职业的选择。选择职业至少应考虑：性格、兴趣、特长等与职业的匹配及内外环境与职业相适应。

(4) 职业生涯路线的选择。以上规划内容在年底公开竞聘前完成。

(5) 设定职业生涯目标。在选定职业生涯路线后，必须设定职业生涯目标。目标分短期目标、中期目标、长期目标和人生目标。短期目标一般为 1~2 年，短期目标又分日目标、周目标、月目标、年目标。中期目标一般为 3~5 年。长期目标一般为五至十年。

(6) 制订行动计划与措施。落实目标的具体措施，主要包括工作、学习、培训、轮岗等。员工在制订个人发展计划时应当结合公司以及部门的计划目标。

(7) 评估与回馈。影响职业生涯规划的因素很多。要使职业生涯规划行之有效，就要不断地根据变化因素对职业生涯规划进行评估与修订，包括职业以及发展路线的重新选择、人生目标的修正、实施措施与计划的变更等。

三、职业发展通道

公司提供职业发展通道，是新员工实现个人目标的必要条件。员工职业发展道路可以概括为“纵向发展”、“横向发展”、“综合发展”三种类型。

(1) 纵向发展。纵向发展指的是传统的晋升道路，即行政级别的晋升，又称之为职等提升。公司的行政级别有两类：①生产类为总经理、车间主任、班组长和工人，共四级；②非生产类为总经理、部门主任、一般员工，共三级。总体来讲，公司管理层级少，管理幅度相对大，通道相对较“窄”，这也决定了纵向发展不可能作为员工发展的主要类型。

(2) 横向发展。横向发展通道包括两个方向：一是针对员工特长进行工作轮换，发展自己的多重技能，如会计和出纳轮岗、销售业务员和技术员轮岗等；二是钻研本职岗位业务，从一般科员发展成为有关方面的专家，这种发展又可称之为职级发展。比如，从人力资源管理员到人力资源管理师再到人力资源管理专家等。横向发展是公司员工主要的发展通道。

(3) 综合发展。综合发展是指横向、纵向发展相结合的综合发展通道。比如，从技术员到销售业务员到车间主任到质检部门负责人到专家等。

职业发展应与薪资待遇相对应。如表 6-1 所示。

表 6-1 新疆变压器公司员工职业发展及薪资标准 单位：元

<table>
<tr><td rowspan="2">公司领导</td><td colspan="2">助理</td><td colspan="3" rowspan="2">副职</td><td colspan="3" rowspan="2">正职</td></tr>
<tr><td>见习</td><td>助理</td></tr>
<tr><td>薪资</td><td>3500</td><td>4500</td><td colspan="3">6000</td><td colspan="3">年薪</td></tr>
<tr><td rowspan="2">部室（车间）领导</td><td colspan="2">助理</td><td colspan="3" rowspan="2">副职</td><td colspan="3" rowspan="2">正职</td></tr>
<tr><td>见习</td><td>助理</td></tr>
<tr><td>薪资</td><td>2000</td><td>2400</td><td colspan="3">2800</td><td colspan="3">3500</td></tr>
<tr><td rowspan="2">××员</td><td colspan="4">普通××员</td><td colspan="3">××师</td><td rowspan="2">专家</td></tr>
<tr><td>见习</td><td>三级</td><td>二级</td><td>一级</td><td>初级</td><td>中级</td><td>高级</td></tr>
<tr><td>薪资</td><td>1000</td><td>1200</td><td>1600</td><td>2200</td><td>3000</td><td>4000</td><td>5500</td><td>7000</td></tr>
<tr><td rowspan="2">工人</td><td colspan="4">技工</td><td colspan="4">技师</td></tr>
<tr><td>见习</td><td>三级</td><td>二级</td><td>一级</td><td>初级</td><td>中级</td><td colspan="2">高级</td></tr>
<tr><td>薪资</td><td>700</td><td>1000</td><td>1400</td><td>2000</td><td>2600</td><td>3400</td><td colspan="2">4500</td></tr>
</table>

总之，公司的新员工职业生涯规划是由新员工、企业共同设计的一个整体，其中员工个人承担 50%的职业发展责任；公司的职责主要是明确职业发展通道，提供发展空间并给予培训支持，承担约 25%的责任；员工入职引导人和所在部门直接上级承担约 25%的责任，主要辅助员工制订发展计划和培训计划。

[思考题]

1. 什么是职业生涯规划？职业生涯规划可以从哪几个角度进行？
2. 职业生涯规划的主体有哪些？各自的作用如何？
3. 结合自身情况进行个人职业生涯的设计。
4. 员工职业生涯管理流程有哪些？
5. 什么是职业生涯高原？造成职业生涯高原的原因有哪些？

CHAPTER 7

第七章　绩效管理

[内容提要]

在企业这一经济体当中，员工利益追求与企业利益追求往往不一致，甚至背道而驰。如何协调两者利益，使得两者尽可能融合以达成员工与企业双赢局面是人力资源管理工作的重中之重。绩效管理是达成两者利益一致的重要举措之一。因此，企业的绩效目标如何分解、员工的绩效考核指标体系如何构建、绩效沟通如何进行、绩效考核结果的运用等将是本章的主要内容。

[学习要点]

1. 了解绩效、绩效管理的基本概念；
2. 掌握绩效管理的基本流程；
3. 领会绩效沟通的重要性；
4. 掌握构建绩效考核指标体系的基本思路；
5. 了解中小企业绩效管理的误区。

开篇案例[①]

A集团是一家民营企业，成立于1989年，靠着创始人的果断敏锐和创业者们的共同努力，经历了不同时期的曲折，成长为一个综合性企业集团，主要投资领域是城市燃气、燃气机械、生命科技和地产开发。到2003年5月，拥有员工8000余人，总资产50多亿元。60多个全资、控股公司和分支机构分布在内地20多个省市及香港、悉尼等地。其中，燃气公司是A集团的支柱产业，以城市燃气运营为主。2001年5月在香港上市，是国内目前规模最大的民营城市燃气专业运营商之一。

应该说，A集团是一个发展很快的企业。企业领导人意识到企业拥有如此快的发展速度，管理也必须跟上，于是建立了相对而言比较完备的管理体系。绩效考核作为人力资源管理最重要的内容自然也在其中。A集团的员工考核分为年度考核、年中考核和月度考核，而且对普通员工和管理者分开进行考核，相应地也设计了一系列表格来支持考核体系的实现。此外，考核结果与员工奖金挂钩的机制也相应确立起来。

但是，实际情况是，绩效考核最后变成了A集团管理者和员工的相互折磨。员工抱怨要填大量的表格，而且老觉得管理者打分就凭个人印象，不公正；管理者们老觉得下属是在应付，同时感觉要打出一个准确的分数真的很困难。双方在填表的问题上都很痛苦，在分数这个敏感问题上都不愿意多谈。当然，最后的考核分数也打了出来，也与奖金挂了钩，但是对很多管理者和员工来说，绩效考核变成了周期性的、繁重的、感觉“毫无意义”但是又不能不做的工作。对于集团管理者来说，设计得这么完备的一套体系，怎么就没有用呢？

对A集团进行系统分析之后发现，重要的问题有以下六方面：第一，考核指标的设置没有指导原则，到底怎么设各有各的说法；第二，指标完成情况没有清晰的评价标准，比较模糊和笼统；第三，重形式，为考核而考核；第四，考核结果集中趋势明显，使考核结果提供管理信息的作用大打折扣；第五，沟通反馈机制缺失，管理者甚至害怕和员工就考核结果进行沟通；第六，对于考核制度的宣传培训以及考核方法的培训几乎没有。而且，从大的方面来说，A集团的绩效考核与企业战略、发展方向没有什么关系，更谈不上支撑战略的实施。

应该说，A集团面临的问题和困惑许多企业都有。那么，对于企业来说：

(1) 绩效考核的根本目的是什么？

(2) 如何消除和避免绩效考核中的这些问题？

(3) 绩效考核就是绩效管理吗？

(4) 企业究竟如何建立以战略为导向的绩效管理体系？

本章将就这些问题进行探讨。

---

① 改编于靳娟. 2007. 人力资源管理概论. 北京：机械工业出版社: 156.

第一节　绩效管理概述

一、绩效的含义

绩效管理(performance management)在人力资源管理中是个重要的概念。绩效管理中的“绩效”究竟是什么含义呢？从字面上理解，绩效就是业绩与效能。然而业绩与效能又是如何表现呢？不同的职位、员工之间以及员工与团队、组织之间是否具有相同的绩效含义呢？通常的理解有四种。

(1) 绩效就是结果。即对企业具有效益、具有贡献的结果。财务人员比较热衷于这种量化程度高的观点。结果有长期、中期、短期之分，在财务上通常是以年为周期，但是对于股东而言，基业长期更胜于当期利润。所以无论是长期、中期还是短期的结果都是绩效管理关注的对象，长期结果无法在当期体现，只能通过组织倡导的行为方式来推动。

(2) 绩效的目标是行为，而不是结果。但是如果行为不能带来结果，如很高的出勤率并不代表企业效率的提高，那么这种所谓的绩效对于企业而言有什么意义呢？当然，很多情况下这种行为是与结果相联系的行为，通过结果来衡量行为的优劣。

(3) 个体特征可以反映绩效水平。工业心理学家的研究结果认为员工的个性特征，比如性格、技能与能力等综合因素可以转化为可量化的工作成果。我们不能否定技能对于提高生产效率的意义，但是一个技能很高的建筑工人，并不等同于他的工作效率比别人高。

(4) 绩效管理的对象是战略的实施过程。绩效管理是一个从设定目标、实施计划到绩效考核、结果运用的完整流程，绩效考核只是其中一环而已。绩效管理所关注的对象也就是管理的过程—— 在工作的各个阶段和环节对管理对象进行监控、支持。采用这种论点的组织比较强调辅导、反馈等管理环节。

[案例 7-1]

绩效是结果还是行为？

某公司有两个销售同一产品的营销人员——勤劳甲和懒惰乙，公司为每个人制订了 100 件/月的销售目标，他们分别在 A 区和 B 区进行销售，月末结算，甲售出了 95 件产品，乙售出了 105 件产品。

(1) 绩效是结果。持有这一观点的公司主管会作出“惩甲奖乙”的决策。

甲因受到惩罚而检讨，结果发现，A 区的市场需求量只有 100 件，自己售出 95 件的产品已经是合情合理，要错就错在主管把自己派遣到了一个错误的地方或者是给自己设定了一个不合理的目标，于是，在甲的内心深处就滋生了不满情绪。乙因受到奖赏而依然我行我素，殊不知是市场的功劳，原来自己被派遣到了一个市场需求量达到 1000 件的 B 区，这种奖赏势必会助长乙的惰性。

(2) 绩效是行为。持有这一观点的公司主管会作出“奖甲惩乙”的决策。甲因受到奖赏而愈加埋头苦干，却置结果于不顾，殊不知自己由于错选了一个市场需求量只有 100 件的 A 区而成了忙忙碌碌却又碌碌无为的典范。乙因受到惩罚而思过，结果发现，自己虽然聪明地选择了市场需求量达到 1000 件的 B 区，并轻而易举地超额完成了销售任务，但由于没有整天忙碌地奔波在外而受到惩罚，于是，立即调整了自己的战略，从此不再考虑目标的达成，却总在给主管造成自己在外劳苦奔波的假象。

若你是人力资源部经理，会如何理解绩效的含义？如何解决上述问题？

员工的工作绩效，是指员工在工作岗位上的工作行为表现和工作结果，它体现了员工对组织的贡献大小、价值大小。对组织而言，绩效就是任务在数量、质量及效率等方面完成的情况；对员工个人来说，则是上级和同事对自己工作状况的评价。因此，绩效管理中绩效考核指标的设定是以结果指标为根本出发点，兼顾行为指标和个体特征指标，而各自指标数的多少取决于岗位特征和工作性质。绩效的性质包括三个方面。

(1) 绩效的多因性，包括内因和外因。内因，是员工自身的主观因素，如员工的素质、文化水平和技能。外因，指客观因素的影响，如工作环境和机会。

(2) 绩效的多维性，即绩效是从多方面来考核员工的，只是依据考核员工的工作性质不同，侧重点不同而已，如考核工人从完成数量、质量、出勤、消耗材料多少等方面综合评估。

(3) 绩效的动态性，员工绩效不是一成不变的，考核员工的表现要注重长期性和持久性。

二、绩效管理

(一) 绩效管理的定义及意义

所谓绩效管理，是指各级管理者和员工为了达到组织目标而共同参与的绩效计划制订、绩效辅导沟通、绩效考核评价、绩效结果应用、绩效目标提升的持续循环过程，绩效管理的目的是持续提升个人、部门和组织的绩效。

多伦多大学的一位学者风趣地把绩效管理比作汽车座位上的安全带——大家都认为很有必要，但都不喜欢去使用它。绩效管理的意义，概括而言有如下三点。

(1) 绩效管理的核心目的是通过提高员工的绩效水平来提高组织或者团队的绩效。在绩效管理的过程中，我们达到了许多目的，如员工的参与管理，他通过参与设定自己的工作目标而具有自我实现的感觉；组织目标的统一，通过自上而下的分解目标，避免团队与员工目标偏离组织目标；一年中多次的评估与奖惩，实现组织对目标的监控实施，保证工作目标的按时完成。以上这一切都是为了提高组织或团队的效率，保证组织目标的实施。

(2) 绩效管理提供了一个规范而简洁的沟通平台。绩效管理改变了以往纯粹的自上而下发布命令和检查成果的做法，要求管理者与被管理者双方定期就其工作行为与结果进行沟通、评判、反馈、辅导，管理者要对被管理者的职业能力进行培训、开发，对其职业发展进行辅导与激励，客观上为管理者与被管理者之间提供了一个十分实用的平台。

(3) 绩效管理为企业的人力资源管理与开发等提供了必要的依据。通过绩效管理，实施绩效考核，为企业员工的管理决策，如辞退、晋升、转岗、降职等提供了必要的依据，同时也解决了员工的培训、薪酬、职业规划等问题，使之行之有据。这也是绩效管理为什么成为人力资源管理各个环节中最重要的环节的原因。

对于企业而言，绩效管理是企业文化的一部分，公正科学的绩效考核可以优化自身的组织结构，提升整体业绩。对于员工来说，绩效管理营造出了一种积极向上的工作环境，通过绩效考核，使员工正确地认识自己的优缺点，及时对自身的发展方向进行修正，从而获得更多的发展机会和更大的发展业绩。

(二) 绩效管理的辨析

1. 绩效管理是否能够代替系统管理

思想决定行为，能否做好绩效管理，首先是如何看待绩效管理。许多学者或培训师批评企业高层对绩效管理重视不够，而我们看到的情况恰恰相反：多数企业的管理者不但没有忽视绩效管理，而且对其寄予了过高的期望，把其当成了“高大全”式的“管理万金油”，他们片面地认为，只要搞了绩效管理，就可以解决企业的一切管理问题。于是，劳动纪律问题、标准执行问题、团队培养问题、现场卫生问题，甚至员工忠诚问题、职业操守问题、计划生育问题，统统都要纳入考核，所有具有管理职能的部门都要参与考核，否则其基本工作似乎就没有了“抓手”(着力点)。这样的绩效考核，结果显而易见：多达 20~30 项的指标，指标之下还有细项，每个项目有的只有 0.1~0.2 分，想考核所有东西，结果什么东西都没考核好；当管理者充满信心地启动考核之时，也就是考核失效的开始之日。

企业的管理体系是一个立体、多元、多维度的系统，绩效管理固然重要，但它仍不能代替系统管理。企业必须建立战略、营销、制造、研发、财务、人事等管理制度、流程、标准，并有若干计划、组织、协调、控制机制维持其有效运行。事实上，在企业内部，绝大多数工作目标及任务的设计下达、组织实施、检查考核是通过各专业系统的有序运作和系统的有机联动来实现的；绩效考核只是管理系统之一，主要用于评价和考核对企业影响重大的、跨部门的、最能体现被考核对象工作特征的指标，而不可能面面俱到。

以企业的流程管理为例，一个企业往往有数百个业务及管理流程，每个流程都有数量不等的控制点，如果完全依靠绩效管理去实现管控，数据收集和考核任务将非常繁重。事实上，企业完全可以通过“协同办公”等简单的管理信息系统(MIS)实现对流程的固化和管理，而把有限的考核资源留给最关键的事项和目标。同理，企业绝大多数的管理目标都可以、也必须通过管理系统的搭建、设计和运行来实现，单纯依靠绩效管理“包打天下”的想法，不但用不好考核，反而可能造成“唯绩效主义”，由于繁杂的考核工作而导致“考核疲劳”与形式主义。

2. 绩效考核是否要尽可能量化

“绩效考核要尽可能量化，不能量化的指标就要考核，因为结果无法准确衡量……”。在咨询和培训实践中，经常听到企业的管理者们这样说，看来这一观点的影响确实深远。

然而，传统的认识未必是正确的，举一个极端点的例子——总裁办公室主任的考核，如果考虑量化的因素，那么，办公成本控制、公文无差错、派车及时性、服务满意度等应当是他的考核指标，因为这些都可以精确量化。然而，这个岗位工作职责的第一条赫然是：“组织制订公司年度工作计划。”这一条是否需要考核？考核吧，计划的制订确实没有量化的评价指标；不考核吧，又是他岗位职责中最重要的一条，到底应当怎么办？正确的答案是：当期的、重要的工作目标就应当考核，不管它是否能够精确量化。

对于绩效考核的量化，还有的企业走向了另外一个误区，就是一定要用××比、××率等来进行评估，为此，人为地生搬硬造了不少的“率”，务求把每一个考核指标或目标的评估标准细化，甚至为了一个考核指标，写半页纸的说明文件。

上述对于绩效考核量化操作的追求，其实都偏离了绩效考核的目的。简单地说，绩效考核的目的有四个：一是明确每个被评价主体的任务与目标；二是通过一系列的支持、督导，确保任务的完成；三是对任务、目标的完成情况进行客观评价；四是提高被考核主体的任务完成能力。其中第三个目标对量化的要求较高。为了达到精确评价，而使绩效考核体系和目标的设计变得非常复杂，实在是得不偿失。要知道，无论我们如何精确，都不可能实现在不同岗位之间的完全公平，这是不争的事实，把大量的精力用在量化上，形象的比喻就是：面对一个蛋糕，全力研究如何使得蛋糕分得更科学，而不是研究如何把蛋糕做大！“和尚分粥”的故事很值得我们思考。故事中，每天有一人值日分粥，和尚们用了许多办法都没解决粥的均匀问题，经常为此纷争。为了确保公平，方丈没有去设计更精确的量具，而是命分粥和尚最后一个取粥。为了确保自己的利益不受损，值日和尚都会尽最大努力把粥分匀，问题由此而解。

绩效考核也是如此。我们要致力的是建立机制，让大家努力达到目标，并努力做到“有效率的公平”，而不是引导大家把视线放在如何提高考核精度上，要知道，绩效管理的精度达到一定程度之后，再提升的管理成本将呈级数增长，这不是一般企业所能承受的。

3. 绩效考核方法的选择是否有章可循

对于成熟度较低的行业，企业主要应采取战略性绩效管理，通过战略的引导实现正确定位和有效扩张；对于成熟度较高的行业，企业主要应采用精细化绩效管理，通过精细化的管理进入行业，并实现生存和发展。

战略性绩效考核方法目前主要是关键成功因素法和平衡计分卡方法，这类考核的特点是必须从企业的整体出发，进行战略或成功因素的研究，在此基础上再进行目标分解和指标设计。这类方法的特点是抓大放小，关注重点而忽略细节，对于成长期和转型期的企业尤其适用。

精细化绩效考核方法包括基于流程、基于作业标准、基于项目三种方式，分别适用于不同类型的企业，例如，化工类企业，流程特点突出，对于流程关键控制点的考核更为合适；生产制造企业，注重业务操作，基于岗位作业标准的精细化考核十分适用；工程类企业，以项目管理为基础，基于项目的考核方式更为有效。

三、中小企业绩效管理的误区

1. 绩效管理不是为了奖勤罚懒

很多企业认为绩效管理就是奖勤罚懒、激励和约束员工。因此，大部分中小企业都把重点放在了绩效考核上，认为绩效考核就是绩效管理，使员工的收入和他们的工作业绩挂钩，从而激励员工更努力地工作。

实际上，绩效管理的真正目的，是通过不断提高管理水平和员工素质，提高公司的整体业绩，以实现公司的战略目标和经营目标。绩效考核又称绩效评价或绩效评估，它只是绩效管理的一个关键环节。绩效管理包括三个关键环节：一是指标的设置；二是绩效考核；三是绩效改进。

各级管理者必须清楚，考核哪些指标，才会把员工的注意力和努力方向吸引到公司战略目标和经营目标上来；员工绩效表现好，除了多给奖励和提高其收入外，还要进行总结、宣传和推广，把一个人的经验变成所有人的经验。员工的绩效水平低，不应马上想到该罚他多少钱和应少给他开多少工资，而是要想到：他为什么绩效低？公司在管理上应该如何改进？作为他的上级主管，应该在哪方面加以改进？如何帮助下属改变心态、提高绩效？

2. 绩效管理不只是人力资源管理者的事

对绩效管理的目的和作用缺乏正确的认识，导致包括人力资源管理者在内的很多管理者，都认为绩效管理是人力资源部的职责。这种错误观念，导致很多企业在推行绩效管理时，业务经理只是被动地配合，有的甚至把绩效管理当作一种额外负担。

员工更是认为绩效管理只是公司约束、控制他们的强制性手段，从而产生抵触情绪。在绩效管理过程中，必须通过持续的双向沟通，使各级管理者和他的下属就工作目标、工作表现、未来发展等问题进行讨论，使员工真正认识到企业需要自己做些什么，自己做得怎么样，应如何改进。提高下属的能力、素质及工作业绩，是各级主管责无旁贷的责任。不断提升自己，是包括各级管理者在内的每一位员工都应做的工作。

因此，各级管理者必须清楚：从高层领导到基层员工，都应该承担绩效管理的责任。推行绩效管理之前，要对全体员工进行绩效管理培训，让全体员工清楚地了解绩效管理的真正目的、绩效管理的过程，以及各级员工应负起的绩效管理责任。

3. 绩效管理应由外向内并向前

很多企业绩效管理的眼光都是向内的、向下的、面向过去的，从而导致一些公司对外部经营环境的变化反应很慢，管理水平的提升总是滞后于公司发展，要么被竞争对手甩在后面，要么因发展过快而出轨。

绩效管理的出发点，是通过设立绩效目标和考核指标，来传递战略信息，指明努力方向，使员工的能力和行为更加趋向公司整体竞争实力的提升，适应公司的战略发展需要。在绩效管理的中间过程，各级管理者和下属共同对照绩效标杆和标尺。绩效管理的落脚点，是实现企业的战略目标和经营目标。这就要求公司的管理者必须站在战略高度来审视绩效管理的全过程，在确定绩效目标、设立绩效指标、制定改善计划时，必须把眼光向内，转变为由外向内；要从面向过去，转变为面向未来。

4. 绩效指标不是越全越好

很多企业在设置绩效指标时，认为越全面、越系统越好，这样可以对各级管理者和员工进行全面考察、激励和监督。殊不知，指标设置过多，除了会增加考核的工作量，过多牵涉各级管理者的精力，降低管理效率以外，还有一个更加严重的副作用，那就是模糊焦点。

绩效管理具有明显的导向作用，因此绩效指标主要来自于三个方面。首先来自于战略目标或经营目标的分解，通过分解，让员工了解，为实现公司整体战略和经营目标，自己必需实现哪些关键工作目标；其次来自于岗位关键职责，通过岗位关键职责确定的绩效指标，必须让员工了解，自己的岗位在整个生产经营过程中，必须完成的重要工作任务是什么；最后来自于公司的价值导向：公司要提倡什么，要杜绝什么。所以，每类指标必须少而精，这样才能焦点明确，让员工有清晰的工作目标，把努力的焦点放在关键点上。

5. 绩效指标不一定量化

目前，很多中小企业在设定绩效指标时，容易走两个极端，其一是片面强调员工绩效表现，除了多给奖励和提高其收入外，还要进行总结、宣传和推广，把一个人的经验变成所有人的经验。其二是追求指标的数字量化，导致那些无法用数字量化却可以通过定性评价或者模糊评价的关键指标被放弃了；在设计指标体系时，只考虑指标的重要性和关键性，不去认真考虑用什么样的评价方法和技术，才能够比较准确地衡量出绩效指标的完成程度，导致有些指标等级标准模糊、无法准确衡量，失去了实际应用价值。

绩效管理成功与否，主要取决于三个方面：一是评价指标的设置是否科学合理；二是评价方法是否实用有效；三是评价结果是否真正得到应用。合理的指标设置是前提，科学的评价方法是基础，结果的实际应用是目的。企业在设置评价指标时，需要考虑很多因素，包括价值定位、战略目标、文化背景、发展阶段、管理现状，以及岗位之间的公平性等。但是，一个最关键的因素，是要考虑所设计指标能否拥有科学的评价方法，使评价结果能够真实、准确、公正地反映出被评价员工的具体表现。

第二节 绩效管理流程

一、绩效管理基本流程

1. 绩效管理的基础工作

“目标管理”的概念最早是由著名管理大师德鲁克提出的。德鲁克认为，并不是有了工作才有目标，而是有了目标才能确定每个人的工作。他认为，“企业的使命和任务，必须转化为目标”，如果一个领域没有目标，那么这个领域的工作就会受到忽略。因此管理者必须通过目标对下属进行管理。当组织的高层管理者确定了组织目标后，必须对其进行有效分解，转变成为部门以及个人的目标，管理者根据分目标完成的情况对下属进行考核、评估和奖惩。

组织的使命和目标被分解成各个工作单元的目标，各个工作单元的目标又决定了职位描述，处于最外层的职位描述是直接影响行为绩效的因素。因此要想有效地进行绩效管理，必须首先有清晰的职位描述信息。

2. 绩效指标的设定

对于管理者来说，设定绩效指标对员工的绩效进行管理是他们实施管理的需要。对于自我管理的专业人士或者团队来说也是如此。高绩效的个人或团队通常都有清晰的目标，他们清晰地知道自己将要做什么，以及将要做到什么程度。

在设定绩效指标时，通常需要考虑两类标准：基本标准与卓越标准。

基本标准是指对某个被考核对象而言期望达到的水平。这种标准是每个被考核对象经过努力都能够达到的水平。并且，对一定的职位来说，基本标准可以有限度地描述出来。基本标准的作用主要是用于判断被考核者的绩效是否能够满足基本的要求。考核的结果主要用于决定一些非激励性的人事待遇，如基本的绩效工资等。

卓越标准是指对被考核对象未做要求和期望但是可以达到的绩效水平。卓越标准的水平并非每个被考核对象都能达到，只有一小部分被考核对象可以达到。由于卓越标准不是人人都能达到的，所以卓越标准主要是为了识别角色榜样。对卓越标准考核的结果可以决定一些激励性的人事待遇，如额外的奖金、分红、职位的晋升。

3. 绩效计划

绩效计划是指管理者和被管理者共同沟通，对被管理者的工作目标和标准达成一致意见、形成契约的过程。绩效计划发生在新的绩效期间的开始。制订绩效计划的主要依据是工作目标和工作职责。在绩效计划阶段，管理者和被管理者需要在对被管理者绩效的期望问题上达成共识。在共识的基础上，被管理者对自己的工作目标做出承诺。

4. 绩效实施与管理

绩效实施与管理的过程中主要需要做的事情有两个：一是持续的绩效沟通；二是对工作表现的记录。制定了绩效计划之后，被考核者就开始按照计划开展工作。在工作的过程中，管理者要对被考核者的工作进行指导和监督，对发现的问题及时予以解决，并对绩效计划进行调整，使之更加适应环境变化的需要。绩效计划并不是在制订了之后就一成不变，随着工作的开展会根据实际情况不断调整。在整个绩效期间，都需要管理者不断地对员工进行指导和反馈。在绩效实施的过程中对员工的绩效信息进行记录和收集，是为了在绩效考核中有充足的客观依据，提供改进绩效的事实依据，发现绩效问题和优秀绩效的原因，在争议仲裁中保护当事员工的利益。

5. 绩效考核

在绩效期结束的时候，依据预先制定好的计划，管理者对下属的绩效目标完成情况进行考核。绩效考核的依据就是在绩效期间开始时双方达成一致意见的关键绩效指标，同时，在绩效实施与管理过程中，所收集到的能够说明被考核者绩效表现的数据和事实，可以作为判断被考核者是否达到关键绩效指标要求的依据。

6. 绩效反馈面谈

绩效管理的过程并不是到绩效考核打出一个分数就结束了。管理者还需要与下属进行一次面对面的交谈。通过绩效反馈面谈，使下属了解管理者对自己的期望，了解自己的绩效，认识自己有待改进的方面；下属也可以提出自己在完成绩效目标中遇到的困难，请求上司指导。

绩效反馈面谈主要目的是：对被考核者的表现达成双方一致的看法，使员工认识到自己的成就和优点，指出员工有待改进的方面，在制订绩效改进计划的同时，协商下一个绩效周期的目标与绩效标准。这样既能有的放矢地使员工的绩效得到改进，又能使绩效管理活动连贯的进行。

7. 绩效考核结果应用

绩效考核实施成功与否，很关键的一点在于绩效考核的结果如何应用。对于一个企业、一个组织来说，它需要保留住那些能够取得好绩效的员工，并且不断地促使他们做出更好的绩效，绩效考核的目的也是为了改进和提高员工的绩效。

(1) 用于报酬的分配和调整。

(2) 用于职位的变动。

(3) 用于员工培训和个人发展计划。

(4) 作为员工选拔和培训的有效性的衡量标准。

二、绩效沟通[①]

[案例 7-2]

A 公司是一家日资企业，成立于 1998 年。自 2002 年起，公司进行战略调整，总部派人先后设立销售、设计、企业策划等部门；产品销售区域从国外转向以内地为主。随着组织机构的膨胀，人员考核中的矛盾开始暴露出来。

公司高层管理人员和近一半的中层主管全部是日本人，大都是总经理当年从日本带过来的。由于日方管理人员一味强调销售额，并且管理上强调下属对主管的绝对服从，所以与中方的基层干部和员工素有矛盾。

2003 年 4 月，公司月度考核之后，公司设在上海的销售公司的全体中方员工 40 多人集体跳槽，只留下一个日籍销售总监和 3 个销售主管。于是，公司派人赴上海调查，以下是与已跳槽员工的访谈内容。

中方销售主管小唐反映：每月都是销售总监直接与中方员工进行绩效面谈，但每次面谈时销售总监只谈分摊到每人的具体销售定额，并以此打分来确定奖金的多少；员工小朱抱怨：自己对面谈没有充分的时间进行准备，原因是交当月考评表的前一天他才接到销售总监的电话，要求他马上过去进行绩效面谈；员工小田反映：销售总监平时与他没有任何沟通，但在面谈中却列举了每周客户投诉他的一些小事件，他认为这是销售总监给自己穿小鞋，何况自己已经完成了当月的销售定额；员工小夏认为：销售总监不尊重中方员工，每个月的绩效面谈大都是批评之辞，而且还不允许下属提反对意见，面谈中若稍微辩解两句，销售总监就咆哮起来。事实上，从中方主管到普通员工，每个月大家都想方设法完成销售总监制定的销售定额……

为什么 A 公司在一次绩效面谈后，出现员工集体跳槽？这是绩效面谈中沟通上出了问题。

绩效沟通贯穿于绩效管理的始终。在一定程度上，绩效管理就是管理者与员工就绩效目标的设定及实现而持续不断地进行双向沟通的过程。

---

① 王建军. 2007. 绩效考核管理中的沟通问题研究. 中国人力资源开发，(12): 33-35.

(一) 以人力资源部门为核心的绩效沟通

这个阶段主要通过沟通解决员工对绩效管理重要性的认识和考核意愿的问题，使企业全体成员从心理上接受它。

1. 加强动员宣传

在绩效管理的开始，导入全方位的绩效管理理念是非常重要的，企业应该坚持从上到下的原则，进行全员绩效管理理念导入。人力资源部门应与组织高层领导进行充分的交流，使高层领导更加明确绩效管理的重要性、目标、实施的步骤方略、实施过程中领导应扮演的角色，并在高层领导的协调下做好与其他部门领导的沟通工作，使他们也能了解绩效管理的重要性，争取他们的支持和配合。企业可以发挥公司内部网站、办公系统、宣传栏和内部报纸的作用，向员工宣传和介绍绩效管理制度。

2. 做好培训工作

结合企业实际，通过宣讲、座谈、小组讨论等形式对员工进行系统的绩效管理知识培训，并介绍绩效管理方法，使他们深入了解绩效管理的意义，明白企业能够通过有效措施避免绩效考核中的各种偏差，保证结果公正公平。要及时了解大家对绩效管理相关制度的想法和看法，对相关内容特别是对制度的疑义做出合理的解释。

3. 建立绩效导向的企业文化

通过建立绩效导向的企业文化，形成以提高绩效为基础的核心价值观，使崇尚创新、高效成为每位员工的内在要求，使他们从内心深处接受工作的挑战，认可绩效管理制度。

(二) 以部门经理为核心的绩效沟通

1. 绩效计划沟通

首先，要把企业的战略规划和发展目标清晰地传达给员工，将企业经营目标转换为绩效指标。其次，部门经理将部门绩效目标进行分解，通过目标本身的沟通让员工明确和认同自己的工作目标和绩效指标，使下属明白自己该干什么。接着，要针对实现目标所需要采取的方法和措施进行沟通，以避免员工因采取的方法和措施不当，而导致出现浪费资源、目标不能实现的情形。最后，就是解决完成任务所需的资源支持问题，为顺利完成目标计划做充分的资源准备。在这个过程中，人力资源管理部门还需开发相关的培训材料，并根据实际需要派相关专家到直线部门指导经理和员工制订绩效计划。

2. 绩效实施沟通

绩效实施过程中，管理者可以通过员工递交书面报告、定期面谈等各种正式和非正式沟通形式，了解员工的工作进展情况和遇到的障碍，为员工提供所需要的培训和必要的资源支持以及技术帮助，解决员工在人员、技术、流程上的困难，确保员工绩效目标的顺利达成。在这个过程中，管理者要对员工执行任务的手段进行监督，及时发现员工为完成绩效而采取的非常手段，避免绩效实施过程的短期行为，以维护企业的长远利益。同时，管理者应当注意观察和发现员工在日常工作中表现。对于表现优异的下属及时给予表扬和奖励，以扩大正面行为带来的积极影响，强化员工的积极表现。对于表现不佳的员工及时给以督促，真诚地予以指出并适时加以指导，以促进员工及时改正和调整，避免类似行为的再出现。

3. 绩效评估沟通

绩效评估中的沟通任务就是要全面了解员工任务完成情况，保证员工绩效信息的完整性和准确性，实现考核结果的公平公正。考核者可以通过绩效面谈、员工述职或提交总结报告等形式，对下属的业绩完成情况进行回顾，以获取更加真实、准确的考评信息，对员工在考核期内的工作进行合理公正和全面的评价，并与员工将共同达成的有关达到或超出预期的工作指标项目完成状况形成书面文字。管理者应将未列入考核指标但对企业发展有意义的员工行为或结果进行记录，保证考核结果的全面准确。

4. 绩效反馈沟通

具体的沟通内容有以下五个方面：一是结果反馈，管理者将员工上一阶段的绩效结果反馈给本人，使员工了解考核结果和目标完成情况；二是考核申诉，当员工对评估结果有争议时，可提出申诉，由评估小组仲裁，以达到客观公正；三是绩效分析，针对考核结果中没有完成的目标，双方共同分析产生的原因及影响目标达成的各种关键因素并分析如何消除这些因素的影响，根据需要制订培训和辅导计划及下一阶段改进的方向与计划，对超额完成的任务指标，也要分析原因，为完成下一个绩效计划积累经验；四是员工激励，按照公司的奖惩制度，根据考核结果，结合员工的薪酬、晋升、培训进行多样化的奖励；五是行动计划，和员工一起讨论、确定下一阶段的工作目标、完成进度表和检查考核计划，让员工对完成的目标、阶段性目标、何时反馈等有明确的认识。各阶段具体要点如表 7-1 所示。

(三) 绩效沟通技巧

(1) 时间、场所的选择。避开上下班、开会等让人分心的时间段，与员工事先商讨双方都能接受的时间，远离办公室，选择安静、轻松的小会客厅，双方成一定夹角而坐，给员工一种平等、轻松的感觉。实行什么样的开场白，往往取决于谈话的对象与情景，设计一个缓冲带，时间不宜太长，可以先谈谈工作以外的其他事，如共同感兴趣的某一场球赛，上下班挤车的情形，孩子的学习等，拉近距离，消除紧张，再进入主题，“好的开始是成功的一半”。

表 7-1　绩效沟通各阶段要点

沟通阶段	沟通要点	主要责任人	其他参与者
项目引入沟通	绩效管理基本知识、管理人员绩效管理能力和技术培训、绩效导向的企业文化	人力资源部门	高层领导、部门经理、员工
绩效计划沟通	企业战略、绩效目标本身、绩效指标、采取的方法与措施、所需支持	部门经理	人力资源部门、员工
绩效实施沟通	工作进展、问题诊断与辅导、行为偏差校正、激励与监督	部门经理	员工
绩效评估沟通	工作回顾、总结沟通	部门经理	员工
绩效反馈沟通	考核结果说明、绩效分析、绩效改进、考核结果申诉、考核结果应用	部门经理	人力资源部门、员工

(2) 认真倾听员工解释。面谈中主管常犯的错误是喋喋不休，连指责带命令，这样只会使面谈成为只有一个听众的演讲，而没有信息的交流，调查表明即使主管听了员工的谈话也至多只记了对方不足 30%的内容，所以主管应尽量撇开自己的偏见，控制情绪，耐心地听取员工讲述，并不时地概括或重复对方的谈话内容，鼓励员工继续讲下去，这样往往能更全面地了解员工绩效的实际情况，帮助分析原因，这也是面谈得以成功的重要基础。

(3) 为了让员工更多地表达对绩效的看法，主管应多提一些开放性的问题，激起员工的兴趣，排除戒备心理，慢慢调动员工的主动性。称赞员工多用“你们”、批评时用“我们”，这样的沟通方式很容易让人接受，如“你们九月份开发的项目，顾客非常感兴趣，董事会也注意到了”、“我们对产品的市场调查还不够，只做到了 40%”。

(4) 善于给员工台阶下。面谈中，员工有时已清楚自己做得不好，在主管给出了具体的事例与记录后，却不好意思直接承认错误，主管就不要进一步追问，而应设法为对方挽回面子，可以这么说：“我记得以前这一项你们做得相当棒， 这次可能是大意了”，员工会随口说“是啊，是啊”，这样，一方面给员工搭了个“台阶”，使其对主管心存感谢，同时又引导员工承认自己的不足，可谓一举两得。

(5) 以积极的方式结束面谈。如果面谈中的信任关系出现裂痕，或由于其他意外事情打断，应立即结束面谈，不谈分歧，而肯定员工的工作付出，真诚希望对方工作绩效有提高，并在随后的工作中抽空去鼓励员工，给以应有的关注。如果面谈顺利实现了信息沟通，主管要尽量采取积极的令人振奋的方式结束，或紧握员工的手，或拍拍对方的肩，语气亲切而诚恳地说："所有的问题都能解决，真令人高兴"，或"辛苦了，好好干吧"，这可以使面谈更加完美。

第三节 绩效考核指标体系

一、KPI

[案例 **7-3**][①]

G 公司的绩效考核之惑

G公司是一家由日本三家世界500强企业和国内两家大型国有企业合作创办的中日合资企业，成立于20世纪90年代中期，生产销售勘探和开采石油用的石油钻杆。企业依靠自身的技术优势和创业者们的不懈努力，经过短短八年就获得了快速发展，目前在国内石油钻杆市场上与另外三家国内企业基本形成了四分天下的局面。

在企业创立之初，公司导入日本先进的生产管理系统建立健全了质量管理体系，从 2003 年开始公司又着手建立一系列的人力资源管理制度，依靠自身的力量制定了一套员工绩效考核制度，对员工进行半年一度的绩效考核，考核结果作为分配奖金的依据。

但是，在实际绩效考核过程中，管理者们发现由于公司给员工制定的考核指标和评分标准模糊，给下属打分时十分困难；而员工则认为管理者打分不公正，纷纷质问上级和人力资源部为何给自己较低的分数，加之考核需要填写大量的表格，员工满腹牢骚。几个考核期下来，管理者和下属都十分苦恼。管理者们为了不给自己制造太多的麻烦，就倾向于给下属相同的分数，这样一来，绩效考核便成为一种形式，失去了应有的作用。

公司的绩效考核制度到底出了什么问题，如何才能改变这种状况？公司领导层陷入了深深的困惑之中。

① 方振邦，王国良. 2005. 以 KPI 为核心的企业绩效管理体系设计. 中国人力资源开发, (1): 58-63.

(一) 建立以KPI为核心的绩效评价指标体系

关键绩效指标(key performance indication, KPI)是指符合企业目标的、明显或明确的绩效改进及绩效提升的业绩指标。

KPI 体系包括三个层面的指标：第一个层面是企业级的 KPI，是通过基于战略的关键成功要素法分析得来的；第二个层面是部门级的 KPI，是根据企业级、部门职责、业务流程分解而来的；第三个层面是个人的 KPI，是根据部门 KPI、岗位职责和业务流程演化而来的。这三个层面的指标共同构成企业关键绩效指标体系。通过体系的建立，把公司的总战略和战略目标通过自上而下的层层分解落实为部门和员工个人的具体工作目标，将企业战略转化为内部过程和活动，从而确保战略目标的实现。通过 KPI，可以落实企业战略目标和业务重点，传递企业的价值导向，有效激励员工，促进企业和员工绩效的改进与提升。KPI 体系不仅是企业员工的约束机制，同时发挥战略导向的牵引作用，通过提高员工个人绩效最终实现公司绩效的提高。基于战略的 KPI 体系的建立共分以下四个步骤。

1. 确定企业级 KPI

第一，明确企业战略和战略目标。利用 SWOT 分析法对 G 公司所处的环境进行分析，发现其优势在于产品的差异化上，即现在市场定位在深井产品生产，国内同行竞争力较弱，有一定的产品优势，基本上处于卖方市场。而其劣势在于进口设备老化，需经常停工检修，不能充分发挥设备能力而影响正常的生产。同时，企业合资期限还剩四年，未来发展有一定的不确定性。从宏观经济形势来看，国内石油消费量逐年增大，国内供求失衡。国家为了能源安全，将加大石油勘探和开采力度。一方面，原来大型油田会加大深井开采，挖掘开采潜力，对深井钻杆的需求会增加；另一方面，国家会加大对新疆、藏北等能源战略储备区的开采力度，由于这些地区地质结构和地形结构比较复杂，对深井钻杆的需求也会增加。总之，石油钻杆的市场潜力很大，机遇也比较好。但同时主要竞争对手正在迅速成长，存在潜在的威胁，战略或决策失误会失去已有的市场份额。

根据分析，G 公司目前整体上应该采取成长战略，通过不断开发新产品，实现产品的相关多元化。同时，要加快原材料和机器设备的国产化，发挥优势，克服劣势，实现快速成长，成为同行业中佼佼者。

第二，确定关键绩效领域。G 公司属典型的制造业企业，需关注的重点是生产和销售两个环节，企业经过 8 年的发展，已经形成了一定的规模，有较高的产品知名度和市场地位，企业生命周期处于成长期向成熟期过渡的阶段，开发新产品、控制生产成本、提高市场份额、提高产品质量是其关键的绩效领域。

第三，设计企业级关键绩效指标。在同 G 公司管理层进行多次访谈之后，利用鱼骨图的方法对企业的关键成功因素进行了分析，得到企业的关键绩效指标。

(1) 确定关键成功要素维度。通过访谈和头脑风暴法，寻找并确定了 G 公司能够有效驱动战略目标的关键绩效范围：市场领先、优秀制造、客户服务、技术支持、人力资源以及利润与成长。

(2) 确定关键绩效要素。在确定了企业级的 KPI 后，对多数部门和员工来说，企业级的 KPI 还只是一个战略层次的目标，无法直接落实到日常工作中，这就要求必须对企业级 KPI 进行细化，分解为部门和个人的 KPI，来指导日常工作，只有这样才能确保部门和员工的工作与组织战略保持一致，避免发生战略稀释现象。

2. 确定部门级 KPI

为了确保部门工作对组织目标的支撑，部门 KPI 的来源主要有两个：企业 KPI 和部门职责。把企业 KPI 分配或分解到相应部门是部门 KPI 的重要来源，只有这样才能通过实现部门的目标来支撑组织目标的实现。但有些部门，如办公室、财务部、人力资源部等，不能或很少能够直接承接企业 KPI，这些部门的 KPI 更多的是来自于其部门职责。

第一，企业 KPI 的分解。在获得企业级的 KPI 后，首先要确认这些指标是否能够直接被公司内相关部门承接，如果有些指标不能被直接承接或一个部门单独承接，就必须对这些指标进行进一步的分解。企业 KPI 分为两类：一类是可以由一个部门来承接的 KPI，如单位产值费用降低率、新产品立项数、国产化费用的节约率等，这些 KPI 可以根据部门职责直接分配到相关部门成为该部门的 KPI；另一类是不能由一个部门来承接的 KPI，如来料通过率、次品废品率降低率等，这些 KPI 必须分解后才可以被分配到相应部门成为部门 KPI。

通过这种方式可以将原来不能由部门直接承接的企业级 KPI 分解为部门能够承接的部门KPI，从而引导各部门为企业目标的实现而努力，保证部门目标和企业战略的一致性。

第二，部门职责。部门职责界定了该部门的所有工作，不可能也没有必要把所有的部门工作都细化为评价指标，同样采用关键成功因素法来确定部门 KPI，其方法与企业 KPI 的建立方法基本相同，只是分析对象有所区别。

3. 确定个人 KPI

在企业级和部门级 KPI 确定之后，各部门的主管根据企业级 KPI、部门 KPI、岗位职责和业务流程，采用与分解企业级 KPI 相同的方法，将部门关键绩效指标进一步细分，分解出个人 KPI。

由此可以看出，某一员工的 KPI 是由企业、部门和岗位三个层面的 KPI 组成的，为了更清楚地加以说明，表 7-2 列出了技术品保部部长的 KPI。

表 7-2　技术品保部部长的 KPI

KPI			目标值
财务指标	企业 KPI	国产化的费用节约率	
		质量问题处理成本	
	部门 KPI	新产品目标市场占有率	
经营指标	企业 KPI	新产品开发计划完成率	
		新产品立项数	
		国产化率	
	部门 KPI	产品和生产用物资检验的及时性	
		产品和生产用物资检验的准确率	
		生产技术问题处理的及时性和有效性	
		制造指示书准确率	
		国产化方案	
		供方评价	
服务指标	企业 KPI	客户拜访计划完成率	
		质量问题处理的及时性	
管理指标	企业 KPI	绩效改进计划完成率	
		员工技术与质量培训满意率	
	部门 KPI	制度规程的建设	
		质量管理体系建设	

4. 员工绩效评价指标的选择

G 公司新的员工绩效管理制度规定，员工的绩效评价指标由工作业绩类指标、工作态度类指标和工作能力类指标组成，其中态度类指标和能力类指标通过工作分析已经在职位说明书中给出，而工作业绩类指标还有选择哪些指标来进行评价和各个指标所占权重的问题。关键绩效指标法要求在指标选择时，每个职位的指标一般不要超过 10 项，而每项指标所占的权重一般要大于 5%，但不要超过 30%。

从 KPI 体系建立的过程可以看出，企业的每一个层面都有一系列的 KPI。但是，在某一个评价周期内不可能也没有必要对所有的指标都进行评价，这就需要对评价指标进行选择，选择评价指标的基本原则如下。

(1) 指标的重要性。企业、部门和员工根据企业战略目标和年度工作计划，在不同的评价周期内会有不同的工作重点，因此，各个层面的评价指标的选择必须紧紧围绕工作重点来进行，这样才能保证企业战略目标和年度工作计划的实现。

(2) 指标之间的支撑作用。通过上述 KPI 分解过程可以看出，从企业 KPI 到部门 KPI 再到员工 KPI 的过程实际上是一个层层分解的过程，因此，在选择较低层面的评价指标时，必须首先考虑其是否对上一级评价指标具有支撑作用。如果有，就应该考虑优先选择，并赋予较大的权重。

(二) KPI 设计的思路

1. 以问题改进为核心的 KPI

[案例 7-4]

部门层面的 KPI

某企业负责离退服务的部门主任非常苦恼：这个部门只有两个半人(两个正常人，一个残疾人)，需要提供服务的离退休人员有 1300 多人，散布在城市的各个角落。公司实施绩效管理对她造成很大压力：这种服务性质的部门，领导们虽说口头上重视，但实际情况大家心知肚明，该主任担心别的部门都有 KPI，而自己部门没有，第一个周期就把她难住了。

经反复沟通改进 KPI 设计的原则：改进且该改进有明显的意义，她设计了第一个 KPI，通过头脑风暴法，穷举工作中的问题、难点以及苦恼，最后选定其中一项，“发通知的苦恼”。发一遍通知，通常要 10 天左右时间才能全部到位，实在让人操心，于是这个考评周期内的 KPI 就是降低对全体离退休人员发通知的周期，指标的目标是“降低至两天之内”。通过鱼骨图法分析影响周期的原因、用头脑风暴法锁定解决核心问题的方法。造成周期长的根本原因是通知的方法落后，主要靠打电话下通知；方法落后的原因是基础管理落后、途径单一，离退办只掌握老员工们的家庭住址和固定电话，没有其他通讯方式。拟议的解决方法是调查该地区的孝道文化，看人们是否乐意为长辈转达通知，得到非常肯定的回答后，确立基本的思路：变直接通知为间接通知，通过离退休人员的第二或第三代代转通知。目标是建立基于网络的新通信方式，掌握离退休人员第三代三种通信方式、第二代两种通信方式，以及群发通知的有关数据库和管理软件。

完成这个目标的关键点是人力和预算，如果人力和预算过大或过于正式则这个 KPI 实现的成本过大，就没有必要了。围绕这个关键点确定了第三级目标：找到低成本解决方案，经讨论，目前正好有刚刚招聘的部分大学毕业生正在各部门轮岗熟悉情况，与人力资源部协商后，优先安排部分熟悉软件开发的人员到行政系统轮岗，交给离退办主任指挥 10 天。

通过这个 KPI 的设立和后来的圆满完成(实际降至 1 个工作日以内)，这个企业解决了长久遗留的问题。

[案例 7-5]

岗位层面的 KPI

某公司推行绩效管理后，总经理办公室行政秘书比较紧张，她的工作极其琐碎，但很难看出成绩。受习惯思维的影响，她认为自己的岗位不像业务部门，几乎没有 KPI。但经过沟通，她很快打开了思路，找到了一系列 KPI(管理流程描述略，下同)。

(1) 问题所在：公司的文件在办公自动化系统中流转不畅，经常不能及时归档，过程中老是有人超时压文件，主要是领导出差等原因，秘书不便经常催领导。

(2) 指标名称：解决文件流转不畅问题。

(3) 预期目标：使文件流转时间 100%达标。

(4) 工作思路：锁定造成文件流转不畅的主要原因，是领导们经常因故违反规定(但不便直接催促)。在办公自动化系统中增加一个小功能：当文件停留超时，系统自动发送提醒短信给相关人员。无须增加特别预算，在公司办公自动化软件维护费用中直接支付。

2. 持续系统的绩效提升

前述以问题为导向的绩效改进和改进型 KPI 设计方法，主要针对那些问题比较零散、缺乏规律性，具有偶发性的情况，比较适合于支持部门。而对于典型业务部门和职能部门，其绩效目标和问题往往具有规律性，因此可以采用多种管理理论、工具和方法，建立持续系统提升绩效的体系(问题或改进方向)，确定 KPI 指标。在一定的时间内，不改变 KPI 本身，而是通过不断提高 KPI 的目标标准，达到持续系统改进和提升绩效的目的。

[案例 7-6]

持续系统提升的 KPI 指标

某大型企业的档案室管理存在一些问题：档案不齐，往往借不到有关档案(问题出在不能及时归档)；提档困难，经常需要等待很长时间才能取出档案；

服务质量差、态度差，由于档案室比较偏僻，几个管理人员比较悠闲。工作人员有一定背景，在没出什么大问题的情况下，公司出于各方面考虑，一方面不便于做得太绝，另一方面档案室毕竟是个次要的地方，领导们也没有精力过问它的管理情况。现在，上级进行档案管理升级，公司面临两种选择：一是通过加强内部管理和少量的必要投入，二是按照国家标准进行大的改造，配备专业人员。公司最终通过绩效管理体系设立一项持续系统提升的 KPI 指标，以及办公软件系统的个别模块调整，在几乎没有额外投入的情况下，出乎意料的达到了目的。

这条 KPI 指标非常简单："平均提档时间。"公司在绩效管理项目组的协助下，首先测定目前档案室的平均提档时间是 37 分钟，给档案室设定这项 KPI(六个月内只有这一项)每个月的目标是降低 4 分钟。为了便于数据统计和考核中的"放水"，对原来可以自由选择使用的办公自动化中的"网络申请提档模块"，规定为必须使用，并且进行了优化，提交申请的同时，系统自动计时，交接档案签字时自动结束计时。这条 KPI 生效后，档案室的管理迅速发生了质的变化，在指标的牵引下，管理人员自发地加强了几个方面的工作：强化了档案催交制度的执行，分部门落实催交责任制，对到期档案主动实施催交；加强档案室的内部 5S 管理，清理档案柜、档案袋，清扫卫生，完善标签，优化查找和行走路线，完善标志和检索系统等。在半年时间里，通过有限的投入(3 个人的绩效奖)，圆满完成了档案管理达标升级的任务，并且大家公认这个效果是稳定的、可持续的，是以往的靠投入和运动式的达标升级所不能比拟的。

二、平衡计分卡

平衡计分卡(balanced score card，BSC)就是根据企业组织的战略要求而精心设计指标体系。用其创始人的话来说，"平衡计分卡是一种绩效管理的工具。它将企业战略目标逐层分解转化为各种具体的相互平衡的绩效考核指标体系，并对这些指标的实现状况进行不同时段的考核，从而为企业战略目标的完成建立起可靠的执行基础"。

平衡计分卡的核心思想就是通过财务、客户、内部流程及学习与发展四个方面的指标之间的相互驱动的因果关系展现组织的战略轨迹，实现绩效考核、绩效改进以及战略实施、战略修正的战略目标过程。它把绩效考核的地位上升到组织的战略层面，使之成为组织战略的实施工具。

平衡记分卡的设计包括四个层面：财务层面、顾客层面、内部经营流程层面、学习和成长层面。这四个层面分别代表企业三个主要的利益相关者：股东、顾客、员工；每个层面的重要性取决于层面的本身和指标的选择是否与公司战略相一致。其中每一个层面，都有其核心内容。

第一，财务层面。财务业绩指标可以显示企业的战略及其实施和执行是否对改善企业盈利作出贡献。财务目标通常与获利能力有关，其衡量指标有营业收入、资本报酬率、经济增加值等，也可能有销售额的迅速提高或创造现金流量。

第二，客户层面。在平衡记分卡的客户层面，管理者确立了其业务单位将竞争的客户和市场，以及业务单位在这些目标客户和市场中的衡量指标。客户层面指标通常包括客户满意度、客户保持率、客户获得率、客户盈利率，以及在目标市场中所占的份额。客户层面使业务单位的管理者能够阐明客户和市场战略，从而创造出出色的财务回报。

第三，内部经营流程层面。在这一层面上，管理者要确认组织必须擅长的关键内部流程，这些流程帮助业务单位提供价值主张，以吸引和留住目标细分市场的客户，并满足股东对卓越财务回报的期望。

第四，学习与成长层面。它确立了企业要创造长期的成长和改善就必须建立的基础框架，确立了目前和未来成功的关键因素。平衡记分卡的前三个层面一般会揭示企业的实际能力与实现突破性业绩所必需的能力之间的差距，为了弥补这个差距，企业必须投资于员工技术的再造、组织程序和日常工作的理顺，这些都是平衡记分卡学习与成长层面追求的目标。如员工满意度、员工保持率、员工培训和技能等，以及这些指标的驱动因素。

[案例 **7-7**][①]

平衡计分卡的实施要领

1. 案例背景

A 仪器(苏州)有限公司是美国 A 集团公司在华的子公司，主要经营领域是研发、生产与销售电化学分析仪器，是该行业的领先者之一。为改变公司过分追求短期财务指标的做法，2006 年公司决定采用平衡计分卡，将财务指标与非财务指标、长期目标与短期目标结合起来进行绩效考核。

由于实施平衡计分卡是一个全新的尝试，A 公司人力资源部门决定先在销售部门进行试点，获得一定经验后再在全公司推广。经人力资源部门研究，销

①谢凌玲，杨文超. 2008. 应用平衡计分卡失败的原因及解决方案. 中国人力资源开发，(6): 51-53.

售部门的平衡计分卡指标设置如下：在财务方面，以销售增长率和成本费用作为主要考核指标；在内部运营方面，公司以销售体系完善率和客户拜访率为考核指标；在顾客方面，以老顾客保有率、新顾客开发率为考核指标；在学习与成长方面，以员工的培训时数和员工满意度为考核指标。

但是，实施平衡计分卡的过程并不顺利。平衡计分卡刚一实施就遭到销售人员的抵制，他们很不理解平衡计分卡的实施意义，认为新的考核方法与原先单纯考核销售额相比太麻烦；在强制推行一年以后，公司并没有取得预期效果。

为改变局面，公司决心聘请咨询公司为其设计并推广平衡计分卡。2007年6月，项目正式启动。由美国A集团公司北京代表处首席代表担任项目顾问，咨询公司首席顾问担任组长的绩效推进小组宣告成立。经过近四个月的工作，绩效项目小组提出了平衡计分卡的整体解决方案，取得了较好的效果。

2. 原因诊断

绩效推进小组认为，平衡计分卡在A公司失灵的原因主要有以下五个方面。

其一，公司第一次制定平衡计分卡时，虽然告别了单一关注财务指标的绩效考核做法，但人力资源部仅是简单地将一些财务指标与非财务指标牵强附会地纳入平衡计分卡的四个维度，却忽视了这些指标的内在逻辑关系，即学习与成长是内部运营能力的基础，企业通过提高内部运营，为顾客提供更大的价值，客户的满意又有助于企业财务目标的实现。

其二，公司最初的做法是先试点再推广，即首先单独对销售部门设置平衡计分卡。这种做法违背了平衡计分卡的编制原则。正确的做法是以企业战略为导向，编制公司层面的平衡计分卡，然后自上而下分解指标，编制部门层次和个人层次的平衡计分卡。

其三，平衡计分卡需要耗费大量的人力和物力，其推广有一定难度，A公司在实施平衡计分卡之前准备不足，匆忙上阵，导致部分员工出现抵制情绪，很难保证绩效信息及时准确地收集。

其四，部分平衡计分卡指标的设置较难测量。比如，A公司在内部运营类指标中设置了“销售体系完善率”一指标，该指标的测量就缺乏一定的标准，很难测量。

其五，实施平衡计分卡是一项系统工程，实施过程中需要相应的配套制度。

3. 改进方案

(1) 做好实施平衡计分卡的前期宣传与调查工作。A公司首战失败的原因在很大程度上是没有做好足够的前期工作。绩效推进小组成立之后，马上从两方面展开了前期准备工作：一是高层领导亲自召开推行平衡计分卡的动员大会，绩效推进小组通过展开全员培训、发放易于理解的宣传手册等方式做好平衡计分卡知识的普及工作；二是展开以中层和基层员工为主要调查对象的问卷调查工作，以便掌握公司目前绩效管理的现状，以及员工对开展平衡计分卡的认知、了解和接受的程度。

(2) 进行战略研讨，制定企业战略规划。实施平衡计分卡的前提是明确和制定企业战略。A公司的战略目标是：依靠其全面的产品线，为电池材料的生产企业和研究单位提供全面的测试和分析解决方案，包括提供材料测试、成品检测、数据处理等全套的设备及技术支持。具体途径是通过专业化服务用户，畅通销售及服务渠道，逐年增加销售额，逐步提升市场份额，使中国市场成为A集团公司全球业务的主要增长点。A公司的战略规划如图7-1所示。

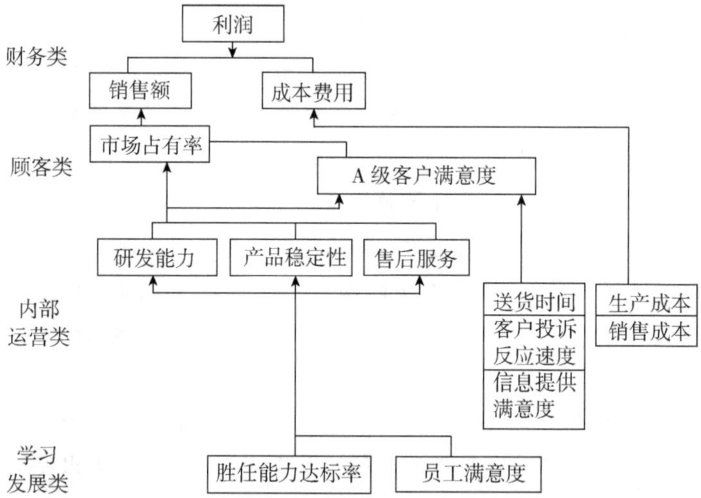

图7-1　A公司的战略规划图

结合A公司的战略目标，通过因果关系分析，专家认为，公司的最大目标就是实现利润的提升，这需要从两方面入手：一是增加销售额，二是减少成本费用。销售额的增加主要是依据提高产品的市场占有率以及增加客户的满意度。在顾客方面，据统计2006年A公司全年近60%的销售额来自于占客户总数20%的30个大客户，所以该行业具有非常强的市场集中性，少量客户拥有很强的讨价还价能力。公司把这少数的 30 个客户列为 A 级客户，重点管理。在内部运营方面，公司所提供的产品是高科技产品，客户对公司的研发能力非常看重。对客户的调查结果显示，A 公司具有一些优势，如在电化学测试行业内的品牌知名度高、研发能力强、测试软件功能的综合性强、有一定的价格优势、交货速度较快、先进入中国市场等，然而其较差的售后服务、设备的不稳定性一直是客户抱怨的薄弱环节。因此，A 公司非常需要关注产品的稳定性和售后服务。学习与发展方面，内部运营的好坏取决于公司是否拥有一批胜任能力强的员工，同时还取决于员工满意度的提升。

(3) 依据企业战略规划，确定公司层面的平衡计分卡。在战略规划确定之后，绩效推进小组抽取 12 名员工(以中高层为主)运用德尔菲法确认公司层面的绩效考核指标。参加德尔菲法讨论的专家依据可控制性、可测量性、可实施性、可理解性等原则进行四次衡量，最终确定了公司层面四个维度的 KPI 及其权重，如表 7-3 所示。

表 7-3 公司层面平衡记分卡一级指标及权重

维度	公司层面指标	权重/%
财务类 (30%)	利润	70
	成本费用预算比	30
顾客类 (30%)	目标市场占有率	45
	A 级客户满意度	55
内部运营类 (20%)	设备合格率	30
	成本控制率	8
	研发产品交验及时率	8
	售后服务及时率	18
	送货及时率	18
	客户投诉满意率	18
学习与发展类 (20%)	胜任能力达标率	50
	员工满意度	50

财务方面，公司关注的指标是利润额与成本费用预算比；顾客方面，一是通过市场开发增加 A 级客户数量以增加市场占有率，二是通过确保 A 级客户的满意度实现企业利润增长的目标；内部运营方面，通过成本控制率、售后服务及时率等指标确保顾客满意度的提升；学习与成长方面，内部运营的合理性来自于员工整体素质的提升，这可以通过设置胜任能力达标率与员工满意度指标来实现。推进小组认为，最初 A 公司设计的员工培训时数不能反

映培训效果和员工实际的胜任能力，因此用胜任能力达标率指标代替员工的培训时数更科学。

(4) 构建部门与个人层面的平衡计分卡。平衡计分卡还应落实到部门与个人，需要依据公司层面的平衡计分卡构建部门与个人的平衡计分卡。同样运用德尔菲法，绩效推进小组获得了部门与个人的平衡计分卡指标及权重。由于销售部门是公司核心部门之一，在此以销售部门为例，介绍A公司部门平衡计分卡的构建。

一般而言，构建部门平衡计分卡，一方面需要对公司层面指标体系进行分解，另一方面还应根据部门的职能分析推导出部门职能指标，然后，将这两方面的指标结合起来确定最终的部门指标体系。根据小组研讨结果，销售部财务、顾客、内部运营、学习与发展四个维度的权重分别为35%、25%、20%和20%，一级指标及其权重见表7-4。

表7-4 销售部门平衡记分卡一级指标及权重

维度	公司层面指标	权重/%
财务类（35%）	销售额	70
	销售成本费用预算比	30
顾客类（25%）	目标市场占有率	20
	A级客户满意度	30
	老顾客保有率	30
	新顾客开发率	20
内部运营类（20%）	销售预测准确率	25
	销售成本控制率	50
	销售人员信息提供满意度	25
学习与发展类（20%）	销售人员胜任能力达标率	50
	销售人员满意度	50

从表7-4我们看出，在财务方面，销售部关注的财务指标是销售额的提升与销售成本费用预算比。在顾客方面，销售部门不但需要关注目标市场占有率、A级客户满意度，而且还应考虑老顾客保有率和新顾客开发率等指标。

在内部运营方面，销售部门应关注三个指标，一是销售预测准确率。A公司采用的是客户定制生产模式，即每台设备的具体通道、功率、性能在客户定制后，由研发人员根据其技术需求专门设计之后再进行生产，这种生产模式良好运行的前提是准确的销售预测率。过去，A公司一直不太重视销售员工的销售预测，以至于有时订单俱增，即使研发生产部门连续加班也无法根据合同按时完成，流失了大量客户。因此，销售预测准确率是销售部门运营方面关注的指标之一。二是销售成本控制率，通过降低销售成本提高利润空间；三是销售人员信息提供满意度。采用这个指标是因为A公司较为注重知识营销在销售中的作用，为客户提供全面、准确的技术信息与相关科研情况是提高客户满意度的重要方面。

在学习与发展方面，A公司主要关注两个指标。一是销售人员胜任能力达标率。A公司是高科技公司，其产品技术涵盖分析化学、电子及计算机三大专业领域，操作复杂。作为销售人员，不但要给客户进行知识传递和操作演示，而且还要具备对客户培训、产品安装、调试、基本维修的技能，所以A公司对销售人员具备的胜任能力要求较高；二是员工满意度，只有销售人员的满意度提高了，才能获得良好的运营表现。

(5) 制定与平衡计分卡相配套的管理制度。A公司最初实施平衡计分卡失败的一个原因是缺乏配套措施的支持。因此，绩效推进小组还将平衡计分卡的实施与财务预算、薪酬管理联系起来，以此调动员工的积极性。以薪酬管理为例，A公司进行了这方面的改革，制定了与平衡计分卡相联系的薪酬管理制度。

在平衡计分卡重新实施之前，A公司的薪酬主要由基本薪酬、绩效工资、福利三部分构成，其中基本薪酬与员工的职位相关。事实上，除销售人员的绩效工资与销售额相联系外，其余员工的绩效工资实际上是按其基本薪酬数额的一定比例发放的，相当于变相的基本薪酬，激励效果不大。重新实施平衡计分卡之后，员工的绩效工资与该员工个人的平衡计分卡考核结果联系起来，具体的做法是：员工的绩效工资为绩效奖励基数与绩效考核系数的乘积。

绩效奖励基数与员工的职位相联系，绩效考核系数则是员工个人平衡计分卡的考核分数(绩效考核系数在1.2以上所对应的考核等级是“出色”，绩效考核系数在0.6以下所对应的考核等级是“不合格”)。比如，财务经理岗位处于公司薪酬等级的第四级，对应的绩效奖励基数为R，本年度个人绩效考核系数为1.15，那么财务经理的绩效工资则是R×1.15。实践表明，这样的薪酬制度大大提高了员工的工作积极性。

三、平衡计分卡与关键绩效指标的融合实例

(一) 案例背景[①]

H集团成立于1989年，经过十几年的奋斗，现已发展为一家多元化、跨地域、员工逾万人的大型企业集团，年销售额近22亿元。零售业为H集团的基础产业，

①于慧萍，孙健敏. 2007. H集团基于BSC的KPI改进. 中国人力资源开发, (7): 68-71.

到2005年年底，商业总营业面积12万平方米，最先开发的A购物中心连续多年位居全国零售百强。集团在A购物中心运作成功的基础上，又先后开发了B、C两个大型购物商场，三个商场档次定位不同，形成互补。

为了完善管理，促进各公司的快速发展，集团决定对各商场进行绩效考核。集团对各商场的考核成绩作为其总经理的考核分数，与其绩效工资挂钩。各公司的其他高层管理人员由本公司总经理进行考核，考核分数与各公司的考核分数有一定比重的挂钩，具体比重由各公司自行制定。

集团人力资源部设计了一些 KPI，按月度和年度考核各公司完成计划的情况，考核具体内容见表7-5、表7-6。考核试行一年之后，发现效果并不理想，考核过程中存在不少问题，各下属公司的意见也较多，特别是考核指标的设置问题尤其突出。这促使人力资源部对考核指标的制定进行反思。

表7-5　月绩效考核指标

指标名称	权重/%
含税销售收入	50
费用控制	30
现金流	20
重大经营管理安全事故	
合计	100

表7-6　年绩效考核指标

指标名称	权重/%
利润总额	50
含税销售收入	30
现金流	20
综合业绩评价	
重大经营管理安全事故	
合计	100

(二) H集团关键绩效指标中存在的问题分析

根据一年来考核中出现的问题、各公司反映的意见及对考核方案的认真分析，可以发现三个问题。

(1) 只注重财务指标，考核导向有偏差。由考核指标表看到，月度考核的内容是含税销售收入、费用控制、现金流、重大经营管理安全事故，年度考核的内容是利润总额、现金流、含税销售收入、综合业绩评价、重大经营管理安全事故，显然KPI 全部是财务指标。完全用财务指标考核极易导致实际工作中经营者出现短期行为，而不在乎企业长远发展。有些商场为了获得高分，一味地节省费用，该花的钱也不花，忽视了企业长期发展所必需的投入。如为了节省培训费，一年中没有买过任何培训教材，也没有派员工外出参加必要的相关培训。企业员工的素质得不到提高，不利于企业的长期发展。还有些商场为了得高分，不根据客观实际，预提费用，玩起了数字游戏。有的商场单纯追求销售，不顾毛利率的高低，大幅度打折促销。更为严重的是，过分强调销售收入使有的商场出现了虚假销售现象。

(2) 三个不同公司的考核指标都一样，没有考虑它们的差异性。A、B、C 三个公司的市场定位不同，处于不同的发展期。A 公司处于成熟期，B 公司处于成长期，C 公司处于创立期，它们的工作重点和难点不相同，采用完全相同的指标和权重考核是不合理的。如 C 公司成立不久，市场认知度很低，销售收入很低，而且 C 公司的商品定位是国际名牌商品，招商难度大，所以在相当长一段时间，它的主要工作是招商。按目前的方案考核，经营者总是完不成任务，考核成绩很低，而其在招商、完善管理方面的工作成绩体现不出来，导致经营者工作积极性下降。

(3) 没有能力指标的考核。商场的竞争非常激烈，要赢得竞争必须不断提高员工的能力素质，尤其是商场的总经理更需要不断学习、不断进步。因此，对管理者学习、创新能力的考核也是一项重要内容。

(三) 基于平衡计分卡的 KPI 改进

1. KPI 改进思想的确定

人力资源部反思以往考核的不足，决定根据平衡计分卡的思想对集团制订新的考核方案。

平衡计分卡从企业愿景与战略出发，在财务、客户、内部管理、学习与成长四个方面对企业进行全方位的定量化绩效考核，将战略变成具体的行动。平衡计分卡一方面强调财务指标和非财务指标的平衡、长期和短期的平衡、眼前利益和长远利益的平衡；另一方面则强调四个维度之间的驱动关系，通过学习与创新来优化内部流程，使顾客满意，从而提高企业财务绩效。这种思想非常适合集团的发展需要。

平衡计分卡虽然能将企业的短期目标与长期目标相结合，但是其设立过程较为复杂，对企业的各方面要求较高，而集团目前还无法达到平衡计分卡所要求的水平。因此，人力资源部认为应该根据集团自身的实际情况和实现目标的需要，将平衡计分卡的思想融入考核指标设计当中，建立基于平衡计分卡的 KPI 体系。

在确定了改进考核的思想后，人力资源部制定了修订考核方案的基本原则：①导向性原则。考核指标引导企业战略实现，鼓励经营者在不牺牲企业长期发展的前提下实现近期目标，创造利润；②针对性原则。考核指标的设立和考核目标值的确定依不同公司所处的发展阶段而不同；③简易性原则。在不牺牲考核完整性的前提下，尽量简化考核流程；④适应性原则。在经营活动中，实际经营环境如果和下达预算时的假设发生了较大的差异而影响经营业绩时，被考核人及被考核人的主考评人均有责任向绩效考核委员会提出建议。

2. 建立基于平衡计分卡的 KPI 体系

(1) 明确企业战略和战略目标。运用 SWOT 分析、BCG 矩阵分析、目标市场价值定位分析等方法分别对三个公司的环境进行分析，依据企业使命的核心价值形成切合实际的企业战略目标定位，如表 7-7 所示。

表 7-7　A、B、C 公司的战略目标

公司	市场定位	发展期	目前状况	战略目标	管理重点
A	中高档	成熟期	市场口碑及销售业绩很好，管理规范，商业经验丰富，集团现金流的重要来源	延长成熟期、保持竞争优势	引进一线品牌，提升经营定位，巩固市场份额，继续提高盈利能力
B	中档	成长期	市场认知度、市场份额不断增加	占领市场，获得社会认可	保证一定毛利水平的前提下，扩大市场份额，提升利润空间
C	高档国际名牌	创立期	市场认知度极低	逐步增加市场认知度和市场份额	保证一定毛利水平的前提下，加大招商力度，加强营销措施，提升销售

(2) 确定关键绩效指标体系。从财务、顾客、内部流程、学习与成长四个维度出发，为实现企业战略目标需要，设立各公司的 KPI 体系。A、B、C 三个公司的指标设立情况见表 7-8。三个公司的 KPI 不尽相同，而且在具体的考核方案中，由于公司的战略不同，三个公司相同指标的权重也不尽相同。

表 7-8　A、B、C 公司的 KPI 体系

维度	主要评价指标		
	A	B	C
财务	经营所得现金	销售收入、经营所得现金	销售收入
顾客	顾客满意度	顾客满意度	顾客满意度
内部流程	一线品牌占有率、供应商满意度、品牌到位率、营销费用贡献、年度审计指标	品牌到位率、供应商满意度、营销费用贡献、年度审计指标	品牌到位率、商品丰富度、供应商满意度、营销费用控制、销售增长率、年度审计指标
学习与成长	组织领导能力、学习创新能力	组织领导能力、学习创新能力	组织领导能力、学习创新能力

第一，财务维度。财务指标是其他三个维度指标的出发点与归宿，财务绩效指标显示了公司的战略及执行是否有助于利润的增加。它反映公司成长与赢利能力，包括销售收入、利润、毛利率、费用等。对于成长期的公司更加关注收入的增加，对于成熟期的公司，则注重公司的赢利能力、利润率。A 公司处于成熟期，关注重点是利润率的提升，所以考核其集团经营所得现金的成绩。B 公司处于成长期，一方面要提高销售收入，另一方面也要提高营利能力，避免以往经营中出现的毛利率过低的现象。C 公司处于创立期，重点是快速成长，提高收入。

第二，顾客维度。通常顾客维度的指标有 5 类：公司形象、市场份额、顾客满意度、顾客维持和顾客获取。按照集团的实际情况，设立了顾客满意度作为考核指标，这个指标包括了顾客投诉率、卖场环境、服务态度、商品丰富、商品价格、管理人员素质、营销政策等方面。它反映了顾客对公司的意见、期望，是公司进行经营管理调整的重要参考依据，也是从外部角度评价公司经营管理水平的重要指标。顾客满意度由商业管理部设计《顾客满意度调查问卷》并组织各公司进行问卷调查，并对调查结果进行统计、分析。

第三，内部流程维度。优异绩效来自组织中所发生的程序、决策和行为。因此，公司还需要关注这些能满足公司战略实现的关键的内部经营活动。平衡计分卡的内部评估指标，来自对实现公司战略目标有重大影响的业务程序。对于购物商场而言，品牌的好坏、多少是商场经营成功的重要因素。一线品牌占有率、品牌到位率、供应商满意度、商品丰富度、残损率、商品周转率、营销费用贡献等是衡量商场经营管理水平的重要指标。由于各个公司市场定位、所处发展阶段和企业战略各不相同，经营重点各不相同，所以在内部流程方面的考核指标及权重也不尽相同。

为引导各个公司全面提高管理水平，还设立了年度审计指标(含管理规范性、管理事故、突出贡献等)，具体内容见表 7-9。由于审计指标比较复杂，所以只在年终进行考核。

表 7-9　年度审计指标考核内容

考核项目	考核内容
管理的规范性	内部管理制度完善 业务流程规范 严格履行审批手续 经营数据、管理记录完整 资产管理良好
出现管理事故	行政管理事故、信息管理事故、业务管理事故、财务管理事故、人事管理事故、工程管理事故、资产管理事故
有突出贡献	减免税收、减免费用、坏账回收、闲置资产处置、结算信用

第四，学习与成长维度。学习与成长，是指公司不断创新、提升学习能力，提高管理水平，从而增强核心竞争力，最终提高企业经营业绩。学习与成长是综合竞争能力的驱动因素，也是整个战略因果链的基础。这个维度目前主要考察各公司总经理的组织领导能力、学习创新能力。集团每年要组织各种大型活动，这对维护良好的企业文化，增强企业的凝聚力起到了重要作用，集团希望各公司经理能认识到它的意义，因此通过组织各类活动的效果来考察各公司总经理的组织领导能力。学习创新能力则是对总经理们工作中的创新表现、参加各类培训及对员工培训的情况进行考察，具体内容见表 7-10。由于能力的提高需要有一个过程，所以学习与成长维度的考核只在年终进行。而且这一项只与总经理本人的绩效工资挂钩。

表 7-10　能力指标考核内容

指标	考核内容
组织领导能力	各类大型活动的组织效果 企业形象维护 组织落实集团各项规章制度成效
学习创新能力	内部培训学习 外部培训考察 工作创新

[案例分析][①]

下班了，X 通信公司总经理办公室还亮着灯，人力资源部刘经理正在向公司朱总经理汇报近期绩效考核体系运行的情况。

“绩效考核办法试行将近三年，却没有达到我们期望的效果。员工的绩效考核分数相差无几，人均绩效工资也没有实质性的差距。绩效考核体系成了一种形式，名存实亡。如何提高员工的职业技能，改进工作绩效，增强员工工作的主动性和积极性；如何改进员工的绩效考核方案，体现员工工作性质的差异，这些都是我们亟待解决的问题。朱总，我从事人力资源工作这么久，还没有碰到这种投入了时间、财力和人力，却没有回报的工作。我们的绩效考核体系的症结何在……”

朱总苦苦思考着刘经理反映的问题，陷入沉思。

一、X 通信公司简介

X 通信公司是某省通信公司下属市级分公司，公司高层由一位总经理、两位副

① 汪克夷，董艳，蕊张爽. 2008. X 通信公司绩效考核失效及其对策的案例探析. 中国人力资源开发，(6): 54-58.

总经理和一位总经理助理组成。职能部门有经营部门、经营辅助部门和管理部门。经营部门是完成公司整体经营业绩的主要部门，主要包括市场经营部、网络部、市区内的营业部和各个县级分公司等；管理部门是公司正常运行的后勤保障，主要包括综合部、人力资源部和财务部。另外，市场经营部和网络部各下设 3 个中心。

二、公司现有绩效考核方案

早在三年前，X 通信公司就推出了《员工日常绩效管理实施细则》，形成了月度考核与年度考核相结合、长期与短期考核兼备的绩效考核体系。该体系以个人考核为主，通过 KPI、GS(工作任务)、民主评议结果(只进行年度考核，且只针对部门负责人)指标对员工绩效加以考核。在 KPI 指标的制定上，主要由主管副总对省公司 KPI 指标进行分解，将公司 KPI 指标分解后落实到各个部门负责人，然后由各部门负责人将 KPI 分解至其负责考评的部门内各相应员工。在 GS 指标的制定上，由考评负责人与员工进行沟通，共同约定考核期间员工必须完成的工作任务，并将其列入考核的 GS 指标当中。每月月初由考评负责人制定绩效考核指标，并在考评期结束时负责对员工打分。根据打分结果对员工排序，按照 10%、55%、30%、5%的比重划分出 A(优秀)、B(中等)、C(合格)、D(欠佳)四个等级，根据不同等级发放被考评人月度绩效奖金。

员工月度绩效考核以员工在考核周期内的工作业绩和工作表现为依据，其中工作业绩权重 80%，工作表现权重为 20%。员工当月绩效考核流程分别为制订月度绩效计划、员工自评、考核评分、审核排序、结果汇总及绩效回报。

员工月度绩效回报公式为：

员工月绩效奖金=奖金基数×员工责任系数×员工绩效等级系数

式中，奖金基数是指人力资源部根据省公司下达的年度人工成本计划，综合考虑固定人工成本、新增人工成本和公司经营状况等因素测算确定；员工责任系数是由公司绩效管理领导小组研究确定。绩效管理领导小组是由总经理、总经理助理和人力资源部经理组成。

月度主要工作任务(KPI、GS)评分标准是：创造性地、完全超乎预期地超过挑战目标得 100 分；完成挑战目标得 80 分；基本完成目标得 60 分；与基本目标存在明显差距得 0~40 分，如表 7-11 所示。

表 7-11　绩效等级系数表

绩效等级	A（优秀）	B（中等）	C（合格）	D（欠佳）
比重分配/%	10	55	30	5
赋值/分	100	90	80	70
等级系数	1.10	1.05	1.00	0.90

日常绩效分值=本年度个人月度绩效等级赋值之和÷本年度参加考试月次

在执行过程中，X 通信公司很快发现考核结果很难区分真正的业绩优秀者和业绩普通者，并且绩效工资的奖励力度比较小。因此，员工对这项工作的热情迅速减退，最后绩效考核形成了一件形式化的工作，并没有起到预想的效果。

朱总和人力资源部刘经理一筹莫展，但是要把绩效考核继续搞下去的决心依然没有动摇。2007 年 1 月，刘经理在省公司组织的有关人力资源培训期间，听过人力资源专家李教授的课之后，受益颇深。他想，能不能引进“外部智慧”来帮助公司建立可执行的绩效考核方案呢?

三、现有绩效考核体系失效表现

李教授及其团队进行实地调研后认为，绩效考核工作是一项系统工程，其设计与执行同企业管理工作的其他方面密切相关。绩效考评设计与执行中所存在的各种问题，不单是绩效考评体系自身的问题，只有从企业的基本环境与基本管理情况中探寻原因，才能有效把握问题的本质，最终找到科学的解决方案。X 公司绩效考核失效具体表现在以下五个方面。

其一，考核结果难以应用，缺乏激励性。绩效考核的目的之一是通过考核结果的有效应用，把握企业运行情况、调动员工的积极性，提升人力资本，而在 X 公司绩效考核中，对员工实际工作成果的激励效果有限。一方面，在物质激励方面，被考核人的等级划分对奖金发放数量影响程度有限，奖金差距最大不超过 20%，而且评为 D 级的员工仅占总员工的 5%，影响范围有限。另一方面，在精神激励方面，考核结果不公布，对 A 级员工不表扬、对 D 级员工不批评，最终形成“干好干坏一个样、平均主义大锅饭”的局面，绩效考核结果很难成为督促员工改进工作绩效的激励工具。

其二，绩效考核流于形式。为使考核结果真实而精确地反应员工的绩效，考核者大都将工作集中在指标量化设计和 360 度全方位考核上，希望通过全方位、多角度和客观实在的数据避免人为影响。但在实际操作中，公司多数员工在思想认识上只是把考核工作当作了上级交办的任务，部门负责人在考核执行上出现了晕轮效应、近因效应和趋中效应，打分、排序等只是为了考核而考核，绩效面谈等工作在实际执行中被忽略。公司上下没有形成科学完整的绩效考核观念，未建立完善的绩效考核结果回馈和沟通机制。

其三，各部门制定的绩效考核标准缺乏整体性和系统性。X 公司的绩效考核往往由本部门的负责人进行考核，部门负责人根据本部门的职能性质，制订员工的工作计划，每个部门员工的考核体系都不一样。系统完整的考核体系被肢解为条块分割的多个考核系统。不同部门绩效考核尺度的差异，影响了绩效考核体系的权威性。管理部门的一把手难以科学、准确、合理地对员工的月度、年度绩效表现进行打分、排序，考核负责人对员工的工作量、工作难度、工作重要性难以科学准确地加以核定。在指标缺乏针对性的情况下，绩效考核流于形式。

其四，考核方法与主观效果相背离。部分考评负责人对现有的绩效考评体系的操作不够熟练，认为现有的考评方法难以操作，但作为对企业总体绩效全面、科学的考评体系，客观上说 X 公司现有体系的复杂程度适中。

其五，人为因素。人力资源部在实施绩效考核方案之前没有做过宣传和培训，无论是高层领导还是员工，都缺乏对绩效考核体系的认识。人力资源部也没有对各个部门制定的绩效考核方案进行审核。无论从管理上还是技术上，实施绩效考核体系的条件都有所欠缺。

四、改进绩效考核方案

面对公司绩效考核存在的诸多问题，该如何着手解决呢？朱总和刘经理经过与李教授的审慎商讨，决定本次绩效考核分配方案的设计在考虑“团队协作和向经营部门倾斜原则”的基础上，制定两步走的改进战略，先是落实具体的改进策略，然后对员工绩效工资算法进行改进。

(一) 改进策略

其一，优化组织结构，向经营部门倾斜。根据 X 通信公司的人员编制和组织结构情况，考虑各职能部门在完成公司整体绩效中所起的作用和性质不同，将绩效奖金在经营部门、经营辅助部门和管理部门三大职能部门分配，网络部和工程建设部介于经营部门和管理部门之间，是为经营部门提供辅助服务的，也是经营部门完成业绩指标的保证，可以归为经营辅助部门。经营部门、经营辅助部门和管理部门的人均绩效奖金比例可根据公司的实际经营状况和需要定为 1∶0.95∶0.9。

其二，引入部门绩效调整系数。根据完成指标和工作任务的情况，把部门分成四等，即优秀部门、良好部门、合格部门和欠佳部门，设定部门绩效调整系数分别为 1.6、1.4、1、0.8。部门绩效和部门“一把手”及员工的绩效奖金挂钩，督促“一把手”和员工协作，发挥团队精神。针对绩效考核“考民不考官”的现象，采取将“一把手”的绩效考核目标与部门绩效捆绑的方式，对“一把手”形成有效约束，有利于发挥其创造性和积极性，同时有利于剔除难以胜任的领导，优化管理队伍。当然，对“一把手”的考核还应配置合理的条件，即应设计合理的薪酬标准，以防止因责权利不对等而导致核心成员的流失。

其三，考核结果的体现与运用。绩效考核结果是员工薪酬分配、职务任免、岗位调动和员工培训的主要依据，但目前公司的绩效考核结果只被用于公司月度奖金发放及公司年度薪酬调整。因此，在今后的绩效考核实施方案中，应明确员工的物质和非物质奖惩，同时绩效考核结果对培训、薪酬和职业生涯的影响也应在公司的培训管理制度、薪酬管理制度和职业生涯管理制度中作出相应的规定。总之，要把绩效考核结果与人事管理的其他环节挂钩，为正确的人事决策提供依据。

其四，加强企业培训与文化建设。绩效考核体系能否真正成为公司人力资源管理的工具和激励员工的手段，不仅取决于科学合理的绩效考核体系设计，更取决于公司领导和员工对绩效考评管理等相关制度的认识和理解。因此，应加强员工在人力资源方面的培训，提高其对绩效管理等相关方面的认识，逐步培养员工的组织归属感、荣誉感和团队合作精神，不断地提升企业文化，从而有利于企业的发展和壮大。

(二) 绩效工资分配算法的改进

首先，依据各职能部门在完成公司整体经营业绩中所起作用的不同，将绩效奖金在三大职能部门分配。其次，在三大职能部门内部分配时引入部门绩效，使不同部门之间和不同员工之间的绩效考核具有可比性，这在一定程度上体现了团队协作能力和合作精神。最后，改进方案的算法可以用 EXCEL 工具进行公式编辑，一目了然，节省了时间和人力成本。

第一，三大职能部门之间的绩效奖金分配。

根据绩效考核体系“团队协作和向经营部门倾斜”原则，假定经营部门、经营辅助部门和管理部门的人均绩效奖金比例为 $L_1 : L_2 : L_3$(L_1=1，L_2=0.95，L_3=0.9)，三大职能部门的人均绩效奖金比例可根据公司的实际经营状况和需要进行调整，同时假定部门经理和员工人均绩效奖金比例为 2∶1。

E_1=当月绩效奖金总额/[(经营部门员工人数+经营部门经理人数×2)×L_1+(经营辅助部门员工人数+经营辅助部门经理人数×2)×L_2+(管理部门员工人数+管理部门经理人数×2)×L_3]

X_1=(经营部门员工人数+经营部门经理人数×2)×L_1×E_1

X_2=(经营辅助部门员工人数+经营辅助部门经理人数×2)×L_2×E_1

X_3=(管理部门员工人数+ 管理部门经理人数×2)×L_3×E_1

E_1 表示公司月人均绩效奖金当量；X_j(j=1、2、3)表示某职能部门月绩效奖金总额，其中 X_1 表示经营部门月绩效奖金总额，X_2 表示经营辅助部门月绩效奖金总额，X_3 表示管理部门月绩效奖金总额。

第二，部门内部的绩效奖金分配。

为了更加科学、合理地分配绩效奖金，调动员工的积极性，引入部门绩效，将部门绩效考核结果作为区分优秀、良好、合格、欠佳部门绩效奖金的依据。

现假定优秀部门、良好部门、合格部门和欠佳部门的分配比重依次是 10%、55%、30%和 5%，同时假定优秀、良好、合格和欠佳部门的部门绩效系数如表 7-12 所示。

表 7-12 部门绩效调整系数

部门	部门绩效调整系数(P_i)	备注
优秀	1.1	超额完成任务很多
良好	1.05	超额完成任务
合格	1	完成任务
欠佳	0.8	没有完成任务

将部门绩效奖金分为两部分：一部分为员工绩效奖金，另一部分为经理绩效奖金，然后按其各自的人数及绩效等级进行分配。具体算法如下。

某职能部门内部员工绩效奖金分配：

$R_j=X_j/(S_j+T_i\times 2)$

$G_j=S_j\times R_j$

R_j 为某职能部门的人均绩效奖金当量；X_j 为某职能部门月绩效奖金总额；S_j 为某职能部门的员工人数，j 的含义同上；T 为经理人数，T_i 为某类别部门经理人数，下标 i 表示不同类别部门，$i=1$ 为优秀部门，$i=2$ 为良好部门，$i=3$ 为合格部门，$i=4$ 为欠佳部门；G_j 为某职能部门的员工绩效奖金总额。

$E_j=G_j/\Sigma H_i\times P_i$

$F(j，i)= E_j\times H_i\times P_i$

E_j 为某职能部门内所有类别部门的员工平均绩效奖金当量；H_i 为某类别部门员工总数；P_i 为类别部门的部门调整系数，i 的含义同上；$F(j，i)$ 为某职能部门内某类别部门的月绩效奖金。

$Z_i= F(j，i)/(N_A\times M_A+N_B\times M_B+N_C\times M_C+N_D\times M_D)$

A 类员工月绩效奖金=$Z_i\times M_A$

B 类员工月绩效奖金= $Z_i\times M_B$

C 类员工月绩效奖金= $Z_i\times M_C$

D 类员工月绩效奖金= $Z_i\times M_D$

Z_i 为不同类别部门人均绩效奖金当量；N_A 为 A 类员工的人数，N_B 为 B 类员工的人数，N_C 为 C 类员工的人数，N_D 为 D 类员工的人数；M_A 为 A 类员工的绩效等级系数，M_B 为 B 类员工的绩效等级系数，M_C 为 C 类员工的绩效等级系数，M_D 为 D 类员工的绩效等级系数。

某职能部门内部经理绩效奖金分配：

$K_j=X_j-G_j$

$E_j = K_j/\Sigma T_i \times P_i$

$Q_i = E_j \times P_i$

E_j为某职能部门经理绩效奖金当量；K_j为某职能部门经理月绩效奖金总额；T_i为某类别部门经理人数，P_i为类别部门的部门调整系数，Q_i为某类别经理月绩效奖金。

五、绩效考核运行及结果

根据李教授的建议和公司实际情况，人力资源部对绩效考核体系进行了相应修改，对绩效考核体系“分期分批、逐步实施”，即先对经营部门的绩效考核方案进行修订，然后再逐步推广到其他职能部门。分步实施的目的在于，一方面可以体现不同的工作性质及不同绩效表现的员工在绩效计划方案上的差异，实现绩效考核的激励作用；另一方面协助企业逐步实施，可确保企业的稳定发展，同时逐步对各级员工进行培训与沟通，使其转变观念，确保方案的顺利进行。

经过六个月的试运行，绩效考核改进方案逐渐体现出优越性。通过专家的培训与学习，刘经理发现公司高层领导对绩效考核知识的相关概念有了比较清晰的认识，员工也不再有抵触情绪，认为绩效考核管理是一种工具和手段，是对自我工作的改进和完善。通过对员工绩效考核工资算法的改进，适当拉开了经营部门和管理部门员工的绩效奖金差距，经营部门的员工不再怨声载道，打破了“平均主义大锅饭，干好干坏都一样”的局面，提升了公司的经营业绩和人力资本。

在绩效考核改进方案试运行总结大会上，朱总的一番话道出了大家的心声：“绩效考核制度就像一把双刃剑，好的绩效考核制度可以活化整个组织，给企业注入生命和活力。但是，如果做法不当，则会问题丛生，产生许多意想不到的后果。公司的绩效考核曾经走过弯路，但是现在我们在专家的指导下已经改进并取得了初步成效。绩效考核制度的进一步完善，需要大家的共同努力。”

[思考题]

1. 如何理解企业绩效？它具有哪些性质？
2. 绩效管理对于企业来说具有什么意义？
3. 试述绩效管理的基本流程。
4. 人力资源管理部门在绩效沟通中具有哪些重要作用？
5. 部门经理在绩效沟通中扮演着什么角色？
6. 简述构建 KPI 体系的基本思路。
7. 平衡计分卡的核心思想是什么？
8. 如何构建基于平衡计分卡理念的 KPI 体系？
9. 中小企业绩效管理存在哪些常见的误区？应如何解决？

CHAPTER 8

第八章 薪酬管理

[内容提要]

要实现员工利益与企业利益的激励相容，除了分解并达成企业绩效目标之外，还要满足员工的物质利益追求，对于完成或超额完成员工绩效标准的应给予进一步激励，同时要考虑员工的不同需求实施多样的激励手段。全面薪酬理念、薪酬水平确定、薪酬制度设计、薪酬结构设计等将是本章的主要内容。

[学习要点]

1. 掌握企业薪酬管理体系的框架内容；
2. 建立全面薪酬理念；
3. 掌握薪酬制度设计步骤；
4. 掌握薪酬结构设计内容与方法；
5. 了解员工福利的内容与作用。

开篇案例[①]

泰斗网络公司是一家网络服务商，成立于1998年，现有员工200多人，许多人都是在某一领域富有专长的专家，80%的技术人员都具有博士学位，公司新产品年更新率达到30%。是什么样的利益回报有如此巨大的吸引力，致使大批优秀人才对泰斗网络公司投入如此大的热情呢?答案是泰斗网络公司的薪酬水平和薪酬构成。

在泰斗网络公司有项目管理、研究开发和系统工程三个重要的岗位。这三种岗位总体薪酬水平都比较高，年度平均总薪酬都超过10万元。公司的高利益回报在三种从业人员的薪酬水平上得到充分体现，如表8-1所示。

表8-1　各岗位年薪总额

岗位名称	年薪范围/元
研究开发经理	23万~29万
系统工程经理	15万~20万
项目管理经理	11万~14万

泰斗公司主要靠技术服务和提供解决方案获利，因此，岗位技术水平的要求高低对薪酬有直接影响。对于研究开发人员，他们的贡献在于通过技术研究和技术实践为公司积累技术资本，是保持公司长期、稳定发展的基础，是增强公司市场竞争力的前提。对于系统工程人员，主要通过具体的过程实施和技术支持保证工程项目的顺利执行，但使用的是成熟的技术工具，在技术上没有太多研究突破。至于项目管理人员，工作中已经包含行政管理的成分，技术含量低，因此，薪酬水平低于研究开发和系统工程人员。表8-2揭示了上述三种岗位薪酬构成的成分及其比重。

表8-2　各岗位薪酬构成及其比重　　单位：%

岗位名称	基本现金总额	补贴总额	变动收入总额	股利总额
系统工程经理	71	2	18	9
研究开发经理	81	2	6	11
项目管理经理	80	2	10	8

从薪酬构成比例来讲，不同性质的岗位差异明显，最突出的特点是，系统工程人员的固定现金收入比重明显低于项目管理和研究开发的人员，而变动收入比重却最高。这是由于各个岗位所承担的工作任务的不同性质所决定的。那么：

(1) 如何根据企业发展战略和岗位特点确定岗位的薪酬水平?

(2) 如何确定各岗位的薪酬构成及其比重?

(3) 薪酬管理体系的具体内容有哪些?

(4) 如何在企业经营管理过程中，实施这种差异化的薪酬体系和薪酬结构?

① 改编于李小勇. 2004. 泰斗网络公司的三种岗位薪酬体系. 北京：机械工业出版社：258.

本章将就这些问题进行探讨。

第一节　薪酬管理体系

一、薪酬管理

(一) 薪酬与薪酬管理概念

1. 薪酬

薪酬(compensation)是员工因向所在组织提供劳务而获得的各种形式的酬劳。狭义的薪酬指货币和可以转化为货币的报酬。广义的薪酬除了包括狭义的薪酬以外，还包括获得的各种非货币形式的满足。

薪酬包括经济性薪酬和非经济性薪酬两大类，经济性薪酬分为直接经济性薪酬和间接经济性薪酬。直接经济性薪酬是单位按照一定的标准以货币形式向员工支付的薪酬，包括工资、奖金、津贴与补贴、福利、股权等。间接经济性薪酬不直接以货币形式发放给员工，但通常可以给员工带来生活上的便利、减少员工额外开支或者免除员工后顾之忧，如保健计划、住房资助、员工服务、带薪休假等。非经济性薪酬是指无法用货币等手段来衡量，但会给员工带来心理愉悦效用的一些因素，如良好的办公环境、融洽的人际关系、晋升、培训、发展机会、上级的赞赏与认可等。

2. 薪酬管理

薪酬管理(compensation management)，是在组织发展战略指导下，对员工薪酬支付原则、薪酬策略、薪酬水平、薪酬结构、薪酬构成等进行确定、分配和调整的动态管理过程。薪酬管理要为实现薪酬管理目标服务，薪酬管理目标是基于人力资源设立的，而人力资源战略服从于企业发展战略。

(二) 薪酬的功能

1. 员工方面

(1) 经济保障功能。薪酬最终表现为企业和员工之间达成的一种供求契约，企业通过员工的工作来创造市场价值，同时企业对员工的贡献提供经济上的回报。在市场经济条件下，薪酬收入是绝大多数劳动者的主要收入来源，它对于劳动者及其家庭的生活所起到的保障作用是其他任何收入保障手段都无法替代的。

(2) 心理激励功能。薪酬是个人和组织之间的一种心理契约，这种契约通过员工对于薪酬状况的感知而影响员工的工作行为、工作态度以及工作绩效，即产生激励作用。员工的较高层次薪酬需求得到满足的程度越高，则薪酬对于员工的激励作用就越大。反之，如果员工的薪酬需要得不到满足，则很可能会产生消极怠工、工作效率低下、人际关系紧张、缺勤率和离职率上升、组织凝聚力和员工对组织的忠诚度下降等多种不良后果。在其他条件相同的情况下，不能满足员工的合理薪酬期望的企业很容易出现员工满意度低和流动率高的现象。

(3) 社会信息功能。对于员工来说，薪酬所具有的信息传递功能也是一种非常重要的功能。这是因为，在现代社会中，员工所获得薪酬水平高低除了其所具有的经济功能以外，它实际上还在向其他人传递着一种信息，人们可以根据这种信息来判断特定员工的家庭、朋友、职业、受教育程度、生活状况甚至宗教信仰以及政治取向等。不仅如此，在一个组织内部，员工的相对薪酬水平高低往往也代表了员工在组织内部的地位和层次，是对员工的个人价值和成功进行识别的一种信息。因此，员工对这种信息的关注实际上反映了员工对自身在社会以及组织内部价值的关注，从这方面来说，薪酬的社会信息功能也是不可忽视的。

2. 企业方面

(1) 控制经营成本。在薪酬管理过程中有一个重要环节，即进行人工成本开支方面权衡和取舍的薪酬预算。它也是财务预算中进行人工成本控制的重要方式之一。通过薪酬预算，企业可以使人工成本的增长与企业效益增长相匹配，有效减少无效人工支出，提高劳动生产率，控制浪费用工现象。

(2) 改善经营绩效。企业绩效决定于个人绩效。一个人作用的发挥，只有在他与工作、工作的条件以及组织方式联系起来，才能从企业的整体上反映出大家共同作用的效果。有效的薪酬管理，可以促使员工工作效率提高、改善和提高生产或服务质量以及降低旷工率、跳槽率等，从而使企业收益提高、成本降低，这是薪酬管理对企业绩效的间接作用过程。

(3) 塑造和强化企业文化。企业文化是企业长期生产经营活动中所自觉形成的，为广大员工所自觉恪守的经营宗旨、价值观念和道德行为准则的综合反映。它是促使企业向自己的经营目标、经营战略迈进的“软”动力。而作为企业实现自己经营目标的一种手段，企业的薪酬管理必须与之相适应，与企业文化中的核心价值观相一致，才能更容易为员工所接受，才能最大化的发挥作用。可以说薪酬管理制度本身也是企业文化的一部分，而其同时也以强化价值取向的方式反作用于企业文化，为员工指明努力的方向，从而更好的实现企业目标。当二者有机的结合时，便形成了企业独特的薪酬文化。良好的薪酬文化是成功薪酬的基础，薪酬文化对于大多数人来说是极具诱惑力的，因此向外部人才宣扬公司优秀的薪酬文化是吸引人才的一种重要方法。薪酬的变革同时也是文化的变革。一个好的薪酬战略会激发员工对企业整体利益的关注，塑造良好的团队精神，从而塑造全新的企业文化。

(4) 支持企业变革。薪酬战略是企业战略的重要组成部分，薪酬管理的战略性选择与企业竞争优势是相互依存的。薪酬体系应随着企业战略的改变而改变。如果薪酬制度与企业的战略不符合，那么组织就无法进行转型。企业的薪酬变革会牵动每一个人的神经，当人们对一种即使是“不合理”的分配制度的习惯后，那么“不合理”也就转变成了“合理”。而当我们试图对这种“不合理”进行调整时，事实上就是改变了他们原有的习惯，即使是合理的也会被一部分人认为是不合理的，尤其是这种变革触动了他们原来的个人利益。这种薪酬变革的引导则需企业的最高领导言传身教，大力倡导并采取必要强势的手段推进。一般来说，企业和薪酬战略之间的联系越紧密或彼此匹配越适应，企业的投资回报率就会越高。

二、企业薪酬管理体系框架

1. 企业薪酬体系一般从三个纬度来衡量：薪酬总额、薪酬决定标准和薪酬结构

(1) 薪酬总额预算。这是企业为保持外部竞争性而进行的相对于竞争对手或市场一般水平的薪酬水准定位。可以根据企业的实际情况，采用领先于市场、追随市场或者低于市场水平的政策等。

(2) 薪酬体系确定。薪酬体系是决定薪酬高低的依据，岗位、技能、资历、绩效和市场状况等都可能是决定薪酬的依据。究竟按照什么依据来决定薪酬，取决于有关依据的特征和企业的具体状况。

(3) 薪酬结构设计。薪酬结构是指薪酬的各个构成部分及其比重，通常指固定薪酬和变动薪酬、短期薪酬和长期薪酬、非经济薪酬和经济薪酬两两之间的比重。选择什么样的薪酬结构这也取决于每一种结构的特征和具体的企业状况。

2. 一个企业的薪酬体系要适应企业的战略发展，满足员工的物质利益追求

应具备以下四方面特征：

(1) 对内公正性。是指支付给员工的薪酬在公司内部要准确地反映员工之间的相对劳动价值差别。就是要做到按同一标准确定员工的薪酬，根据员工的不同能力和不同的岗位需求来设定，与薪酬决定标准相对应而建立等级薪酬。

(2) 对外竞争性。就是薪酬应具有市场竞争能力，能够吸引和留住公司发展需要的人才。主要包括薪酬水平与劳动力市场价位接轨和明确薪酬水平定位策略两方面。随着劳动力市场的建立和完善，市场机制对劳动力配置的基础性作用日益明显，影响劳动力流动的市场工资率逐步形成。若企业员工薪酬水平一直低于市场价位，则将抑制工资的激励功能和对人力资源优化整合的功能。同时根据各层次岗位(人员)的流动成本，实行不同的薪酬水平定位策略，以体现不同层次的岗位(人员)对公司发展的重要程度。例如，对核心层实行领先型的薪酬水平。即对公司发展起关键作用的核心员工的薪酬水平要高于市场价位，以保持较强的吸引力；对骨干层实行追随型薪酬水平。即骨干层员工的薪酬水平不低于市场价位，以保持较强的稳定性；对普通层实行浮动型薪酬水平。即普通层员工的薪酬水平根据绩效及市场供给情况围绕市场价位上下浮动，可保持一定的流动性。

(3) 个人激励性。通过绩效评估，对个人的技能和业绩表现进行科学评价，并与薪酬紧密挂钩，激发员工的进取心。同时做到薪酬结构的多样化，短期激励与长期激励并重，使员工与企业结成利益共同体，为员工发挥最大潜能而营造薪酬氛围。

(4) 易于管理。即薪酬绩效考核指标应简单明了，薪酬等级要宽泛，薪酬要素应符合公司经营战略发展的需要。

另外从管理的封闭性角度来说，企业的薪酬政策还应该包括薪酬的管理与控制方式。内容主要是确定员工参与程度、薪酬透明度、成本控制标准等内容，以体现日益受到重视的程序性公平要求。具体内容如表 8-3 所示。

表 8-3　企业薪酬体系框架①

薪酬纬度	纬度解释	政策指向	衡量指标
薪酬水平	企业为保持外部竞争性而确定的相对于其他组织或市场一般水平的薪酬水准，考虑如何以市场为导向参照竞争对手的薪酬水平进行定位	选择领先于市场，追随市场或低于市场水平的政策，使薪酬水平符合企业发展水平	1. 薪酬政策与企业经营的一致性 2. 竞争性人才的吸收和流失率 3. 满意度
内部薪酬等级划分	以员工对完成组织目标所作的贡献为主要依据，确定以何种标准对员工薪酬进行等级划分，关注企业内部不同职位之间或者不同技能员工的薪酬（包括加薪数额）对比问题	如何合理拉开从事不同工作的员工之间的收入差距；控制最高薪酬，平均薪酬与最低薪酬的倍数；确定增加员工薪酬的依据（资历、业绩还是技能）	1. 员工满意度 2. 公平感
薪酬组合形式	考虑薪酬以何种组合形式发放，引导员工行为取向	确定稳定部分与可变部分的比重，短期薪酬与长期薪酬的结构以及直接经济性薪酬与间接经济薪酬的替代性等	薪酬对员工行为的导向与企业目标的一致性
薪酬管理与控制方式	对薪酬体系的运行状况进行监督和控制，尽量减少薪酬运行偏差	确定控制方式，如员工参与程度、薪酬透明程度	1. 人工成本效益比 2. 人工成本总量 3. 满意度

① 何燕珍. 2003. 国外企业薪酬政策及其对我国企业的启示. 外国经济与管理，(6): 30-34.

三、薪酬总额的确定

对于庞大的薪酬体系，我们不可能也不应该对其细节加以详细的控制，而应该抓住其总体水平，只要控制了薪酬总额，一切问题也就迎刃而解了。那么如何控制薪酬总额呢?最根本的办法就是依据公司的实际情况确定一个合理的薪酬总额，然后以总额为标准，实施薪酬控制。一般来说，主要依据企业的支付能力、员工的基本生活费用及一般的市场行情等因素来计算薪酬总额。

(一) 组织支付能力的衡量

要想确定一个合理的薪酬总额，就必须将企业的支付能力精确量化，通常用以下指标来衡量：销售额与人工费用比率、劳动分配率、损益平衡点。

1. 销售额与人工费用比率

销售额与人工费用比率=人工费用÷销售额=薪酬水准÷单位员工销售额。

上式中薪酬水准=人工费用÷员工总额；单位员工销售额=销售额÷员工总数。

由上式可以发现，如果企业的销售额较大，销售业绩较好，那么人工费用也可以相应地增加，因为企业的支付能力较大；如果企业的销售额较低，此时就不应盲目地增加人工费用的支出。这里的人工费用不仅仅包括员工的基本薪酬、奖金、津贴和福利，而且还包括激励员工所发生的一切费用。通过过去数年的经营业绩，可以求出人工费用与销售额的合理比率，求出合理的适合企业承受能力的人工费用。

2. 劳动分配率

劳动分配率=人工费用÷附加价值

依据劳动分配率，可以计算出合理的人工费率。公式如下：

合理的人工费率=人工费用÷销售额

=(附加价值÷销售额)×(人工费用÷附加价值)

=目标附加价值率×目标劳动分配率

例如，假设某公司的目标附加价值率为45%，目标劳动分配率为50%，目标销售额为8500万元，那么人工费用应控制在：

人工费用=销售额×目标附加价值率×目标劳动分配率

=8500×45%×50%=1912.5(万元)

此外，根据劳动分配率，还可以求出合理的薪酬调整比重。

3. 损益平衡点

$$损益平衡点=\frac{固定费用}{1-流动资本÷销售额}=\frac{固定费用}{临界利益率}$$

临界利益=销售额－流动费用

临界利益率=临界利益 ÷ 销售额

假设某公司的固定费用为 2200 万元(含人工费 1500 万元)，临界利益率为 40%，得到损益平衡点销售额为

损益平衡点=固定费用 ÷ 临界利益率

=2200 ÷ 40%=5500(万元)

因此，我们可以得出人工费用支出不得超出销售额的限度=人工费用 ÷ 销售额×100%=1500 ÷ 5500×100%=27%，如果企业超出此界限，企业很可能将亏损。如果企业主管决定利润目标为 800 万元时，其销售额及人工费用率将发生如下变化：

销售目标=(固定费用+利润目标) ÷临界利益率

=(2200+800) ÷ 40%=7500(万元)

人工费用率=人工费 ÷ 销售额

=1500 ÷ 7500=20%

因此，如果该企业要想实现 800 万元的利润目标，那么其人工费用率必须控制在 20%以内。

(二) 员工基本生活费用的衡量

员工的基本生活费的支出是企业必须支付的人工成本，如果企业的薪酬水平很低以至于无法满足员工基本生活方面的支出，员工很可能选择离开，企业也就难以生存。因此薪酬水平至少应该高于员工基本生活费用的支出。一般来说，员工基本生活支出的确定可依据消费品物价指数、货币购买力、基本生活消费品的项目等指标来衡量。基本生活费用应随物价和生活水平的变动而变动，由于不同地区的生活水平差异甚大，所以在确定员工基本生活费用时要依据实际情况而定，客观确定生活水平，切忌脱离实际。

(三) 一般市场行情

通过市场薪酬调查，了解当地通行的薪酬水平，将本地企业的薪酬与之对比，决定企业的总体薪酬额。

当然，企业薪酬总额的高低还与企业经营状况、环境及薪酬政策有关。如果在产品成本中，薪酬部分所占比重很少，管理成本或生产效率很高，那么可以降低工人的薪资水平；如果产品具有独占性，售价高，可以将高薪转嫁给消费者，以较高的薪酬吸引高技术人才，提高企业士气，那么就可以实行高薪政策。

总之，为实行有效的薪酬控制，应该确定一个合理的薪酬总额，通过调整这个

总额达到控制整个薪酬体系的目的。

四、全面薪酬理念

[案例 8-1]

实例：高薪并未拴住员工的心

A 公司是南方一家知名的先进工业设备制造和销售公司，成立于 1997 年，成立时实际资金不到 100 万元，要做的却是每台价值数十万元的高科技产品，这 100 万元资金除了研发费用外，仅够做一两台样机。由于资金紧张，公司开张时除了老板本人担任公司的总经理外，只聘请了几名员工，每位员工的工资也只有几百元。

由于是创业时期，公司老板不但生活俭朴，还在工作中与员工打成一片，一起加班、一起讨论问题、一起决策，一点没有老板的架子。而对于员工来说，有什么想法，总能方便地与老板沟通，提出的好建议，也常常得到老板的支持和鼓励；有了困难，老板也总能及时洞察并给予帮助。再加上行业前景广阔、老板的个人能力也很强，每一位员工都对公司和自己的未来充满信心。

公司成立的第一年由于没有利润，员工奖金自然无从谈起，但他们毫无怨言，还经常主动替公司和老板着想，加倍工作，既出色地完成了工作，个人能力也得到了很好的锻炼。第一批员工以及紧随其后进入公司的一部分员工后来都成了 A 公司所在行业的精英。公司正因为拥有这样一批敬业而又能力突出的员工，市场份额迅速扩大，到 2002 年，产品市场占有率达到 72%，2004 年，该公司股票挂牌上市。

公司赚的钱越来越多，员工的收入也就越来越高，尤其是创业时的那一批骨干年收入达到数十万元。可是，尽管收入高了，这几名掌握着 60%市场份额和产品核心技术的骨干员工却不约而同地萌生了去意。

原来，随着公司业绩的增长，公司规模也日益扩大，员工越来越多，管理也越来越正规化，而这种“正规”的管理却日益显现出官僚主义的特点。老板整天忙于资本运作，忙于与政府、券商、银行打交道，与员工的沟通越来越少。虽然他依然像创业时那样勤奋，那样俭朴，可是他与骨干员工的隔阂和猜忌却越来越深。

市场和核心技术完全掌握在少数几名员工手里，这种局面对一个拥有上千名员工、年销售收入数亿元的大公司来说是非常危险的，老板对此也忧心忡忡，但他却没有制定出一套鼓励培养新人，让原来的骨干逐渐淡出具体业务、走上领导岗位的政策，而是继续让这些员工做具体的工作，却安排一批能力平庸、不懂业务却很听话、很可靠、“安全”的人担任管理职务。

因此，少数业务骨干被牢牢“钉死”在具体业务工作的位置上，又受到管理人员的严重制约，业务人员开始人人自危，于是拼命抓住手中掌握的市场和核心技术这一救命稻草不放。为了保障自己的地位和收入，他们也尽力排斥新人，使得新员工完全没有机会得到锻炼。由此形成恶性循环：销售业绩和核心技术日益集中在越来越少的几个人身上，而老板的担忧愈甚，管理人员对业务骨干的掣肘则变本加厉，业务人员于是越来越没有安全感……

到了 2004 年，这种局面已经发展到非常严重的地步。日益恶劣的工作氛围，终于使几名骨干走到了一起，每月召开一次秘密会议，订立攻守同盟，以市场和技术为要挟，与老板和管理层公开对抗，不断提出各种各样的要求，阻挠公司多项新政策的出台。更为严重的是，这些骨干员工开始酝酿集体辞职，并且已经着手准备组建新的公司。这样的事一旦发生，对于 A 公司的打击很可能就是毁灭性的。

在艰苦创业时期，A 公司仅支付低薪便取得成功，其关键在于成功的非货币薪酬激励。良好的企业文化、宽松的工作氛围、优越的学习和锻炼机会，使得员工对公司和自身的前景充满希望，都愿意为了长期的巨大利益而暂时忍受创业时物质上的艰辛。

随着公司壮大，其员工也如愿以偿地获得了高额的物质回报，但是根据马斯洛的需求层次理论，人在解决了基本的生存问题后，将要追求更高层次上的满足，而 A 公司却仅仅为员工提供了物质上的满足，骨干员工在领取高薪的同时却整天提心吊胆，神经紧张，不知道什么时候一不小心就会失去一切，这样的工作氛围必然导致员工们纷纷考虑后路，不再把自己今后的希望寄托在公司的发展上。因此，对于货币与非货币两种薪酬激励方式，在企业发展的不同阶段要区别对待。

全面薪酬将公司支付给员工的薪酬分为“外在”和“内在”两大类。

“外在”薪酬激励主要是指为受聘者提供的可量化的货币性价值。比如基本工资、奖金等短期激励薪酬，股票期权等长期激励薪酬，失业保险金、医疗保险等货币性的福利，以及公司支付的其他各种货币性的开支，如住房津贴、俱乐部成员卡、公司配车等。

“内在”薪酬激励则是指那些给员工提供的不能以量化的货币形式表现的各种奖励价值。比如，对工作的满意度、为完成工作而提供的各种顺手的工具(比如好的电脑)、培训的机会、提高个人名望的机会(比如为著名大公司工作)、吸引人的公司文化、相互配合的工作环境，以及公司对个人的表彰、谢意等。总结起来一般包括：员工的努力和绩效得到认可和赏识、工作和生活的平衡、组织文化、个人发展机会以及工作环境等五大方面的因素①。

1. 认可和赞赏

一个组织各个层次上的员工都需要感到自己所做的工作是被组织看重的，被视为有价值的，能够获得工作的成就感。而使员工有这种感觉的并不仅仅是与绩效挂钩的个人加薪或者奖励等，能够达到类似效果、成本更低并且可以经常给予的则是上级提供的及时、具体、真诚的认可和赞赏。此外，还有组织以发放奖品或礼物、召开庆功会等各种非货币形式对员工及其群体的努力和成绩所给予的认可和鼓励。这一方面要求企业必须学会如何在日常工作中有效地赞赏和鼓励自己的员工；另一方面也要求企业必须在传统的薪酬和福利之外，去寻找能够对员工进行奖励和认可的更加丰富多样的形式和手段。

2. 工作和生活的平衡

随着现代社会的发展，越来越多的人将关注重点从工作和经济收入转变为重新关注个人和家庭生活质量，对于很多经济收入水平较高的真正有能力的高层次人才来说尤其如此。在这种情况下，企业如果试图像过去那样，通过提供高水平的薪酬福利来换取员工的拼命工作，作为对员工家庭生活损失的一种补偿，其效果会越来越差，那些不能使员工保持家庭生活和工作生活平衡的企业将无法留住自己所需要的人才。企业就必须在灵活的工作安排以及为员工提供便利的各种计划等方面进行大量的投入。其中，前者包括弹性工作时间安排、远程工作、非全日制工作、更短的日工作时间或周工作天数等；后者则包括儿童看护、老人看护、锻炼和保健、洗车、购物等各种服务。

3. 良好的组织文化

关于组织文化，伦敦商学院教授杰伊·康戈尔有一段非常形象的比喻，他说：“文化非常像是鱼缸里的水，尽管它在相当大的程度上是不易被人觉察的，但是它的化学成分以及能够支持生命的元素却深深地影响着鱼缸里的生物。”员工在一个组织中工作时，只有当他个人的价值观与组织的价值观相吻合时，他才会感到自在和快乐。而组织文化恰恰是组织的价值观和经营理念的一种体现。因此，一个组织要

---

① 刘昕. 2005. 从薪酬福利到工作体验. 中国人力资源开发, (6): 62-65.

想让优秀人才不仅能够加入公司，而且能够留下来，同时还能够尽心尽力地努力工作，就必须培养一种对员工有吸引力的组织文化。良好的组织文化一旦形成，它不仅能够自动将那些与公司的价值观不相符合的人筛选出去，而且能够在没有规则的时候成为指导员工采取何种行动的一种事实上的程序手册。组织文化能够创造真正的员工忠诚度，而不仅仅是满意度。

4. 个人发展机会

个人发展机会包括学习机会、得到指导和培训的机会、职位发展机会以及参与决策的机会等很多方面的内容。由于企业和员工之间的契约早已从传统的终身雇用转变为长期就业能力的培养，所以，一家仅仅能够提供高薪，却不能为员工提供长期发展机会的企业越来越难以留住人才。如果员工在一家企业得不到个人发展机会，他们就会到其他能够提供这种机会的企业中去工作。

随着组织的扁平化，传统的晋升阶梯的数量被大大削减，仅仅依靠级别晋升来对员工进行激励的做法所受到的约束越来越大，在这种情况下，企业必须寻找一些创新性的方法来对员工进行开发。比如，为员工配备资深员工或管理人员充当他们的教练或导师，对他们的职业发展和进步进行指导和帮助；给员工更大的授权；对员工进行跨职能或跨地区的调动，增加员工的工作内容，丰富员工的工作经历；在企业内部为员工提供创业平台等。美国著名管理顾问公司美世人力资源咨询公司甚至允许自己的员工到其他企业中暂时工作一段时间，然后做出自己的选择。有人担心这种做法会导致人才流失，但是美世人力资源咨询公司却认为，公司能够为大家提供这种机会本身，就向员工表明，公司对于员工的职业发展是真正重视的，这种做法只会使公司对员工更加有吸引力，而不是相反。

5. 工作环境

毋庸置疑，员工需要在一个令人满意的环境中工作。而这里的工作环境涉及职位本身、工作地点以及公司三个方面的因素。

职位对于员工所产生的影响主要体现在职位本身对员工的吸引力、员工工作时的乐趣、工作的意义理解。在这方面，企业可以根据激励性的职位特征模型来对职位进行职位扩大化、职位丰富化、职位轮换等各方面的设计，从而增强员工在工作中的积极感受。很多时候，吸引员工留在一个企业中的并非是薪酬福利，而是工作本身对于员工的意义。比如，美国联合包裹服务公司有一段时间发现本公司司机的流动率很高，从公司角度来说，司机不仅拥有非常重要的技能，熟悉路况并且与客户有最直接的关系，而且寻找、挑选和培训一名后备司机要花很长时间，因此，降低司机的流动率十分重要。公司后来发现，司机流动率高仅仅是因为在原来的职责中，公司要求他们也要完成枯燥费力的搬运工作，现在，该公司已经将搬运工作交给另外一些人来完成了，尽管这些搬运工们的流动率高达 80%，但是对公司来说已经无关紧要了。

工作地点对员工在工作中的感受也有很大影响，有利的工作地点不仅决定了企业能够吸引人才的数量和质量，而且也有利于企业留住人才。比如，北京、上海、广州等特大型城市由于有丰富的教育培训资源和各种社会资源，所以人才供给的数量较多，而且质量较好，正因为如此，很多在中小城市发展起来的企业最后往往将需要吸引大量高层次人才的技术研发中心、管理中心迁入这些大城市，而将生产基地留在劳动力成本较低的中小城市。

最后,公司在社会上的公众形象以及声誉也是吸引和留住员工的一个重要砝码。在一家有着良好社会声誉的公司中工作所产生的自豪感和荣誉感，对员工也是一项重要的报酬。因此，大多数立足于长期发展的公司都非常重视公司的社会形象，都非常重视对公司愿景、使命和价值观的界定，并且努力通过各种活动和媒介将公司的使命和价值观等传递出去，从而在产品市场、劳动力市场以及公众心目中营造和维护一种良好的市场声望。

第二节 薪酬体系设计

就目前而言，薪酬体系主要有以职位为基础的薪酬体系、以技能或能力为基础的薪酬体系、以绩效为基础的薪酬体系等。

一、以职位为基础的薪酬体系

(一) 实例：职位薪酬体系设计

职位薪酬体系是企业通过对岗位工作的职责大小、劳动复杂程度、任职资格条件等因素的测评，按岗位工作的相对价值的高低来决定员工工资水平的一种薪酬制度。

1. 案例背景①

T 公司是一家中型国有煤炭加工企业，主要业务是生产与销售经洗选加工后的精煤产品，其生产能力及技术水平国内领先。其现行的薪酬体系是历史形成的，对公司的发展起到了不可磨灭的贡献。随着现代企业改革，这一薪酬体系严重制约了公司进一步发展壮大。

T 公司员工的薪酬分为三部分。第一部分为固定工资部分，主要由岗位工资、技能工资、工龄工资构成，其中岗位工资最低 240 元，最高 532 元，共 16 个等级，技能工资最低 134 元，最高 1219 元，共 32 个等级；工龄工资发放标准为一年 1 元。

① 孙琳. 2009. T 公司基于宽带思想的薪酬体系改进. 中国人力资源开发，(7): 57-59.

第二部分为绩效奖金部分，每月根据公司的效益状况下发。第三部分为福利和津贴部分，包括书报补贴、夜班补贴等。

2. 公司职位工资的设计

1) 职位分析与评价

职位分析和评价是设计职位薪酬体系的基础，通过职位分析和职位评价，可以形成对每个职位或公司中典型职位的相对价值的判断。在T公司原有的工作说明书体系下，运用要素计点法进行职位评价。

第一，确定岗位类型，选择评价要素。将该公司的近50个职位按照工作性质大致划分为三类，即管理类、技术类和操作类。针对不同的类别选择不同的评价要素，并根据各个要素在薪酬要素中的重要性程度确定相应的权重，对确定的每个报酬要素进行详细清晰的界定，以保证职位评价的公平性，如表8-4所示。

表8-4　T公司职位评价要素

职业类型	评价要素	权重	要素含义
管理类	职位贡献	40%	衡量职位对企业的重要性及对企业贡献的大小，以及本职工作出现失误对企业的损害程度
	监督管理	20%	监督和管理的下属员工的数量和类别
	责任范围	20%	工作管辖的范围及工作决策的自由度和主动性
	工作技能	20%	工作要求的知识和能力水平
技术类	职位贡献	40%	衡量职位对企业的重要性及对企业贡献的大小，以及本职工作出现失误对企业的损害程度
	工作技能	20%	工作要求的知识和能力水平
	工作环境	20%	工作环境的复杂程度，如有毒有害、噪声危害等
	工作复杂程度	20%	工作过程中的创新要求、任务的不确定性等
操作类	职位贡献	40%	衡量职位对企业的重要性及对企业贡献的大小，以及本职工作出现失误对企业的损害程度
	工作技能	20%	工作要求的知识和能力水平
	工作环境	20%	工作环境的复杂程度，如有毒有害、噪声危害等
	工作强度	20%	工作过程中体力劳动强度、脑力消耗疲劳程度

第二，确定要素等级及赋分。将评价要素的总点值定为800点，每个评价要素划分为五个等级，并对每个等级规定了详细的标准，如表8-5所示。

表8-5　工作技能要素等级表

等级	等级点值	等级定义
0	0	不需要专业知识
1	40	基本不需专业知识
2	80	需要基础的专业知识和操作技能
3	120	需要深广的专业知识和技术
4	160	需要广博的专业知识和精湛的技术水平

第三，选取基准职位进行评价，对所有职位分级。从 T 公司的三类职位中分别选取 5~10 个基准职位进行职位评价，其他剩余职位以此为基准确定其相对价值。然后，根据职位评价的结果按照表 8-6 的划分标准将公司所有的职位划分为 7 个等级。

表 8-6 根据职位评价的点值划分职位等级

职位评价点值范围	职位等级
200 以下	1 级
201~300	2 级
301~400	3 级
401~500	4 级
501~600	5 级
601~700	6 级
701~800	7 级

2) 外部薪酬调查

从每个职位等级中各选择 2~3 个关键职位进行外部薪酬调查。这些关键职位满足如下条件：一是职位的工作内容相对稳定且容易界定，二是这些职位在其他企业普遍存在，且与 T 公司存在着该类人才的竞争。

外部薪酬调查的主要内容包括同行业其他企业的薪酬水平、本地区的薪酬水平、薪酬结构以及薪酬发放的形式、时间、范围及其他非货币报酬，据此设计问卷并实施调查。获得市场调查数据后，根据 T 公司市场跟随的薪酬策略拟出公司的薪酬政策线。

3) 确定带宽，建立基于职位的薪点表

为了保证薪酬体系的平稳过渡，决定将带宽定为 50%，根据公司薪酬政策线的回归方程获得的各职位等级的平均工资作为该等级工资范围的中点。根据如下公式计算，获得每个等级最高工资和最低工资。根据薪级内等差的原则得到 T 公司职位工资薪点表，如表 8-7 所示。

最低工资=中点工资/(1+带宽/2)

最高工资=最低工资×(1+带宽)

表 8-7 T 公司基于职位的薪点表 单位：元

薪等	薪级				
	1 级	2 级	3 级	4 级	5 级
1 等	800	900	1000	1100	1200
2 等	960	1080	1200	1320	1440
3 等	1200	1350	1500	1650	1800
4 等	1440	1620	1800	1980	2160
5 等	1760	1980	2200	2420	2640
6 等	2160	2430	2700	2970	3240
7 等	2800	3150	3500	3850	4200

职位薪酬体系的建立步骤如下所示。

(1) 职位分析。结合公司经营目标，公司管理层要在业务分析和人员分析的基础上，明确部门职能和职位关系，人力资源部和各部门主管合作编写职位说明书。

(2) 职位评价。比较企业内部各个职位的相对重要性，得出职位等级序列；为进行薪资调查建立统一的职位评估标准，消除不同公司间由于职位名称不同、或即使职位名称相同但实际工作要求和工作内容不同所导致的职位难度差异。

(3) 薪资调查。薪资调查的对象，最好是选择与自己有竞争关系的公司或同行业类似公司，重点考虑员工的流失去向和招聘来源。

(4) 薪资定位。在分析同行业的薪资数据后，需要做的是根据企业状况选用不同的薪资水平。在薪资定位上，可以选择领先策略或跟随策略。

(5) 薪资结构设计。要综合考虑三个方面的因素：一是职位等级，二是个人的技能和资历，三是个人绩效。在工资结构上与其相对应的，分别是职位工资、技能工资、绩效工资。

(6) 薪资体系的实施和修正。在确定薪资调整比重时，要对总体薪资水平做出准确的预算。为准确起见，最好同时由人力资源部做此测算。因为按照外企的惯例，财务部门并不清楚具体工资数据和人员变动情况。人力资源部需要建好工资台账，并设计一套比较好的测算方法。

(二) 职位薪酬体系的优缺点

1. 职位薪酬体系的优点

(1) 和传统按资历和行政级别的付酬模式相比，真正实现了同岗同酬，内部公平性比较强；

(2) 职位晋升，薪级也晋级，调动了员工努力工作以争取晋升机会的积极性。

2. 职位薪酬体系的缺点

(1) 如果一个员工长期得不到晋升，尽管岗位工作越来越出色，但其收入水平很难有较大的提高，也就影响了其工作的积极性。

(2) 由于岗位导向的薪酬制度更看重内部岗位价值的公平性，在从市场上选聘比较稀缺的人才时，很可能由于企业内部的薪酬体系的内向性而满足不了稀缺人才的薪酬要求，也就吸引不来急需的专业人才和管理人才。

二、以技能或能力为基础的薪酬体系

技能薪酬是一种建立在对员工技能进行评估基础上的薪酬制度。可按员工技能水平的高低划分出不同的工资级别标准，与传统的职位工资相比，技能工资制将组织的注意力主要放在提高员工的技能上，因此技能工资制在组织内部员工的流动性以及员工个人发展等方面具有优势①。

(一) 实例

[案例 8-2]

通用磨坊公司的技能工资制

通用磨坊(General Mills)开办了一家生产“即榨汁”的工厂，该厂主要生产新鲜的果味饮料，工厂有 110 名工人。“即榨汁”的生产过程有四个阶段：一是原料处理，接受并加工原材料；二是混合，将原汁配制成果味饮料；三是装瓶，用机器吹塑软包装瓶，装入果汁、封口；四是包装，用机器不断将封好的瓶子包装为六盒装。

传统的工作及付酬的方式是雇人去做每个阶段上的工作，然后使用工作评价和薪酬调查去确定每项工作的工资。通用磨坊对工作方式和付酬方式进行了创新：在工作方式上，主要利用工作团队进行，把工人分成 4 个 15 人规模的自我管理生产团队以及 1 个小型的后勤保障组，每个团队在其轮班时执行所有的操作。团队中一个重要的角色是操作员，他的主要职责是监督和控制生产流程，及时发现生产及质量问题，并同相关的人员交流和商讨这些问题，这些问题也许不属于自己的工作领域。在付酬方式上，采用技能工资制，将每个生产阶段作为一个技能区，每个技能区有 3 种代表不同知识和技能提高程度的等级。新雇员被分配到任何一个技能区并得到起薪，大约 3 个月后此雇员能够证明自己获得 1 级证书，从而获得一次加薪。然后，该雇员开始在此技能区以 2 级水平工作，合格后再升入 3 级或进入下一个新技能区的起始水平，整个过程再重新开始，每获得一项升级都会得到价值相等的加薪。

为了顺利实施技能工资制，在培训方面做了相应的调整，对每个技能区的每个等级进行培训，并由生产团队安排，每个获得特定技能证书的雇员将负责培训轮换到该职位的下一位雇员。但是由于每个技能区职位数目有限，员工必须等待新领域内出现空缺后才能开始培训。

①王艳瑾. 2004. 技能工资制的实施条件.中国人力资源开发，(6): 76-78.

[案例 8-3]

北方电信公司的技能工资制

北方电信公司(Northern Telecom)为了改进技术服务质量，提高客户满意度，1987 年在客户服务部门内部对工程师和技术人员实行了技能工资制。

根据对技术人员和工程师的调查，公司总结出他们工作中所运用的硬件、软件、客户数据库、文件存档、网络接触面、书面交流、人际交往等 7 个主要方面的技能，每个方面根据其运用到的具体技术划分为 4 个等级。同时，组织专家对技术人员和工程师目前具有的技能种类和每种技能的等级进行评定，确定每位员工的底薪。以后，员工每提高一级技能或获得一项新的技能并得到评定委员会的认可后，就可获得相应的加薪。实行技能工资制以后员工掌握的技能与工资直接挂钩，员工们对培训的需求大大增加。

为此，公司采用了三种培训方式对员工进行了大量的培训，主要包括由公司技术骨干授课的内部课程培训，员工之间进行的在岗技能培训和外部专业技能课程培训。

通用磨坊和北方电信都是实施技能工资制比较成功的案例。两个公司实行技能工资制后，增加了雇员的灵活性，提高了生产率和产品质量，降低了事故率，顾客满意度大大提高，员工的平均工资有所增加。据两个公司的跟踪调查，员工对技能工资制的支持率达 90%。通过对两个公司实施技能工资制方案的对比，可以分析得出实施技能工资制的若干条件。

(1) 健全的技能评价体系。实施技能工资制首先要对员工的技能进行评价，从而确定出不同的等级。然后，根据员工所处等级的不同分别给予不同的工资。因此，确定员工的技能等级也就成了技能工资实施的核心问题。

(2) 扁平化的组织结构。在扁平化的组织中，员工将注意力从职位晋升和地位提高，转向技能的学习、运用和扩充，这正是实施技能工资制所必需的基础。

(3) 工作结构性较高、专业性较强。一个组织采用技能工资制的基本假定是："掌握更多与工作有关的新技能的工人能为公司作出更大的贡献，结果理应得到更多的报酬。"结构性较高的工作恰好符合这一假设。

(4) 高度的员工参与。在设计和实施技能工资制过程中，需要从员工那里获得充分的信息反馈及建议，不断对方案进行修改。因为一线员工清楚地了解组织需要什么技能，而他们已经掌握了哪些技能，需要提高哪些技能，这些对完善技能工资制是至关重要的。

(5) 完备的培训机制。实行技能工资后，员工的工资就与其掌握的知识和技能产生了直接的联系，他们会格外重视学习和发展自己的技能。因此，员工对培训的需求必然会增大，这就要求企业有完备的培训机制为员工提供培训，并保证他们有时间参加这些培训。

(二) 技能薪酬体系的优缺点

1. 技能薪酬体系的优点

(1) 员工注重能力的提升，容易转换岗位，也增加了发展机会。

(2) 不愿意在行政管理岗位上发展的员工可以在专业领域深入下去，同样获得好的待遇，对企业来说留住了专业技术人才。

(3) 员工能力的不断提升，使企业能够适应环境的多变，企业的灵活性增强。

2. 技能薪酬体系的缺点

(1) 做同样的工作，但两个人的技能不同而收入不同，容易造成不公平感。

(2) 高技能的员工未必有高的产出，即技能工资的假设未必成立，这要看员工是否投入工作。

(3) 界定和评价技能不是一件容易做到的事情，管理成本高。

(4) 员工着眼于提高自身技能，可能会忽视组织的整体需要和当前工作目标的完成。

(5) 对已达技能顶端的人才如何进一步的激励。

三、以绩效为基础的薪酬体系

(一) 绩效薪酬概念

绩效薪酬是指将员工的薪酬与其工作绩效联系，以工作绩效作为员工报酬的基础。员工绩效有个人绩效与团队绩效之分，相应的绩效薪酬也有个人绩效薪酬与集体绩效薪酬两种模式。

个人绩效薪酬即根据个体绩效水平给予劳动回报，它强调奖励个人的工作绩效，给予差别化的薪酬。其典型形式主要有计划奖励、业绩提薪和奖金计划等。在实际中，这种基于个人绩效基础的薪酬制度能有效地提高员工的积极性、创造性和主动性。因此，被国内外许多企业采用。

集体绩效薪酬作为支持团队合作方式的激励模式，严格地讲，它是指不以员工个人绩效为基础而实施旨在影响员工报酬的绩效薪酬方式，在实施中，企业一般根据团队或者整个企业来实施集体绩效薪酬的模式。

在设计任何绩效薪酬时都必须做出的关键决策是——绩效认可，即薪酬在多大程度上建立在绩效基础上，绩效薪酬的关注对象，决定绩效薪酬的多少与怎样等。在此基础上，企业还应建立绩效管理体系，以使绩效与薪酬有效连接，而且必须达到以下要求：员工的工作绩效是可以度量的；员工之间的绩效差别是可以区分的；可以体会到绩效差别和薪酬差别之间的关系；业绩薪酬增长的前景将激励提高绩效行为的改变；个人和组织绩效之间存在可以建立的联系。

(二) 绩效薪酬的设计

绩效薪酬设计包括绩效薪酬的支付形式、关注对象、配置比例、绩效等级和分配方式，以及绩效薪酬增长方式等。

1. 绩效薪酬的支付形式

企业以怎样的薪酬支付来建立与绩效的联系？这种联系有很多种，而且不同的企业差别很大。包括常见的业绩工资、业绩奖金和业绩福利，也包括股票或利益共享计划等形式。就实施绩效薪酬的不同层次员工来讲，也存在很大差别，企业可以支付许多不同类型的绩效薪酬，如员工可以因销售的增长、产量的提高、对下属的培养、成本的降低等而得到绩效薪酬；但一般来讲，企业高层可能更倾向于中长期绩效薪酬激励，而低层员工更倾向于短期的绩效薪酬激励；而且，依据不同的支付形式企业提供的绩效薪酬频率各不相同，可能是每月进行一次支付，也可能是季度或一年进行一次支付。

2. 绩效薪酬关注的对象

绩效薪酬是关注个人还是关注团队，或在关注团队绩效的基础上注重个人业绩。绩效薪酬关注对象的确定受到企业文化价值观和不同发展阶段的战略等因素的影响，如绩效从个人层面上得到衡量，那么每个人得到的绩效薪酬是建立在他的绩效基础上的，个人绩效在企业中得到最大化体现，有利于强化个人的行为与结果，但可能不太能满足团队协作和最大化团队绩效的要求。绩效薪酬也可以通过向一个团队或单位的每个员工提供一种群体绩效薪酬，即基于团队、业务单位或整个组织的绩效。还可以先衡量团队或单位的绩效来确定绩效薪酬总额，然后依据员工个人绩效对绩效薪酬总额进行划分，员工获得的绩效薪酬是基于自身的绩效。

3. 绩效薪酬配置比例

即绩效薪酬在不同部门或不同层次岗位中的配置标准，由于绩效薪酬种类很多，我们以其中一种——业绩工资进行说明，业绩工资的配置标准与各个岗位的工资等级和对应的外部薪酬水平相关；其与个人或团队的业绩联动，使得员工或团队可以通过对业绩的贡献来调节总体工资水平。具体配置有两种方法，第一种是切分法，先依据岗位评价和外部薪酬水平确定不同岗位的总体薪酬水平，再对各个岗位的总体薪酬水平进行切分，如某岗位总体薪酬水平(100%)=基本固定工资(50%)+业绩工资(50%)；第二种是配比法，先依据岗位评价和外部薪酬水平确定各个岗位的基本固定工资水平，这时应考虑薪酬水平市场定位，这种情况下，基本工资水平应定位于市场薪酬水平的相对低位，再在各个岗位基本工资的基础上上浮一定比例，使各个岗位薪酬的总体水平处于市场薪酬水平的中高水平，如某岗位的薪酬总体水平=基本固定工资+业绩工资(业绩工资为基本工资的 40%)。这样在员工没有达到或低于预期业绩标准时，其总薪酬水平低于市场水平；而达到或高于业绩标准时，其总薪酬水平就会持平或高于市场薪酬水平，从而达到员工依业绩控制自己薪酬而激励绩效的目的。

4. 绩效等级

绩效等级是依据绩效评估后对员工绩效考核结果划分的等级层次，它一方面与具体的绩效指标和标准有关，也与企业考核的评价主体和方式有关；在做到公正、客观对员工绩效进行评价基础上，绩效等级的多少和等级之间的差距将会对员工绩效薪酬分配产生很大影响。在设计绩效等级时还要考虑绩效薪酬对员工的激励程度，等级过多造成差距过小将会影响对员工的激励力度；等级过少造成差距过大将会影响员工对绩效薪酬的预期，以致员工丧失向上的动力。

5. 绩效分布

在确定了企业绩效等级以后，还应明确不同等级内员工绩效考核结果的分布情况，即每一等级内应有多少名员工或有百分之几的员工；通常来讲，企业决定员工绩效分布时基本符合正态分布现象，即优秀的占 10%~20%，中间的占 60%~70%，而差的占 10%左右。严格的绩效分布一方面有利于对员工的绩效进行区分，另一方面也有利于消除绩效评价各方模糊业绩，使得被评价对象的评价结果趋中。

6. 绩效薪酬分配方式

是指绩效薪酬如何在个人或团队中进行分配，常见的有两种方式。一种是绩效薪酬直接与个人业绩工资标准对应进行分配；一种是绩效薪酬先在团队间进行分配，然后再依据个人绩效进行分配，这中间又包含两种形式——完全分配和不完全分配，完全分配是将企业计提的绩效薪酬总额在团队与员工中进行彻底划分，一分不剩；而不完全分配是在控制绩效薪酬总量的情况下，在团队与员工之间依考核等级进行层次分配，绩效薪酬总量存在一定剩余。

7. 绩效薪酬增长

不同企业执行员工薪酬增长的标准各不一样，主要表现为职务晋升调薪、岗位调动调薪、资力提高(工龄或任职资格等)调薪以及绩效调薪等。就绩效薪酬增长来讲主要有两种方式，一为增加工资标准，一为一次性业绩奖励；在具体处理时，各个企业采用的策略也有区别。增加工资标准将长久地提高员工工资水平，随着时间的推移，就变成了员工对薪酬的一种权利，而且考虑到薪酬刚性的特点——易上难下，不利于企业薪酬的灵活决策；一次性业绩奖励是对达到企业业绩标准或以上的员工一次性进行奖励支付，在数量上可以与企业当期收益挂钩，即可以使员工感受到激励的效果，也可利于企业薪酬的灵活决策。

总之，绩效薪酬设计必须明确需要达到的目标，有效利用薪酬策略和绩效与薪酬的密切关联，使得企业不必为所有的工作支付高薪，而为那些具备关键技能创造高绩效的员工支付高薪，而对那些具备技能一般、绩效一般或较低的员工支付平均或低于市场水平的薪酬。从而使企业能够吸引所需的拥有关键技能的人才和留住高绩效员工以满足战略需要，又能够对企业的成本进行控制。

(三) 绩效薪酬的优缺点

1. 绩效薪酬的优点

(1) 个人层面，绩效薪酬将奖励与员工绩效紧密连接起来，使得企业的薪酬支付更具客观性和公平性。

(2) 组织层面，将绩效与薪酬相结合能够有效提高生产率，并使得薪酬更具市场竞争性；同时，由于它将人工成本区分为可变和固定两部分，所以有利于减轻组织的成本压力。

2. 绩效薪酬的缺点

(1) 在绩效标准不公平的情况下，很难做到科学准确。绩效薪酬体系的设计与管理要求有一个严密、精确地绩效评价系统。但是在实际运作中，绩效评价很难做到科学准确。

(2) 过分强调个人绩效回报，对企业的团队合作精神产生不利影响。在组织实现一定的绩效目标时，其绩效奖金总额通常是一个固定的数值，员工所能分享的份额不仅取决于个人绩效，而且取决于其绩效在组织中的相对水平。因此，绩效薪酬制度这种对以自我为中心的个人努力进行奖励的做法，往往会造成在需要员工进行团队合作的时候却出现了员工之间的过度竞争，从而影响了组织整体目标的实现。

(3) 刺激高绩效员工与实际收入相背离的现象，难以确定提高绩效所需要的薪酬水平。努力与绩效相联系的标准往往无法实现。绩效薪酬制度是以努力与绩效相联系、绩效与薪酬相联系为假设前提的，但在现实情况下，这一假设前提往往无法成立，主要原因是员工很难控制自己的绩效水平。

(4) 破坏心理契约，诱发多种矛盾。绩效奖励计划实际上是一种工作加速器，有时员工收入的增加会导致企业出台更为苛刻的产出标准，这样既会破坏组织和员工之间的心理契约，增加管理层和员工之间产生摩擦的机会，也会造成优秀员工和普通员工之间的摩擦。

第三节 薪酬结构设计

一、薪酬水平的确定

(一) 薪酬水平的概念

薪酬水平是指企业中各职位、部门以及整个企业的薪酬高低程度。薪酬水平一般与外部竞争性相联系。一个企业所定位和支付的薪酬水平的高低必然会直接影响其在劳动力市场上的竞争力大小，影响其吸纳和保留人才，控制人工成本能力的强弱。这种竞争力包括两个方面：一是在吸引外部人才上表现出来的竞争力，这种竞争力不仅仅体现在企业整体薪酬平均水平的相对优势上，更多的是通过同一组织不同职位之间、不同组织中的相同或者类似职位之间的薪酬水平差距来体现；二是表现在激励和防止内部人才外流方面的影响力。

影响企业薪酬水平的因素包括企业外部环境和企业内部因素，对于个人薪酬水平，还取决于个人职位、资历、努力程度、绩效等因素。其中企业外部环境主要有宏观经济发展水平、劳动生产率、政府政策法规、劳动力市场供求状况、物价变动、工会组织的作用、地区差异等；企业内部因素有企业的薪酬政策和经营价值观、企业规模及发展阶段、经济效益与薪酬支付能力等；个人因素有个人特征、个人绩效及工作因素等。

薪酬水平一般用薪酬平均率、增薪幅度和平均增薪率三个指标进行衡量。

1. 薪酬平均率

薪酬平均率是企业提供的实际平均薪酬与薪酬幅度中间数的比值。其计算公式为

薪酬平均率=实际平均薪酬/薪酬幅度的中间数

薪酬平均率等于1，表示企业支付的薪酬总额符合平均趋势；薪酬平均率大于1，表示企业支付的薪酬总额过高；薪酬平均率小于 1，表示企业支付的薪酬水平较薪酬幅度的中间值要小，大部分职位的薪酬水平在薪酬幅度的中间数以下。

2. 增薪幅度

增薪幅度是指企业的全体员工年度的平均薪酬水平增长的数额。其计算公式为

增薪幅度=本年度的平均薪酬水平−上一年度的平均薪酬水平

增薪幅度越大，说明企业的平均薪酬水平增加得越快，同时也表明企业的总体人工成本增长得也越快。

3. 平均增薪率

平均增薪率是指薪酬水平递增的速率。计算公式为：

平均增薪率=增薪幅度/上一年平均薪酬水平

平均增薪率越高，说明员工平均薪酬增长越快；反之，平均增薪率越小，则说明平均薪酬水平越稳定。

当然，尽管薪酬水平的提高能够增强外部竞争力进而促进企业发展，但不是越高越好，它要受到企业的薪酬支付能力限制，与企业人工管理成本成正比。

(二) 薪酬市场调查

“内具公平性，外具竞争力”是企业薪酬体系的建设目标。其中，薪酬制度的对外竞争性主要是通过外部薪酬调查，掌握市场薪资水平并结合本公司的实际情况来实现的。

所谓薪酬调查就是应用各种正常的手段，来获取相关企业各职务的薪酬水平及相关信息，然后对调查的数据进行统计和分析，在此基础上，结合自己公司人力资源战略和经营业绩，确定公司薪酬水平的市场定位过程。当前，了解某个地区，某个行业的薪酬水平已成为企业人力资源管理的重要内容，如表 8-8 所示。

表 8-8　某公司职位与市场同类职位薪资比较表

工号	美世代码	职位名称	总现金收入/元	市场数据			偏离率		
				25 分位	中位值	75 分位	与 25 分位/%	与中位值/%	与 75 分位/%
70044	16.691	70044	235 630	150 140	167 880	232 559	56.9	40.4	1.3
70760	16.693	70760	277 190	115 312	132 390	154 683	140.4	109.4	79.2
70138	16.693	70138	129 065	115 312	132 390	154 683	11.9	−2.5	−16.6
70340	16.693	70340	76 660	115 312	132 390	154 683	−33.5	−42.1	−50.4
70224	16.244	70224	103 005	88 478	115 582	136 970	16.4	−10.9	−24.8
70235	16.244	70235	71 117	88 478	115 582	136 970	−19.6	−38.5	−48.1
70759	16.695	70759	79 685	71 606	105 000	132 063	11.3	−24.1	−39.7
70912	16.695	70912	57 636	71 606	105 000	132 063	−19.5	−45.1	−56.4
71047	16.695	71047	54 899	71 606	105 000	132 063	−23.3	−47.7	−58.4
70917	16.245	70917	56 202	68 389	91 203	111 815	−17.8	−38.4	−49.7
70979	16.245	70979	52 958	68 389	91 203	111 815	−22.6	−41.9	−52.6
70981	16.245	70981	53 417	68 389	91 203	111 815	−21.9	−41.4	−52.2
71162	16.696	71162	51 697	42 640	50 640	64 430	21.2	2.1	−19.8
70763	15.505	70763	66 499	30 911	42 944	58 098	115.1	54.9	14.5
71165	15.505	71165	51 581	30 911	42 944	58 098	66.9	20.1	−11.2
71163	16.246	71163	51 581	60 299	78 776	95 495	−14.5	−34.5	−46.0

目前比较通用的薪酬调查的渠道主要有三种。

1. 企业之间开展相互调查

现阶段我国薪酬调查系统和服务还没有完善，薪酬调查中最可靠和最经济的渠道是企业之间的相互调查。可以采取与相关企业的人力资源部门进行联系，或者通过协会等机构进行联系的方式。但是，由于薪酬管理政策及薪酬数据在许多企业属于头等商业秘密，普遍实行密信制管理。所以，企业间尤其是主要竞争对手间交换薪资信息的可能性微乎其微。

2. 委托专业机构进行调查

为了实现获取薪酬决策参考依据的目标，企业可以考虑委托专门机构进行调查，通过参与调查或购买调查数据的方法进行。委托专业机构调查会减少人力资源部门的工作量，避免企业之间大量的协调工作，拓宽获取信息的渠道。但它需要向委托的专业机构支付一定的费用，而且专业机构中鱼龙混杂，咨询公司资信业绩直接影响薪酬调查的参考价值。

这一类代表性的专业机构有北京西三角人事技术研究所、北京中新人才公司、上海荣正投资咨询有限公司、德勤咨询公司、香港华信惠悦国际集团、美世咨询、韬睿咨询、翰威特咨询、毕马威咨询公司等。

3. 查询社会公开信息

相比上面两种方法，公开的信息源比较广泛。例如，有些企业在发布招聘广告时，会写上薪金待遇，调查人员稍加留意就可以了解到这些信息。另外，某些城市的人才交流部门也会定期发布一些岗位的薪酬参考信息，再则，目前一些人力资源专业网站、一些热门 BBS 站点会定期依据不同的市场细分对象，进行相关的薪资水平及福利制度实施状况的“在线网络调研”，如中华英才网新近推出的英才薪资指数调研结果，范围涉及 40 多个城市，30 多个行业，28 种职业的 2.1 万多名网民。在清华 BBS 站点，老生纷纷将各企业最新的员工待遇进行总结公告，成为应届毕业生求职择业的一本“入门经”。这些公开信息可以从不同方面提供市场薪资动态，但也有一些明显的缺点：一是时间的滞后性，公共信息中多为政府、行业公开的报告，其时间滞后的特点比较显著；二是收集效果属于“广种薄收”型。公共信息覆盖面广，需要在各种公共信息渠道中随时进行广泛收集，工作量较大，而对于企业而言需要的是个性化信息。虽然其信息量大，但针对性差，对于个别制度或政策有参考价值，对于整体薪资政策的参考利用度则比前两种低。

(三) 薪酬水平决策的类型

根据薪酬战略的要求，企业在对内外环境进行分析之后，结合市场薪酬调查，确定符合企业自身实际的薪酬水平定位，按照与市场平均薪酬水平的关系，可以将薪酬水平决策分为领先型、追随型、滞后型和混合型四种。

1. 领先型

薪酬领先型就是将本企业某些职位或人员的薪酬水平定位在高于市场平均薪酬水平之上，以领先于市场或许多竞争对手薪酬水平的一种策略。

领先型薪酬策略的主要长处是，能够吸引和留住高素质技能人才，提高招聘到的员工质量，提高员工离职的机会成本，降低离职率，保持高效率员工队伍，节省监督管理成本，减少劳动纠纷，提高企业的形象和知名度。但其缺点在于带来了企业劳动力成本的增加和巨大的管理压力。如果不能将薪酬上的高投入转化为生产经营的高效率和高利润，则高薪酬和高素质员工可能成为企业的一种负担。

2. 追随型

薪酬追随型是指企业始终追随市场平均薪酬水平来进行薪酬定位，将本企业薪酬水平定位在等于或接近市场平均薪酬水平的一种策略。

实施追随型薪酬策略的企业力图使本企业的薪酬水平与竞争对手基本保持一致，同时又希望自己能够保留一定的员工吸引力，不至于在劳动力市场上输给竞争对手。这种薪酬策略在高素质人才竞争上没有明显优势，但也没有领先型策略所带来的风险和过多的成本负担。

3. 滞后型

薪酬滞后型是指企业按照低于市场薪酬水平或竞争对手水平的标准进行本企业薪酬定位的一种策略。

滞后型薪酬策略显然不利于企业吸引高素质员工，还会削弱企业吸引和保留潜在员工的能力，但如果采用滞后型薪酬策略的企业能保证员工将来可以得到更高的收入，那么，员工的责任感会提高，团队精神也会增强，从而企业的劳动生产率也会提高。

4. 混合型

薪酬混合型是指企业根据不同的职位类别或员工类别分别制定不同的薪酬策略，或者根据不同的薪酬内容制定不同薪酬水平的一种策略。

混合型薪酬策略最大的特点是具有灵活性和权变性。比如，企业对那些技能水平高、对企业影响大的关键员工采取市场领先型薪酬策略，对中等技能水平的员工采用市场追随型薪酬策略，而对普通技能要求、劳动力供给充足的员工则采用滞后型薪酬策略。这样的薪酬策略，既有利于企业保持在劳动力市场上的竞争力，又有利于控制企业劳动力成本。

二、薪酬结构的确定

薪酬结构是对同一组织内部的不同职位或者人员之间的薪酬所作的安排，它强调的是职位或者技能等级的数量、不同等级之间的薪酬差距以及用来确定这种差距的标准是什么。广义的薪酬结构还包括薪酬中的固定薪酬与浮动薪酬之间的比例关系，薪酬中的基本工资、绩效工资、奖金、福利的构成关系等。

(一) 薪酬结构的构成

一般来说，薪酬结构的构成要素有薪酬等级、薪酬区间和相邻两个薪酬等级之间的交叉与重叠关系。具体如图 8-1 所示。

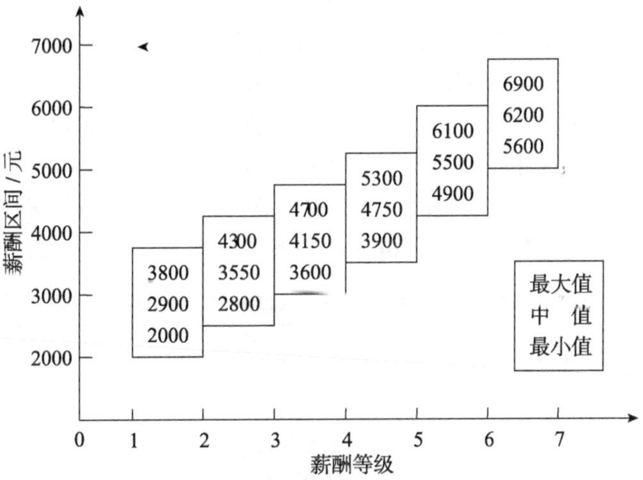

图 8-1 薪酬结构示意图

图中的横轴表示薪酬等级，纵轴表示薪酬区间，矩形图与矩形图之间的交叉部分表示相邻两个薪酬等级之间的交叉与重叠关系。

(1) 薪酬等级。薪酬等级是指在同一个组织中，薪酬标准由于职位或技能等级的不同而形成的一种序列关系或梯次结构形式。在薪酬管理实践中，各类型企业的薪酬等级数目差异较大，一般而言，企业的薪酬结构由多少等级构成主要取决于企业的规模、性质、组织结构及工作的复杂程度，其数量多少没有绝对的标准。

(2) 薪酬区间。也叫薪酬等级宽度、薪酬等级幅度。是指同一个薪酬等级中，薪酬最高值与最低值之间形成的该等级薪酬变动的范围，表示同一薪酬等级内允许变化的最大幅度。

确定薪酬区间一般有两种做法：一是根据不同的薪酬等级确定不同的薪酬幅度，即薪酬幅度差别化，不设定具体的数值；二是根据经验数据确定，一般来说，生产后勤类的薪酬等级幅度为 15%~25%；中级管理类的薪酬等级幅度为 25%~40%；高级管理类的薪酬等级幅度为 40%~60%。

(3) 相邻薪酬等级的交叉与重叠。在薪酬结构中，相邻的两个薪酬等级之间经常会出现交叉与重叠情形。交叉、重叠幅度与薪酬等级的中值级差和薪酬等级幅度相关。所谓薪酬等级中值级差是指相邻两个薪酬等级中值之间的差距。

假定薪酬等级的区间中值级差越大，同一薪酬区间的变动幅度越小，则薪酬区间的重叠区域就越小，反之则越大。

(二) 薪酬结构设计的步骤[①]

薪酬结构设计实际上是在薪酬的外部竞争性和内部公平性之间进行平衡的一种结果。以建立职位薪酬体系为例，假设已对所有职位进行工作分析、工作评价，得到各职位的总点数。这时薪酬结构设计的主要步骤如下。

步骤一：通观被评价职位的点值状况，根据职位评价点数对职位进行排序。

这一步骤的目的在于从整体上观察通过计点法得到的被评价职位的点值分布情况，看看有没有明显有出入的点值。若出现明显不合理的点数，可以考虑予以调整，以准确反映该职位在内部公平性价值评价中所应当得到的点数，如表 8-9 所示。

表 8-9　根据评价点数对职位进行排序

顺序	职位名称	点数
1	出纳	140
2	离退休事务主办	210
3	行政事务主办	260
4	工会财务主管	335
5	总经理秘书	345
6	行政事务主管	355
7	报销会计	355
8	招聘主管	405
9	会计主管	425
10	项目经理	470
11	总经办主任	545
12	财务部经理	550
13	市场部经理	565

① 刘昕. 2007. 薪酬管理. 北京：中国人民大学出版社.

步骤二：按照职位点数对职位进行初步分组。

根据初步判断，将点数接近的职位归属于同一个级别。如表 8-10 所示，以 100 点为界限对表 8-9 中的职位进行等级划分，初步划分为五个等级。

表 8-10 根据点数分布所作的职位等级划分

职位等级	职位名称	点数
1	出纳	140
2	离退休事务主办 行政事务主办	210 260
3	工会财务主管 总经理秘书 行政事务主管 报销会计	335 345 355 355
4	招聘主管 会计主管 项目经理	405 425 470
5	总经办主任 财务部经理 市场部经理	545 550 565

步骤三：根据职位的评价点数确定职位等级的数量及其点数变动范围。

在实际操作过程中，由于不可能对企业的所有职位都进行职位评价，所以，在划分职位等级的时候还要考虑到其他未被评价的非典型职位的情况。这时，就需要仔细考虑到底应当划分多少个职位等级比较合适，并且确定每一个职位等级的最低点数和最高点数。根据表 8-10 情况，决定将其划分为包括 11 个等级在内的职位等级结构，不同职位等级的最大点数之间的级差为 38，最后得到表 8-11 所示的薪酬等级。

表 8-11 正式职位等级划分及点数变动区间

职位点值等级	点数跨度
11	527 以上
10	488~526
9	449~487
8	410~448
7	371~409
6	332~370
5	293~331
4	254~292
3	215~253
2	176~214
1	137~175

步骤四：将职位等级划分、职位评价点数与市场薪酬调查数据结合起来。

假定通过外部市场薪酬调查得到了相应职位的市场薪酬水平。这样，就可以得到与被评价职位有关的两列数据，一列是点数值，一列是薪酬水平数值，见表 8-12。

表 8-12　职位评价点数与市场薪酬水平

顺序	职位名称	点数	市场薪酬水平/元
1	出纳	140	1 530
2	离退休事务主办	210	1 800
3	无	—	—
4	行政事务主办	260	2 030
5	工会财务主管	335	2 300
	总经理秘书	345	2 300
6	行政事务主管	355	2 430
	报销会计	355	2 560
7	招聘主管	405	2 920
8	会计主管	425	3 160
9	项目经理	470	3 600
10	无	—	—
	总经办主任	545	4 900
11	财务部经理	550	5 300
	市场部经理	565	5 700

步骤五：考察薪酬区间中值与市场水平的比较比率，对问题职位的区间中值进行调整。

通过表 8-13 得出每一职位等级的薪酬中值之后，通常还需要对薪酬区间中值与外部市场薪酬数据之间的比率进行分析，以发现可能存在问题的特定职位等级的薪酬定位。

表 8-13　经过处理后各职位等级所对应的薪酬区间中值

等级	所在区间点值跨度	职位	内部评价点值	市场平均薪酬水平/元	薪酬区间中值/元	比较比率(区间中值/市场薪酬水平)
11	527 以上	市场部经理	565	5 700	2 300	93%
		财务部经理	550	5 300		100%
		总经办主任	545	4 900		108%
10	488~526	无	—	—	4 681	—
9	449~487	项目经理	470	3 600	4 134	115%
8	410~448	会计主管	425	3 160	3 651	116%
7	371~409	招聘主管	405	2 920	3 224	110%
6	332~370	报销会计	355	2 560	2 848	111%
		行政事务主管	355	2 430		117%
		总经理秘书	335	2 300		124%
		工会财务主管	345	2 300		124%
5	293~331	无	—	—	2 515	—
4	254~292	行政事务主管	260	2 030	2 221	109%
3	215~253	无	—	—	1 962	—
2	176~214	离退休事务主管	210	1 800	1 732	96%
1	137~175	出纳	140	1 530	1 530	100%

步骤六：根据确定的各职位等级或薪酬等级的区间中值建立薪资结构。

最后，在考虑到各职位等级内部各种职位的价值差异大小及相应的外部市场薪酬水平的基础上，确定各薪酬区间的变动幅度。这样就可以建立起一个如图 8-2 所示的企业薪酬结构来。

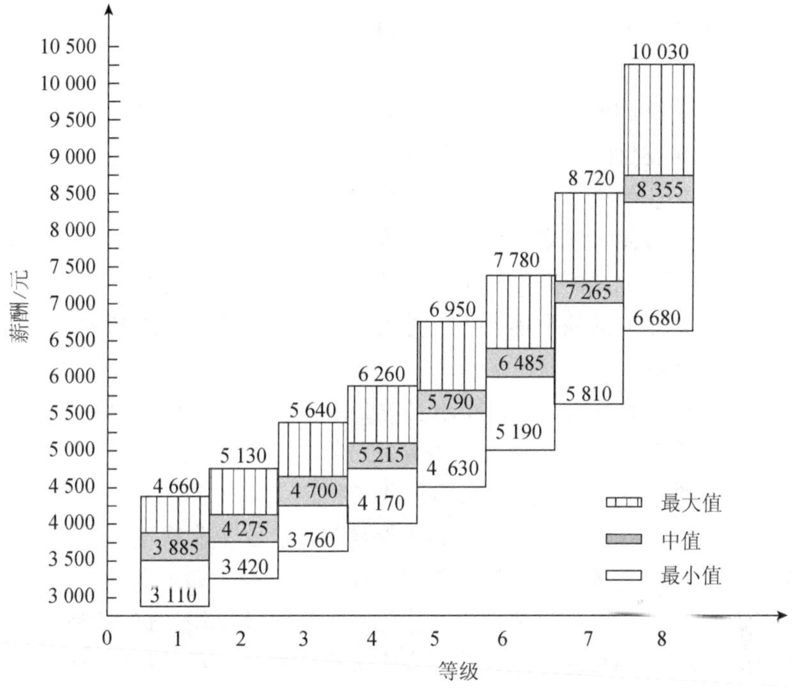

图 8-2 企业薪酬等级结构图

(三) 薪酬的构成

薪酬构成是指薪酬的各组成部分在薪酬总体中的结构与比重。它的各个部分各有侧重地执行不同的薪酬职能，以更好地体现按劳分配原则和全面调动劳动者的积极性，促进工作效率提高、效益增加。

总的来说，薪酬的组成部分包括直接薪酬与间接薪酬。其中直接薪酬包括三部分的内容：基本薪酬、奖励薪酬和附加薪酬。基本薪酬一般按照企业的薪资标准，以个人的岗位、技能、职责等要素为参照来确定，即职位薪酬或技能薪酬；奖励薪酬也是绩效薪酬，是与业绩相关的奖励性和激励性的收入，主要有奖金、股权、利润分享等形式，是用来奖励员工的杰出贡献，激励员工更加努力地工作；附加薪酬指的是各种津贴，是对特殊工作岗位和工作性质、员工的某些特殊技能和知识所作的补偿，如职称津贴、外勤津贴等。

间接薪酬包含的内容十分丰富，大致可以分为福利、晋升和发展机遇、工作生活质量和退休计划四部分。间接薪酬是整体薪酬的辅助部分，因此其灵活性较直接薪酬大的多，选择的自由度也大大增加。通过自助模式安排，间接薪酬不仅能够弥补直接薪酬的某些缺陷， 而且还能发挥直接薪酬无法实现的激励效应。

1. 福利

福利与基本薪酬相比，具有以下两方面的重要特征：一是基本薪酬采取的往往是货币支付和现期支付的方式，而福利则通常采取实物支付或者延期支付的方式；二是基本薪酬在企业的成本项目中属于可变成本，而福利无论是实物支付还是延期支付，通常都有类似固定成本的特点，因为福利与员工的工作时间之间并没有直接的关系。正是福利在上述两方面的重要特征，决定了福利作为企业全面薪酬的一个重要组成部分，在企业的薪酬体系中发挥着自己独特的作用。福利的内容可以分为法定福利和企业福利。

(1) 法定福利：政府通过立法要求企业必须提供的，如社会养老保险、社会失业保险、社会医疗保险、工伤保险、生育保险等。

(2) 企业福利：用人单位为了吸引人才或稳定员工而自行为员工采取的福利措施，如企业年金、工作餐、工作服、团体保险等。企业福利根据享受的范围不同，可以分为两种：全员性福利，全体员工可以享受的福利，如工作餐、节日礼物、健康体检、带薪年假等；特殊群体福利，指能供特殊群体享用，这些特殊群体往往是对企业做出特殊贡献的技术专家、管理专家等企业核心人员。特殊群体的福利包括住房、汽车等项目。

2. 晋升和发展机遇

在其他间接薪酬中，晋升和发展机遇就是其中最重要的形式。大家习惯以一个人获得的职位的高低去评价他是否成功，因此争夺晋升机会一直是员工奋斗的目标，由于职位总是与收入挂钩的，晋升就会给个人带来总体薪酬水平的增加。现在，越来越多的员工开始重视工作中孕育的自我培养、自我学习的机会，以谋求自己整个职业生涯的最佳发展，因此，发展机遇与晋升一样，成为员工非常重视的薪酬要素。发展机遇主要包括各种教育培训机会，如正规的学历教育、职业培训、专业知识培训、内部串岗培训。

一般来说，晋升和发展机遇是企业给予员工优秀绩效的一种奖励，假如这种奖励并不是员工所期待的，那么奖励所期望达到的激励效果将大打折扣，因此企业应该设置不同的奖励方式，同时设立晋升和发展机遇两项内容，向员工提供不同形式的奖励方案，允许员工选择最需要的方式，让员工在企业的晋升阶梯和发展机会中寻求自身发展的轨迹。

3. 工作生活质量

工作生活质量指的是由工作性质、工作环境，以及员工工作和生活关系平衡等内容综合作用下，员工由此产生的满足感和享受工作与生活愉快的心理收入，主要包括家庭安置、工作的自由度、休闲、工作氛围等。工作和生活是员工时间安排最主要的两个方面，如果企业不重视这两者的关系协调，很容易把这两者对立起来，从而导致劳资双方关系的紧张。企业仅仅考虑良好的工作质量是不够的，还需要保证员工良好的生活质量，这样才能让员工全身心地投入到工作中去。员工对于工作和生活的要求是五花八门的，从幼儿抚养到家属安置、从休假到旅游、从自由安排工作到弹性工作时间，每个公司应该根据自身特点和员工需要作出安排。这些项目的用意在于增加员工工作的灵活性，方便他们的生活，而且通过这样的安排，在企业需要员工进行特殊工作时，如加班加点或出差，员工可以取得家庭的支持和谅解，从而提高员工的工作质量和工作绩效。

因此，企业对于这方面的薪酬安排必须以个人因素为基本出发点，为员工提供丰富多彩的备选方案，如允许员工在休假和旅游之间选择、允许员工在适当范围内调整上班时间、允许员工在家完成某些独立性工作、向员工子女提供假期打工或实习的机会等，这些方面的细致考虑充分体现了企业对员工的关心和照顾，在雇主和雇员之间建立起沟通的桥梁。而这种沟通是没有固定的模式的，需要企业的管理者付出真心和努力，在充分调查的基础上，制订真正适合本企业员工的自助选择方案。

4. 退休计划

我国已经实施了比较系统和规范的养老金制度，企业必须按规定为员工缴纳养老保险，这种养老制度由于是法定的，因此没有多少弹性可言。此处所说的退休计划指的是除养老金以外的那部分退休后薪酬计划，如商业性养老保险、储蓄金、退休股权赠与等。这些退休计划一般只针对在企业中工作一定期限的员工，旨在为退休员工的生活提供一种保障，消除员工后顾之虑，鼓励员工积极、长期地为企业工作，达到留住人才的目的。由于各种退休薪酬形式各有特点，其风险也各不相同，因此，企业的退休计划也可以引入自助形式，让员工自行选择某一种和几种形式。

三、实例分析①

(一) 案例背景

W 企业是一家族式、中等规模的连锁餐饮企业，目前已拥有 7 家分店，现有员

① 秦晓蕾，孙斌. 2006. 基于顾客导向的连锁餐饮企业薪酬体系变革. 中国人力资源开发，(10): 77-80.

工 300 多名，年营业收入 3000 多万元。经过数年的艰苦经营，企业创始人已形成了独特的市场洞察力和极强的市场应对能力。在菜肴口味和服务质量上具有一定的核心竞争力，取得了较好的经济效益。随着企业规模的扩大，矛盾逐步显现，其中薪酬管理方面的矛盾最为尖锐。许多员工抱怨收入不公，一些优秀的领班、服务员、迎宾员以及新引进的人才因薪酬不满纷纷离职。特别是前台服务人员，他们是企业与顾客的直接接触点，其不良情绪严重影响着顾客的满意度。从公司的总体薪酬水平来看，大多数职位处于市场中位，有些职位甚至处于高位。老板怎么也想不通，为什么人才流失会如此严重?

(二) 问题诊断

问题一：在薪酬问题上，老板没有规范的制度约束，完全按主观感觉发放工资。由于老板非常看重员工的组织忠诚度，所以跟随老板打天下的老员工与新招聘的员工虽职位相同，但工资水平相差很大。这种“同工不同酬”的现象滋生了老员工的懈怠情绪，抑制了优秀人才的工作积极性。

问题二：公司没有明确的奖金发放制度、绩效考核制度。老板虽然向员工强调顾客满意度的重要性，但因为没有制度的细化，特别是奖惩制度的明晰化，员工对提高顾客满意度无意识，更无法在企业内建立起一种以顾客为导向的管理氛围。

问题三：餐饮行业的特点是工作时间长，劳动强度大，节假日经常不休息，而公司的加班工资却很少，这也是员工不满意的主要方面。

问题四：老板事无巨细，工作量非常繁重，难以从繁杂的事务中抽出来集中精力进行宏观战略管理，同时又苦于没有明确的薪酬制度，企业发展处于管理“瓶颈”。

从问题诊断来看，制定明确的薪酬制度，激励中高层管理者，留住基层优秀员工则成为 W 公司薪酬管理变革的当务之急。

(三) 解决方案

W 公司以提高顾客满意度为基本战略，要想让顾客满意，首先要让员工满意。为使薪酬体系设计要充分体现公平性、激励性与人性化的特征，把公司的职位分为四大类别，即职能管理类、技术管理类、专业技术类和工勤服务类，薪酬体系的基本框架则建立在此职位框架之上。总体来说，薪酬结构按常规依然分为工资、奖金与福利，工资以职位评估为基础，量化职位价值，充分体现公平性原则，解决老员工与新员工“同工不同酬”问题；奖金则充分贯彻以顾客为中心的思想，把顾客满意度纳入每位员工的考核指标中，作为奖金发放的重要依据；福利制度则基于员工人性化需求。从而建立起全方位的以顾客为导向的薪酬体系。

1. 以职位价值为基础的固定薪资

基本工资以职位工资为主，职位工资的支付依据员工所在职位的价值含量。通过科学的职位评估体系，从对企业的影响、职责范围、管理半径和深度、解决问题的难度、沟通协调、任职资格和学习技巧等七个方面对各职位进行评估，确定各职位在企业中的相对价值，以此作为职位工资序列设计的基础。在职级设计过程中，突出了专业技术类的重要地位，因为他们所掌握的烹饪技术是公司的核心竞争力，因此，其工资基数相当于公司的副总经理的工资基数。在职位工资的基础上，考虑到 W 公司注重员工忠诚度的企业文化，设计了年功工资。为确保工资结构的合理性及稳定性，设定 10 年为年功工资的封顶数。

W 公司因从规模很小的饭店做起，所以大多员工的文化层次不高。随着公司业务的迅猛扩张，需要对外招募高层次的管理人才。为了吸引高素质的人才，在工资结构中加入学历工资，以此不断激励内部员工学习上进，营造崇尚学习的企业文化氛围。

2. 以顾客满意为核心的浮动薪资

因为员工对奖金的不满情绪最大，所以，在固定薪资没有上涨的情况下，如何通过奖金制度留住优秀员工成为这次奖金制度设计的重中之重。

(1) 业务部门的浮动薪资。原奖金发放中，只有分店经理、行政总厨与分店的营业额挂钩，基层员工奖金发放仅凭领导印象。为解决这一问题，企业设计了顾客反馈卡，请顾客针对菜肴口味、服务质量等打分，月底进行统计。对经理与行政总厨的奖金发放，除了考核营业额、利润外，还加入了顾客满意度考核指标。为激励基层员工的工作积极性，把分店每一位员工的切身利益和分店的效益紧密相连，突出顾客满意导向，将基层职位的奖金也建立在一定的目标责任制基础上。如果分店达到一定的营业额及顾客满意度，营业额与奖金数额同比重累进递增，基层员工根据级别得到相应的奖金。如果个别员工有服务质量或菜肴方面的重大失误，将根据其失误次数扣除一定数额的奖金。

(2) 职能管理部门的浮动薪资。职能管理部门的工作与顾客虽没有直接的接触点，但他们是保证前台服务人员与后台厨房员工使顾客满意的保障。因此，为职能部门设置了量化的考核指标，在每个分店后台设置了意见箱，让前台服务员与厨房员工及时反馈对职能管理部门的工作意见，并作为考评职能部门员工的重要依据。考虑到职能管理部门(经营层除外)的绩效在短时间内不可能很快体现出来，为了合理评价职能管理部门的绩效，把考评周期由月度考评改为季度考评，并根据考评结果发放相应的奖金。具体标准如表 8-14 所示。

表 8-14　职能管理部门员工奖金评定标准

考评等级	奖金评定标准
优秀	1 个月工资(不包括补贴)
合格	0.5 个月工资(不包括补贴)
不合格	无

3. 以人性化需求为出发点的福利制度

W 公司因为效益很好，业务非常繁忙，分店员工基本上不能正常休息，所以公司按每月末休假天数给员工一定的补贴，其水平相当于加班工资的两倍。对于后台作业的厨师及其他员工，夏天高温作业非常艰苦，因此发放两倍于其他部门员工的高温补贴。对于户外工作时间较长的采购部门员工、司机，则长年发放一定的补贴。公司员工大多数来自外地，除在公司宿舍的一部分员工外，大多数员工需自行买房、租房，公司按照级别，给予一定的住房补贴。

总之，公司的福利制度在原有福利制度基础上进行再设计，在充分考虑员工需求的前提下，实现对核心员工的激励，为企业吸引和保留发展所需的优秀人才。

第四节　战略性薪酬体系

一、不同发展阶段的薪酬战略①

企业要根据自身所处的不同的发展阶段及当期的竞争战略，设计适合企业本阶段发展并能够有效支撑其竞争战略的薪酬体系。如表 8-15 所示。

表 8-15　企业不同发展阶段的薪酬体系

企业发展阶段		初创期	快速成长期	成熟稳定期	衰退期	再造期
薪酬竞争性		强	较强	一般	较强	较强
薪酬刚性		小	较大	大	较大	小
薪酬构成	基本工资	低	较高	高	较高	较低
	绩效资金	较高	高	较高	低	较高
	福利	低	较高	高	高	低
	长期薪酬	高	较高	高	低	较高

(一) 初创期

初创期的企业就是一个新企业的诞生过程，新成立的企业通常需要投入大量的

① 方振邦，陈建辉. 2004. 不同发展阶段的企业薪酬战略. 中国人力资源开发，(1): 56-59.

资金进行产品和服务的生产和销售。在此阶段，产品和服务的质量一般不稳定，生产成本较高，产品的知名度较低，市场占有率低。由于企业初创，资金往往呈现净流出状态，任何不确定的风险因素都会直接或间接地转化为对投资增加的需求。为解决初创期的困难，薪酬设计应满足以下要求。

1. 薪酬具有很强的外部竞争性

处在初创期的企业，往往急需大批优秀的生产技术人员和销售人员，但由于受外部人力资源条件的限制，要获取所需的优秀人才，通常只能从劳动力市场上招募。由于企业初创，对人才的竞争力从总体上还很弱，所以只能靠较高的薪酬水平来吸引优秀的人才。

2. 淡化内部公平性

企业初创时期，主要业务流程及组织架构尚不稳定，职位职责尚不明确，常常存在一人多职或职责交叉的现象，主导员工的往往是创业热情，而不是名誉和正式的地位。因此企业薪酬设计的重点应放在薪酬的外部竞争性上，而淡化薪酬的内部公平性。

3. 薪酬构成

在初创期，企业流动资金较为紧张，为了减轻企业的财务负担，本阶段的总体薪酬刚性应当小一些，即基本工资和福利所占的比重要小，而绩效奖金所占的比重要大。

此外，企业一方面急需专业技术人才、管理人才和市场营销人才的加盟，另一方面迫于财务的压力，迫使许多企业采用长期激励的方式来吸引和留住人才。通常的做法是：企业向员工做出承诺或达成协议，用股权、未来收益或未来职务等长期激励的形式代替当前的高薪。

[案例 **8-4**]

可口可乐公司初创期的薪酬策略

可口可乐公司进入中国内地后，为了有效发挥薪酬的激励功能，其薪酬制度随着外界环境和公司战略的变化而不断变化。进入中国内地之初，公司采用的是强调外部竞争性的高薪政策。

在 20 世纪 80 年代初，中国刚开始改革开放，人们生活水平较低。可口可乐中国公司针对当时中国物质不丰富、员工收入水平低的状况，采用高薪政策以吸引和激励人才。当时可口可乐公司的薪酬结构由基本工资、奖金、津贴和福利构成。公司提供给员工的基本工资是当时国内饮料行业的两三倍(尽管可口可乐中国公司在中国内地处于初创期，但是母公司资本雄厚，不存在流动资金紧张的情况，因而薪酬中基本工资部分很高)。薪酬政策同时强调内部均衡，管理人员和工人的工资差距较小，薪酬具有很强的平均色彩。奖金是公司根据员工绩效，经考核后，在月底和年底向员工发放。

由于采取极具竞争力的高薪政策，可口可乐公司在当时吸引了中国大批人才加盟其中，并且员工的离职率很低，有力地促进了公司战略目标的实现。

(二) 快速成长期

处在这一阶段企业的主要特征是，产品和服务的销售量猛增，市场占有率大幅度提高，企业以及企业的产品和服务具有一定的品牌知名度。为适应企业快速成长，薪酬体系的设计要做到以下三个方面。

1. 重视内部公平性

由于企业规模的扩大，企业开始重视规章制度的建设，主要业务流程及组织架构也日趋稳定，企业逐渐进入规范化管理阶段。因此建立以职位为基础的薪酬体系在客观上成为可能。

2. 强调薪酬的外部竞争性

在此阶段，一方面新的职位不断出现，另一方面企业对高素质人才的依赖更加明显。企业对优秀人才，特别是对科研、高级管理、市场营销、财务以及金融人才的需求量都大大增加，企业受外部人力资源条件的制约进一步凸显。为了获取优秀人才，特别是高级优秀人才，薪酬的外部竞争性显得格外的重要。

3. 薪酬构成

由于市场销售形势良好，资金流速加快，企业可能出现净资金流入的现象，现金存量较为宽裕。这时，企业一方面开始适当提高基本工资和增加福利；另一方面，由于企业正处于积极扩张状态，鼓励个人贡献，按个人绩效计发的绩效奖金占很大的比重。

由于在这一时期许多企业的投资也进一步加大，因此，企业的现金存量往往不多。为了吸引高级人才的加盟，企业还应强调长期激励的重要性。

[案例 **8-5**]

可口可乐公司快速成长期的薪酬策略

当处于快速成长时期，为了增强对人才资源竞争优势，可口可乐中国公司于 1995 年根据劳动力市场薪酬调查报告，做出每年给员工多发三个半月的基本工资的决定，以提高工资总量，保持公司总体薪酬水平处于美商在华企业平均薪酬的 3/4 水平上。在福利方面，除了按政府的规定为员工支付基本养老金、住房公积金、失业保证金外，还根据公司情况增加补充养老保险金，并向员工提供普通团体意外险和住房贷款计划等。另外在强化佣金、奖金等短期激励措施的同时，开始注重采用股票、期权等长期激励手段。这样通过改变后的薪酬制度对外更具竞争力，对内更具激励性和导向性。

(三) 成熟稳定期

当企业发展进入到成熟稳定阶段，企业的规模、产品的销量和利润、市场占有率都达到了最佳状态。企业的营销能力、生产能力及研发能力也处于鼎盛时期，企业及其产品的社会知名度很高。处在成熟稳定期企业的薪酬体系具备以下三个基本特征。

1. 更加重视薪酬的内部公平性

由于本阶段企业内部管理更加规范，建立以职位为基础的薪酬体系更为容易；并且员工对薪酬的内部公平性也显得更为关注，这一时期的企业必须特别重视薪酬的内部公平性。

2. 不再特别强调外部竞争性

在成熟稳定期，不再特别强调薪酬的外部竞争性，并不是因为该阶段薪酬的外部竞争性变得不重要，而是因为该阶段的薪酬本身已经具有较强的外部竞争性；并且企业的品牌和影响力也有助于巩固企业对人力资源的竞争能力。更为重要的是，该阶段企业对优秀人才的获取开始从外部劳动力市场转向企业的内部劳动力市场。因为企业发展到成熟稳定阶段时，内部已拥有大量的人力资源，企业要做的是如何去发现和培养人才。

3. 薪酬构成

处在成熟稳定期的企业，产品的市场占有率和资本收益率较为稳定，现金存量最多，这时企业支付给员工的基本工资很高，福利也最多，绩效奖金则相对较少。

另外，因市场的进一步扩大靠员工个人的力量难度加大，需要依靠团队作战，这时候企业必须强调组织效率和团队协作，要特别重视体现团队贡献的团队薪酬。

[案例 **8-6**]

可口可乐公司成熟稳定期的薪酬策略

从 1999 年起，可口可乐中国公司在中国投资扩张的速度开始放缓，大规模办厂也告一段落，公司开始进入了稳定发展阶段。当时与可口可乐竞争的企业不仅有百事可乐公司，还有国内的广东健力宝集团有限公司、汇源集团有限公司、杭州娃哈哈集团有限公司、露露集团有限公司、统一企业、康师傅控股有限公司等企业。产品的市场竞争及由此带来的人才的市场竞争，加上内部不尽完善的薪酬制度导致了可口可乐公司的人员辞职率上升、员工绩效下降的现象。为了扭转这种局面，2000 年，可口可乐中国公司首先进行了重大的组织结构改革，然后对所有的职位进行全面的职位分析和职位评价。并在此基础上对薪酬制度作了重大调整，开始推行全面薪酬制度，将经济性和非经济性的薪酬真正融为一体，把薪酬范畴扩展到包括基本工资、绩效奖金、福利、股权、培训计划、职业生涯开发、员工沟通与参与、员工满意度提高等各个方面。同时还为本地员工向国际化人才发展并进行国际人才交流创造了条件。

(四) 衰退期

企业进入衰退期，可能有企业本身的原因，也可能是外部环境造成的。衰退并不完全意味着企业走向灭亡，更多时候是企业发展阶段中的一个低谷。在衰退期，企业通常表现为市场销售额激剧下跌、市场占有率和利润大幅度下降，财务状况开始恶化，负债增加等。与此同时，会出现员工离职率增加，士气低落，组织承诺度下降，员工不公平感提高等现象。此时的企业有两种选择，要么坐以待毙；要么采取收缩战略，控制成本，剥离亏损业务，有计划地培育新的增长点，使企业有效地蜕变。但是企业的蜕变需要一个过程，在这个过程中的薪酬体系需满足以下两个特点。

1. 强调薪酬的外部竞争性

本阶段，裁员往往是不得已的选择，企业也可能为了开拓新的业务领域而招聘适合该领域发展的人才，因此薪酬必须具有较强的市场竞争性。同时企业内部原有的优秀员工的离职意向在本阶段可能显得特别强烈，如果整体薪酬不具有较强的市场竞争性，那么将很难留住优秀员工。

2. 薪酬构成

在本阶段，企业通常采取收缩战略，因此强调个人的绩效奖金和长期薪酬意义不大，较高的基本工资和较高的福利将是明智的选择。

企业组织如同生命体一样，也有一个自己的生命周期，大多数企业通常要经历初创期、快速成长期、成熟稳定期以及衰退期，处在生命周期不同阶段的企业具有不同的特点。当企业从一个阶段向另一个阶段过渡时，常常会遇到各种各样的问题，出现各种矛盾和危机。如果企业能够及时、有效地解决不同时期出现的各种矛盾和危机，就能够基业常青。相反，如果企业未能及时化解这些矛盾和危机，这些矛盾和危机积累到一定程度，就可能导致企业提前衰退甚至死亡。

一个企业只有建立基于战略的薪酬管理体系，从制度上突出企业的价值导向和战略重点，通过薪酬分配机制来驱动员工的行为，才能够有效地化解各个阶段的矛盾和危机，促进企业的健康发展。

二、企业经营战略与薪酬战略

1. 成本领袖型薪酬战略①

成本领袖型经营发展战略实际上就是低成本战略，即在产品本身质量大体相同的前提下，企业可以以低于竞争对手的价格向客户提供产品的一种竞争策略。推行这一战略的目标是用较低的成本做较多的事情，非常重视生产效率。因此，在低成本战略背景下，企业在薪酬总额方面，尽可能降低薪酬总额支出，强调员工工作岗位的稳定性；在薪酬水平方面，加强薪酬的市场调查，非常关注竞争对手的薪酬支付状况；在薪酬构成方面，提高浮动薪酬或奖金在薪酬构成中的比重；在薪酬体系方面，建立与产品成本相关的可变薪酬制度，鼓励员工降低成本，提高生产效率。

2. 创新型薪酬战略

创新型战略是以产品的创新及产品生命周期的缩短为导向的一种竞争战略。创新型战略取得成功的关键因素是企业的新产品开发能力和技术创新能力，以及培育成熟的项目开发团队、产品设计团队和服务团队。在此背景下，企业的薪酬体系应十分重视对产品创新、新的生产方法和技术创新给予足够的报酬或奖励，鼓励员工的创新精神；对勇于创新、敢于创新的员工提供资金和环境支持，增强工作方面的灵活性。

---

① 刘昕. 2004. 薪酬管理. 北京：中国人民大学出版社. 彭璧玉. 2004. 战略薪酬模式的选择. 中国人力资源开发，(6): 53-56.

3. 差异型薪酬战略

差异化战略是指企业通过向用户提供与众不同的产品或服务以获取竞争优势的一种竞争战略。企业倾向于采用可变工资，可变工资比重较高，更多采用定量方法衡量工作成果，来确定薪酬的数额以强调员工高水平的协调和配合，通过收益分享等措施来提高效率。

企业战略与薪酬体系的匹配如表 8-16 所示。

表 8-16　企业战略与薪酬体系的匹配

企业战略	薪酬战略	对人力资源的要求	对薪酬制度的要求
成本先导型	适应稳定的组织结构和传统管理模式增长率较低、劳动力队伍较为稳定，因而对于工资决策中的连续性和标准化要求较高	聚焦于生产率，以最少的人力做最多的事情，严格控制成本，尽量减少成本超支	注重对手的劳动力成本，增加浮动报酬，强调生产效率，重视控制和工作要求
创新型	与雇员共同分享风险，同时还使得他们能够通过分享企业的未来成功而有机会在将来获得较高的收入	增加生产的复杂性；缩短生产的生命周期；采用敏捷的、敢冒险的、具有创新力的员工，奖励生产和工艺流程中的创新	基于外部的市场薪酬；在短期内提供水平相对较低的固定工资，但同时实行奖金或股票选择权等计划
差异型	强调的是薪酬的“激励”目标，鼓励员工对组织整体目标的认同，并在此框架下进行目标定位和任务完成	对员工能力要求差异性大，吸引有显著能力的员工，强调员工高水平的协调和配合，通过收益分享等措施来提高效率	倾向于采用可变工资，可变工资比重较高，更多采用定量方法衡量工作成果，来确定薪酬的数额

[案例分析][①]

1. 案例背景

M 公司是一家集服装设计、生产加工和出口销售为一体的民营有限责任公司，设有业务部、技术部、质检部、财务部、服装加工等部门，公司本部人员 110 余人，工厂员工 340 多人。公司总裁兼总经理对公司具有绝对控股权。

M 公司近五年业务量增长很快，年均增长 32.5%，产品远销美国、法国、意大利、西班牙等国，2004 年完成创汇额 3520 万美元。M 公司在市场上的成功带来了前所未有的发展机遇，但公司的成长壮大也面临着更为激烈的市场竞争和管理复杂

① 马新建，山小花，刘庆. 2006. 短期薪酬激励与小企业薪酬体系构建. 中国人力资源开发，(8): 86-89.

化的挑战。使公司高层感到意外的是，公司的管理、技术人员和新人流失率一直居高不下，公司吸引和留住人才的能力并未随着业务的发展而提高。收集的信息显示，骨干员工流失的前四个原因是：对工资待遇不满意、发展空间小、人际关系紧张、个人贡献未得到承认。

M 公司的员工年薪分为平时固定薪酬和年终可变薪酬。高管人员与中基层人员年薪中的 50%、60%分摊到每月发放，剩余部分名义上留待年终绩效考评结果和企业年度经营效益确定后浮动发放，但由于这几年公司经营不错，加上员工绩效考核的效度和区分度差，业绩很难与薪酬有效挂钩，所以基本上是事前确定的“协议年薪”补足发放。薪酬中真正可变部分乃是老总根据自己的看法，给予业绩突出者所发放的年薪之外的“红包”。

员工的年终可变薪酬部分和“红包”又合称为“年终奖”，通常由老总在春节前与员工勉励谈话后个别发放。公司员工福利主要按政府规定，给个人提供社会综合保险以及少量集体福利。此外，公司老总多次对公司管理骨干表示，只要在公司坚持好好干，公司发展壮大后会给他们更大的权责和经济回报，但大家对此许诺似乎并不大感兴趣。

针对人才招聘困难、优秀员工流失、员工工作主动性和执行力不足等问题，公司近年来也陆续采取了一些措施，但收效不大。随着公司规模扩张和新的发展目标确立，公司老总对于粗放型的人力资源管理带给企业的损失感受深刻，迫切要求引进先进的人力资源管理体系，摆脱薪酬管理和员工激励困境，支持公司的长远发展。

2. M 公司薪酬问题

(1) 尚未建立完整的薪酬福利体系，薪酬结构过于单一。公司对所有员工统一实行的年薪制虽计发简便，但未能结合员工的岗位性质、知识技能和绩效情况，无法适应企业的快速发展，无法满足员工的不同需要。

(2) 薪酬管理不规范，激励机制紊乱。员工不清楚自己的薪酬构成和比重关系，不清楚劳动价值与薪酬等级的关系，不清楚奖金增减如何计算，甚至人力资源管理人员也不清楚公司付薪政策和薪酬定位。

(3) 薪酬满意度不高，薪酬激励差强人意。调查结果显示，41%的员工对薪酬不满意，公司高层总体比较满意，中层管理人员总体不满意，基层的满意度喜忧参半。业务营销人员、生产技术人员的满意度相对较低。

(4) 缺乏客观的薪酬发放依据。年薪和年终奖由老总拍板确定，必然受到信息不对称和主观因素影响。访谈中，有员工提出“薪酬发放应该考虑职务、贡献份额及服务年限等因素”。问卷分析发现，有 80%以上的人希望将能力、工作业绩两个指标作为薪酬发放的依据；另有 43%的员工希望把工龄加入计酬。

(5) 薪酬激励模式选择不明，薪酬分配体系设计不当。主要表现在薪酬组合、薪酬定位以及对关键人才的分配倾斜上缺乏明确而有针对性的思路和系统设计。

(6) 薪酬保密发放疑虑多。调查表明，多数员工认为，薪酬分配保密制难以体现分配的公平性和激励差异，六成以上员工希望薪酬公开。

3. 方案设计

薪酬激励是薪酬管理最重要的功能，它的缺失、弱化或被干扰是导致小企业薪酬管理困境的重要原因之一。所以，解决 M 公司的薪酬问题，首要选择恰当的激励模式，并以此为基点重构薪酬体系。

根据公司的发展战略、业务特点，M 公司确立了以基本工资和附加工资为基础，以绩效工资和奖金为主体，以多种福利为保障的短期激励设计思路。为了保证薪酬激励方案的有效性和动态性，我们按照薪酬战略定位、工作分析、岗位评价、薪酬调查、结构设计、薪酬水平定位、组织实施、评价修正的薪酬体系建构流程，设计了公司的薪酬体系方案。其薪酬构成见图 8-3。

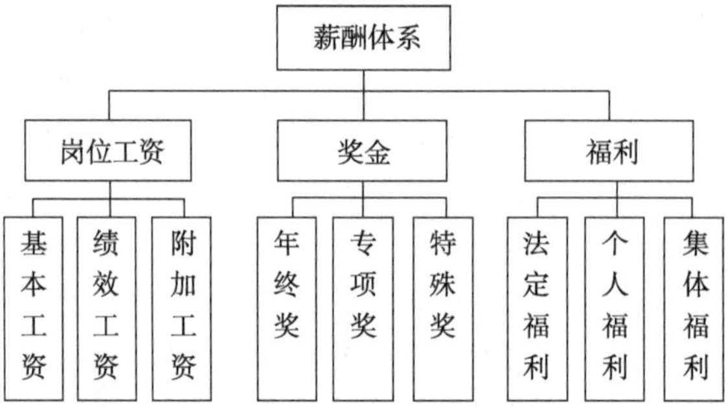

图 8-3　薪酬体系构成图

(1) 不同类别人员根据工作性质的差异实行不同类别的绩效工资制。其中，高层管理人员实行与公司整体经营业绩相关的年终浮动工资制(年薪制)。中、低层管理人员实行与其管理职责、部门绩效和服务水平相关的管理岗位绩效工资制。业务营销人员实行与营销业绩密切相关的营销岗位绩效工资制。技术人员实行与技术职能和技术任务相关的技术岗位绩效工资制。后勤、事务人员实行与各项后勤服务事务特点相适应的岗位绩效工资制。

(2) 员工绩效工资是员工浮动薪酬的主要部分。员工绩效工资依据员工的基本工资和季度考核系数确定，不同类别人员的绩效工资比重和发放方式不同。一般人员每一季度经考核评定的绩效工资，在下一季度分三次按月平均支付；业务营销人员按合同约定的时间发放；实行年薪制的高层管理人员在年终以年终浮动工资的形式发放。

(3) 绩效工资核发的基数设定。绩效工资的计算以个人的基本工资为依据按照绩效工资占其岗位工资的比重设定基数。不同人员的绩效工资比重不同，见表 8-17。实行年薪制的绩效工资，即年终浮动工资，按年薪制分配方法确定比重。

表 8-17　员工工资、奖金结构比重计划表

	基本工资	绩效工资	附加工资	年终浮动工资	年终奖	专项奖	特殊奖
高层管理人员	45%		5%	50%+Δ_3		根据相关的规章制度核定计发	根据特殊贡献专门研究计发
中层管理人员	60%	25%+Δ_1	5%		10%+Δ_2		
一般管理人员	70%	20%+Δ_1	5%		5%+Δ_2		
技术人员	80%	10%+Δ_1	5%		5%+Δ_2		
事务人员	80%	10%+Δ_1	5%		5%+Δ_2		

注：①表格中的百分比为岗位工资的比例构成。②业务营销人员的工资奖金比重原则上根据其业务特点，依公司与之签订的任务及收益合同而定。特殊情况下，亦可参照中、基层管理人员的工资结构奖金比重执行，但其绩效工资和年终奖金必须与营销业绩紧密挂钩。③Δ_1 为根据员工季度考核系数调整的绩效工资；Δ_2 为根据员工年度绩效考核系数和企业经管效益增减的年终奖金；Δ_3 为根据高管人员的年度经营管理任务、利润目标的完成率、年度考核系数而确定的年终浮动工资增减部分。

(4) 绩效工资的计算方法。

绩效工资=基本工资×绩效工资比例系数×绩效考核系数

绩效工资比例系数=绩效工资占岗位工资比例/基本工资占岗位工资比例

(5) 绩效考核系数的设定。根据公司考核制度，各类人员的考核结果均分为优、良、合格、基本合格、不合格五级。绩效考核系数用于调整核算各档次员工实际绩效工资，见表 8-18。

表 8-18　员工考核结果等级与考核系数对应表

季度考核结果等级	季度考核系数
优	1.4
良	1.2
合格	1.0
基本合格	0.8
不合格	0.6

(6) 中层管理人员工资举例。中层管理人员的基本工资占岗位工资的 60%，绩效工资为季度浮动工资，占岗位工资的 25%。假设一位中层管理人员大专学历，在

本公司工龄为3年，基本工资等级为三等二级，工资当量系数210分，季度考核结果良好(对应系数1.2)，每一单位当量金额为10元，则其岗位工资计算见表8-19。

表8-19　中层管理人员岗位工资计算

工资项目	应发金额/元
基本工资(月)	2100
附加工资(工龄+学历)	30+50=80
绩效工资	2100×(25/60) ×1.2=1050
岗位工资	3230

[思考题]

1. 简述薪酬管理体系的框架内容。
2. 薪酬总额确定的依据是什么?
3. 全面薪酬的主要理念是什么?
4. 分别简述以职位为基础的薪酬体系和以技能或能力为基础的薪酬体系的建立步骤。
5. 企业实施以技能或能力为基础的薪酬体系时，应满足什么条件?
6. 薪酬水平的衡量指标有哪些?薪酬水平的决策类型有哪几种?
7. 试述薪酬结构的主要内容及各自确定的依据是什么?
8. 薪酬结构设计的基本步骤有哪些?
9. 建立员工薪酬时，为什么需要不同的薪酬结构?
10. 员工福利的主要内容及福利的主要作用有哪些?

HAPTER 9

第九章 员工关系管理

[内容提要]

以员工为代表的劳方与以雇主为代表的资方之间在追求各自利益最大化过程中，不可避免地会发生冲突并产生劳动争议，而如何降低双方的利益损失是劳资双方都非常关心的问题。因此，如何加强员工关系管理、妥善解决劳动争议等问题将是本章的主要内容。

[学习要点]

1. 了解员工关系管理的重要性;
2. 熟悉员工关系管理的内容与目标;
3. 理解员工忠诚度管理;
4. 掌握劳动合同管理;
5. 掌握劳动争议处理的基本内容。

开篇案例[①]

2010年5月17日，位于广东省佛山市的本田汽车零部件制造有限公司(下称“本田零部件公司”)数百名员工因对工资和福利不满停工一天，这次罢工主要是由于日籍员工月薪与中国员工月薪差距甚大。据本田内部员工透露，公司一个20多岁的日本籍员工曾自称每月工资有5万元人民币。情况属实的话，日籍员工与中国员工的薪酬差距将达到50倍！许多中国员工都表示，日籍员工干的事许多中国员工也能做，说不上他们为公司作出了多大的贡献。

5月20日下午，本田零部件公司高层与员工代表展开谈判，但未达成一致意见。5月21日晚间，南海本田零部件公司的工人再次罢工。相对于本月17日的部分性罢工，本次罢工为全厂停工，在勤的四五百名工人全线罢工。工人称，这次的停工是由于工人听到组装科传出的“内幕消息”说公司已经到湛江等地大量招工，打算换掉17日参与罢工的所有工人。22日，两名带头停工的工人遭公司辞退。24日，本田零部件公司依据约定日期在下午3时左右通过广播答复将为每个工人提供120~155元的伙食补贴。一位工人称原有伙食补贴为65元。对于厂方所给出的答复，工人们并不满意，罢工仍然继续。5月28日，罢工继续进行。本田汽车公司在中国的三家整车厂受到罢工事件影响，已全部停工，当地政府已经介入协调。

南海本田零部件公司的罢工事件持续多天，其生产的变速器及一部分发动机零部件供应中断，导致本田汽车公司在中国的三大工厂已全部停产，三大工厂分别属于武汉的东风本田汽车有限公司和广州的广汽本田汽车有限公司及本田汽车(中国)有限公司。它们正面临每天2亿元以上的产值损失。

广东佛山零部件厂主要为本田汽车公司在华企业提供汽车变速箱及发动机零件，共有1600多名工人。“工资低、加薪慢、中日员工收入差距大”是导致此次罢工事件的直接原因。罢工是工人们“生存底线上的抗争”。

中国人口多，劳动力密集，此次罢工事件反映出汽车行业普遍存在的产业工人薪资水平偏低问题。造成这一现象的原因，一是工人在与企业对话中处于弱势；二是为了照顾地方生产总值，政府和工会参与力度不够。因此，随着中国经济结构转型的不断推进，我国企业劳动争议事件数量将越来越多，劳动法将不断完善，执法力度也会不断加大，那么：

(1) 企业应当怎样进行有效的员工关系管理？

(2) 如何妥善处理劳资双方的劳动纠纷？

通过本章的阅读，将有助于您回答上述问题。

① 李喆. 2010-05-27. 本田深陷“罢工门”. 汽车中国 http://carschina.com/bentianbagong/.

第一节 员工关系概述

一、员工关系管理

当全面关系管理在全球广泛流行的时候，作为企业，无不希望通过提高客户和员工的满意度，来增强对其企业的忠诚度，从而提高对企业的贡献度。因此，对外实行客户关系管理(CRM)，对内实行员工关系管理(employee relations management，ERM)就成为必然。

从广义上讲，员工关系管理是在企业人力资源体系中，各级管理人员和人力资源职能管理人员，通过拟订和实施各项人力资源政策和管理行为，以及其他的管理沟通手段来调节企业和员工、员工与员工之间的相互联系和影响，从而实现组织的目标并确保为员工、社会增值。从狭义上讲，员工关系管理就是企业和员工的沟通管理，这种沟通更多采用柔性的、激励性的、非强制的手段，从而提高员工满意度，支持组织其他管理目标的实现。其主要职责是：协调员工与管理者、员工与公司、员工与员工之间的关系，引导建立积极向上的工作环境。

二、员工关系管理的具体内容

员工关系管理的内容涉及企业整个企业文化和人力资源管理体系的构建，包括企业愿景和价值观确立，内部沟通渠道的建设和应用，组织的设计和调整，人力资源政策的制订和实施等。所有涉及企业与员工、员工与员工之间的联系和影响的方面，都是员工关系管理体系的内容。从管理职责来看，员工关系管理主要有以下九个方面。

(1) 劳动关系管理。主要有劳动争议处理，员工上岗、离岗面谈及手续办理，员工申诉、人事纠纷处理等。

(2) 员工纪律管理。引导员工遵守公司的各项规章制度、劳动纪律，提高员工的组织纪律性，在某种程度上对员工行为规范起约束作用。

(3) 员工人际关系管理。引导员工建立良好的工作关系，创建有利于员工建立正式人际关系的环境。

(4) 沟通管理。保证沟通渠道的畅通，引导公司上下及时的双向沟通，完善员工建议制度。

(5) 员工绩效管理。制定科学的考评标准和体系，执行合理的考评程序，考评工作既能真实反映员工的工作成绩，又能促进员工工作积极性的发挥。

(6) 员工情况管理。组织员工心态、满意度调查，谣言、怠工的预防、检测及处理，解决员工关心的问题。

(7) 企业文化建设。建设积极有效、健康向上的企业文化，引导员工价值观，维护公司的良好形象。

(8) 服务与支持。为员工提供有关国家法律、法规、公司政策、个人身心等方面的咨询服务，协助员工平衡工作与生活。

(9) 员工关系管理培训。组织员工进行人际交往、沟通技巧等方面的培训。

三、员工关系管理的目标

1. 员工关系管理的起点是让员工认同企业的愿景

企业所有利益相关者的利益都是通过企业共同愿景的实现来达成的。没有共同的愿景，缺乏共同的信念，就没有利益相关的前提。但凡优秀的企业，都是通过确立共同的愿景，整合各类资源，包括人力资源，牵引整个组织不断发展和壮大，牵引成员通过组织目标的实现，实现个体的目标。

企业的价值观规定了人们的基本思维模式和行为模式，或者说是习以为常的东西，是一种不需要思考就能够表现出来的东西，是一旦违背了它就感到不舒服的东西。因此，可以说企业的价值观是企业的伦理基准，是企业成员对事物共同的判定标准和共同的行为准则，是组织规范的基础。有了共同价值观，对某种行为或结果，组织成员都能够站在组织的立场作出一致的评价。这种一致的价值观既是组织特色，也是组织成员相互区分的思想和行为标识。

所以，认同共同的企业愿景和价值观，是建设和完善企业员工关系管理体系的前提和基础。

2. 完善激励约束机制是员工关系管理的根本

企业有多种利益相关者，但其创立和存在的核心目标在于追求经济价值，而不是为了单纯满足员工个体利益需求。因此，企业组织的目标和其所处的竞争状况，建立企业与员工同生存、共发展的命运共同体，是处理员工关系的根本出发点。如何完善激励约束机制、建立科学合理的薪酬制度(包括晋升机制等)、合理利用利益关系就成了员工关系管理的根本。

3. 心理契约是员工关系管理的核心部分

20 世纪 70 年代，美国心理学家施恩提出了心理契约的概念。虽然心理契约不是有形的，但却发挥着有形契约的作用。企业清楚地了解每个员工的需求和发展愿望，并尽量予以满足；而员工也为企业的发展全力奉献，因为他们相信企业能满足他们的需求与愿望。

心理契约是由员工需求、企业激励方式、员工自我定位以及相应的工作行为四个方面的循环来构建而成的，并且这四个方面有着理性的决定关系。

心理契约给员工关系管理带来很多思考。企业在构建心理契约时，要以自身的人力资源和个人需求结构为基础，用一定的激励方法和管理手段来满足、对应和引导员工的心理需求，促使员工以相应的工作行为作为回报，并根据员工的反应在激励上作出适当的调整；员工则依据个人期望和企业的愿景目标，调整自己的心理需求，确定自己对企业的关系定位，结合企业发展目标和自身特点设定自己的职业生涯规划，并因此决定自己的工作绩效并达成与企业的共识：个人成长必须依附企业平台，离开企业这个平台谈员工个人目标的实现只能是一句空话，这好比大海与溪水的关系，企业是海，个人是水，离开大海，溪水是会干枯的。这就是现代人力资源管理的心理契约循环过程，也是企业员工关系管理的核心部分。

4. 职能部室负责人和人力资源部门是员工关系管理的首要责任人

在企业员工关系管理系统中，职能部室负责人和人力资源部门处于联结企业和员工的中心环节。他们通过各种方式，相互支持和配合，一方面协调企业利益和员工需求之间的矛盾，提高组织的活力和产出效率；另一方面他们通过协调员工之间的关系，提高组织的凝聚力，从而保证企业目标的实现。因此，职能部室负责人和人力资源部门是员工关系管理的关键，是实施员工关系管理的首要责任人，他们的工作方式和效果，是企业员工关系管理水平和效果的直接体现。

总之，员工关系管理的问题最终是人的问题，主要是管理者的问题。管理者，特别是中高层管理者的观念和行为起着至关重要的作用。在员工关系管理和企业文化建设中，管理者应是企业利益的代表者，应是群体最终的责任者，应是下属发展的培养者，应是新观念的开拓者，应是规则执行的督导者。在员工关系管理中，每一位管理者能否把握好自身的管理角色，实现自我定位、自我约束、自我实现、乃至自我超越，关系到员工关系管理的成败和水平，更关系到一个优秀的企业文化建设的成败。

四、中小企业员工关系管理

(一) 中小企业员工关系管理中存在的问题

1. 没有成形的企业文化

倡导企业文化可以帮助员工寻求工作的意义；可以在员工中形成共同的价值观；激发员工的创新精神，在企业中形成文化力的凝聚。但是，我国很多中小企业仅仅是将企业文化作为一种招牌：编制了精美、完整的企业文化手册，设计了漂亮规范的企业形象识别系统，但其仅仅停留于形式，没有落到实处。

好的企业文化能把员工个人目标引导到企业目标上来。但凡优秀的企业，都是通过确立共同的愿景，来整合包括人力资源在内的各类资源，牵引整个组织不断发展和壮大，牵引成员通过组织目标的实现，实现个体的目标。很多中小企业并没有真正意义上的企业文化，或者有企业文化但是没有对员工进行企业文化方面的教育，员工的行为偏离企业发展方向，企业难以和员工达成共同发展的愿望。

2. 不重视员工关系管理

员工关系的改善关系到团队的和谐，是一项全局性和系统性的工作。员工关系管理是企业内最琐碎而不易呈现价值的人力资源管理部分，因此员工关系管理在我国中小企业内没有得到足够的重视和价值认同。我国许多中小企业认为企业与员工只是一种各取其利的金钱雇佣关系，以为员工拿到了应该拿的钱，别的事就不用管了。据调查，大部分员工离职与钱的关系并不大，反而跟领导不和成为离职的主要原因。

“员工关系管理”在一些中小企业管理者眼里还是一个陌生的字眼，远远没有“工作计划”、“绩效考核”等工作那样受到重视。管理者认为员工关系管理工作是人力资源部门的事情，管理者不了解下属的工作状态，不关心下属的生活问题。等到员工关系紧张时，才感觉束手无策，就把问题抛给了人力资源部门。而人力资源部门对于矛盾的根源并不十分了解，只能简单机械地通过政策手段或法律手段来处理。因此，员工和领导的关系形成了恶性循环。

3. 沟通意识不强

企业在任何时候都会存在各种各样的矛盾，这些矛盾往往就是员工关系紧张的根源。当企业和员工之间、员工和员工之间出现矛盾、争吵和冲突时，沟通将成为解决问题的途径。积极、正面、及时的沟通将减少员工之间的内耗对企业产生的负面影响。

在我国中小企业中管理者与员工的沟通意识淡薄、沟通滞后，从而直接影响着各部门以及部门之间工作的开展情况。由于沟通意识不强，当出现矛盾时，大多数员工不会主动选择沟通，而多采取“躲、压、藏”或是“踢皮球”的态度，所以简单的事情一拖再拖，直到成为企业运作的绊脚石，问题性质扩大化后才开始着手解决。可见，我国中小企业沟通意识的强化是不可忽视的。

4. 缺乏激励机制

美国哈佛大学教授威廉·詹姆士研究发现，在缺乏科学、有效激励的情况下，人的潜能只能发挥出 20%~30%，科学有效的激励机制能够让员工把另外 70%~80%的潜能也发挥出来。企业员工对工作现状不满，是导致员工关系紧张的主要因素，而提升员工的工作满意度需要建立全方位的员工激励机制。但有些中小企业经营者的头脑中存在“金钱万能”的思想，他们认为只要给员工足够的奖金就能调动员工的工作积极性。在实践中，不少单位在使用物质激励的过程中耗费不少，而预期的目标并未达到。对员工采取简单的物质激励方式，忽视员工在归属、情感、培训与自我发展等方面作为“社会人”的需要，在有冲突时也以粗暴的方式对待员工，不懂得尊重员工、激励员工。

在我国中小企业，企业主由于对自己财产过于关注，总是事无巨细事必躬亲。在用人的时候，只把自己认为是“亲信”的人放在重要的部门或去执行关键的业务，一般的员工无法真正参与到企业中来。这种管理方式打击了企业中那些想要自我发展的员工的积极性，导致有能力有思想的员工在条件成熟的时候毫不犹豫地辞职，影响企业的稳定和持续发展。企业对员工个人的业绩考核流于形式，员工薪资基本固定，根本无法反映员工的工作业绩，使得员工对工作没有很高的热情。

(二) 提升员工关系管理的主要途径

1. 教育引导员工认同企业愿景及其共同价值观

为保持和谐的关系，在员工关系管理中，最重要的是以优秀的企业文化来维系企业与员工之间的关系。纵观那些国内外优秀的企业，不难发现，他们在努力提高经营业绩的同时发展和培养了优秀的企业文化，同时优秀的企业文化又成为凝聚和激励员工与企业共同发展的精神动力，促进了组织绩效的提高。

企业所有相关者的利益都是通过企业共同愿景的实现达到的。但是员工不是生来就认同企业愿景与价值观的。没有共同的愿景，缺乏共同的信念，就没有利益相关的前提。企业应向员工描绘组织愿景，指明员工在企业内的职业发展方向，让员工看到希望，进而在美好愿景的吸引下与企业风雨同舟。

2. 明确各级管理者的责任

无论是企业所有者、经营高层、人力资源管理者还是中基层管理者，各级管理者都要重视员工关系管理，负起各自的职责。企业一把手对员工关系管理的好坏负主要责任，其次是各级业务或职能管理者，而人力资源部则主要起筹划、专业指导及监督实施的作用。员工关系管理不是人力资源部能够独立承担的责任，尊重员工、关爱员工应该成为一个企业的文化，需要从上到下融入组织的血液中。

我国中小企业的管理者要在思想上和行动上重视员工关系管理，企业领导层的决策和决策的执行方式对员工有重要的影响。它决定了人力资源部的员工关系管理动向、员工对企业的看法和员工能在多大程度上信任管理层，及员工在工作上的付出程度等。直属部门主管应与员工进行有效的沟通，了解并掌握员工对企业的自身方面的需求，听取员工对企业员工关系项目的建议，并向人力资源部门提供反馈。

而人力资源部门则将其反馈的信息作为执行的依据，形成沟通的良性循环。

3. 确保有效的沟通

员工从进入企业到离职，一般都会经历各种形式的与企业对话的过程。通过沟通可以了解员工的需求，让员工快乐地工作。沟通不仅是信息传递的重要手段，还是建立良好员工关系的主要方法。如果员工总是怨声载道，那么管理者是失败的，他的工作也不可能做好。解决这个问题的办法就是提倡管理者以朋友身份同员工密切接触。

中小企业还可以通过绩效面谈、传递工作信息、设立总经理信箱鼓励员工提出改善建议等形式来进行沟通。

4. 建立全员激励机制

为了提升员工的工作满意度，需要建立全方位的员工激励机制。无论是物质激励、精神激励、情感激励还是制度激励，都是为了使员工能够感受到自己被尊重。这样员工做事才会发自内心，心甘情愿为团队付出，最终满足员工自我实现的愿望。中小企业在制定薪酬激励政策时要注意公平对待每一位员工，不要因为某位员工是管理者的“亲信”就给他额外的嘉奖。应该建立正式的奖酬制度来确保员工受到奖励。如果员工受到嘉奖，那么就会感觉自己受到了公平的对待，从而提高工作的积极性。

五、员工忠诚度管理

员工忠诚度是员工对公司的信任度和依赖程度，员工将自身利益与公司利益连接的紧密程度和持久程度，面对挑战员工与公司同舟共济、共度危难的坚定程度，员工真正把自己当作公司的一份子并坚信自己就代表公司等多方面的综合反映。也是员工认同公司，并愿意继续积极地参与其中的程度。它常常反映了员工对公司使命和目标的信任，更加努力地完成工作的意愿或继续工作的意向。下面简要分析企业经常遇见的两种情况下员工忠诚度的培养。

(一) 被迫减薪企业的员工忠诚管理

当陷入困境的企业面临利润大幅缩水甚至出现亏损时，企业首先采取的措施必然是挖掘降低成本的潜力，遏止利润下滑势头。当挖掘成本潜力仍难奏效时，就必须考虑降低人工成本。之所以把降低人工成本放在后位考虑，是因为工资具有刚性，提薪容易降薪难，降薪极易挫伤员工的积极性，影响员工的忠诚度。即使减薪确能帮助企业缓和甚至走出目前的困境，企业也应审慎操作。减薪是否会导致员工忠诚度降低，全看企业操作是否得当。

1. 减薪前要充分沟通

减薪前，企业首先应向员工讲明目前面临的严峻形势，让员工认识到降低人工成本将对改善企业处境有很大帮助。企业面临生存危机，也就是所有员工面临失业危机。企业要相信员工的智慧，以及与企业共渡难关的强烈愿望。通过员工(代表)大会、员工座谈会等形式，让员工对减薪的必要性有充分的认识，对员工接受的减薪途径，充分发表意见，尊重和采纳合理部分。沟通能够在一定程度上减轻员工对减薪的排斥心理，以便推进减薪工作。

2. 比较和选择适宜的减薪方式

减少员工薪酬水平方式有直接和间接两种，后者包括弹性工时、轮岗轮休、带薪休假、教育培训等方式。企业不管采用何种减薪方式，都应取得员工的共识，最好能给予员工一定的选择权，增加员工对减薪的“自愿”程度。比如，2009 年三一重工股份有限公司董事长宣布只领 1 元年薪、全体董事降薪 90%、集团高管降薪 50%，而有六七千名员工自愿要求降薪却被公司婉拒，这充分体现了企业对员工的重视和员工对企业的忠心。

采取直接减薪，应由企业管理者带头，高层、中层、基层降薪幅度逐级减小，在增强减薪降本效果的同时保障员工的基本生活需要。比如，中国东方航空股份有限公司从集团高管到股份公司管理层，自上而下按级别分别减薪 30%、20%和 10%，减薪时间为一年。

采取间接减薪，可向劳动部门申请以半年或一年为周期的综合计算工时工作制，以调节生产周期；可以缩短工时，进行工作共享；可以与员工协商后停产期间给员工放长假并发基本生活费，企业如复产即重新安排员工上岗；安排员工脱产培训，为下一轮增长储备人才。例如，东航正酝酿鼓励员工休假的政策，员工休假期间将保留基本工资和岗位津贴，取消绩效奖金和其他补贴。

(二) 被迫裁员企业的员工忠诚管理

裁员是一把双刃剑，既会对员工造成伤害，也会极大伤害企业自己。因此，不到万不得已，企业最好不要轻易动用裁员这一“利器”。即使别无选择，企业也不要对员工不负责任地“一裁了之”，当被裁员工感到绝望、对企业充满怨恨时，留下的员工也会因此感到失望和恐慌，对企业失去信任。即便是裁员，企业仍需对全体员工体现忠诚，以人性化的操作善待被裁员工，这样被裁员工也还会对企业心存留恋，今后可能以行动从外部帮助企业。

1. 裁员前要充分沟通

裁员前，企业要将严重亏损、经营难以为继并濒临倒闭的事实和形势及裁员方案清楚地告知员工，充分听取工会和员工意见，获得员工的理解。不要害怕公布裁员消息，也许通过员工参与，还会从群众的智慧中获得改善的启示，找到恢复的机会。在沟通交流中，可能会有员工提出帮助企业改善经营、减少裁员甚至免于裁员的金点子，企业应予以重视。此外，企业裁员要依法进行，方案应报告当地劳动管理部门，避免因违法操作而给企业声誉、信誉和经济带来不必要的损失。

2. 裁员要人性化操作

裁员中企业要尽量确保公开、公平和公正，即信息要通过正式渠道及时公开，标准制订和执行要公平，裁员程序要公正。这样做可以使员工认识到，被裁不是因为自己不优秀、对企业不忠诚，而是因为企业在收缩业务后致使部分岗位消失、又无法在内部另行安置的结果，是企业迫不得已的选择。

对待被裁员工一要在法定经济补偿的基础上适当增加一定额度，以体现企业对其今后生活和学习的关心；二要开展离职前的职业指导和培训，协助员工明确职业发展方向；三要尽量出具求职推荐信，积极帮助被裁员工寻找新东家；四要承诺在重新招聘员工时，同等条件下优先聘用被裁员工。

3. 裁员后要重建忠诚

裁员后，企业管理者应及时公开信息，本着坦诚的态度与留职员工充分沟通，尽快消除裁员给其带来的心理阴影，重建安全感。通过员工的业绩反馈强化员工的积极行为，通过员工目标完成状况的反馈激励员工向目标前进，促进留职员工重建和加强对企业的信任感。

要对留职员工进行有针对性的培训，提高其业务素质，增强工作信心，以适应裁员后的岗位或工作内容的变化。企业应指定专人与离职员工保持联系，适时关注他们的生活、工作状况，及时将本企业甚至外企业的招聘信息告知他们，帮助他们解决一些实际困难，特别是失业后因就业能力低而陷入困境的离职员工，让他们体会到老东家的温暖。

第二节　劳动合同管理

一、劳动合同的内容

(一) 劳动合同的含义、内容和期限

1. 劳动合同的定义

劳动合同又叫“劳动契约”或“劳动协议”，是劳动者和用人单位确立劳动关系、明确双方权利和义务的协议。我国《劳动法》第 16 条、第 17 条规定：“劳动合同是

劳动者与用人单位确定劳动关系、明确双方权利和义务的协议。”

2. 劳动合同的内容

根据《劳动法》第19条的规定，劳动合同应以书面形式订立，并包括必备条款和协商条款。必备条款也称法定条款，包括

劳动合同期限、工作内容、劳动保护和劳动条件、劳动报酬、劳动纪律、劳动合同终止条件、违反劳动合同的责任。

不具备这些条款，合同即不成立。协定条款是指双方根据具体情况协商约定的权利、义务条款，没有协商约定的条款，不影响合同的成立，根据需要视双方的情况而定。

3. 劳动合同的期限

我国《劳动法》第20条规定：“劳动合同的期限分为有固定期限、无固定期限和以完成一定的工作为期限。”“劳动者在同一工作单位连续工作满10年以上，当事人双方同意续延劳动合同的，如果劳动者提出订立无固定期限的劳动合同，应当订立无固定期限的劳动合同。”另外，第21条规定：“劳动合同可以约定使用期。试用期最长不得超过6个月。”

(二) 劳动合同的签订、履行、变更与解除

1. 劳动合同的订立

(1) 劳动合同的订立原则。劳动合同的签订是指劳动者与企业之间，就劳动合同的条款经过协商一致，达成协议，并以书面形式明确双方权利义务的法律行为。

我国《劳动法》第17条规定：“订立和变更劳动合同，应遵守平等自愿的原则，不得违反法律、行政法规的规定。”明确规定劳动者与企业签订和变更劳动合同必须遵循三项根本原则：一是平等自愿的原则，指签订和变更劳动合同的双方在法律地位上是平等的，并完全出于双方当事人自己的真实意见；二是协商一致的原则，指双方就合同的所有条款进行充分协商，双方意思达成一致；三是不得违反法律、行政法规的原则，即不得违反劳动合同的合法原则。

劳动合同订立的注意事项有四个。第一，劳动合同的当事人必须具备法定的资格。劳动者必须是年满18周岁以上具有劳动权利能力和劳动行为能力的公民，企业一方不仅要具有法人资格，而且是经国家有关部门批准具有招收员工、订立劳动合同资格的组织。第二，劳动合同的内容必须合法，即当事人双方约定的劳动权利义务，不得违反国家的有关法律政策。第三，订立劳动合同的程序必须合法。即要符合面向全社会、公开招收、自愿报名、全面考核、择优录用的具体原则。第四，劳动合同的形式必须合法。根据《劳动法》规定，签订劳动合同，必

须采用书面的形式。

(2) 劳动合同的订立程序。任何一种合同的订立一般都要经过要约和承诺两个程序阶段，劳动合同的订立也不例外。劳动合同的订立程序是指劳动合同在订立过程中必须履行的手续和必须遵循的步骤。也要经过要约和承诺两个阶段，共有九个步骤。

企业或组织提出要约，并寻找和确定被要约方。这个阶段包括四个步骤：一是企业或组织公布招聘简章；二是劳动者自愿报名；三是全面考核；四是择优录取。之后，签订劳动合同，完成要约和承诺的全过程。这个阶段分为五个步骤：一是企业或组织提出劳动合同草案；二是向劳动者介绍企业内部劳动规章制度；三是双方协商劳动合同内容；四是双方签约；五是合同鉴证机构或劳动主管部门签订合同。

2. 劳动合同的履行

劳动合同的履行是指合同当事人双方履行劳动合同所规定的义务法律行为。这一过程实质上也是劳动关系双方实现劳动过程和各自合法权益，履行各自权利和义务的过程。双方履行劳动合同，必须遵守亲自履行原则、全面履行原则。对于劳动合同必须全面履行，从而使双方的合法权益得到全面实现。

3. 劳动合同的变更

劳动合同双方就已订立的合同条款达成修改补充协议的法律行为，称为劳动合同的变更。劳动合同双方当事人的任何一方对劳动的内容都可以在正当的理由和时间内提出修改补充意见，并经由双方同意时变更劳动合同内容，若给对方造成损失的要负赔偿责任。

4. 劳动合同的解除

劳动合同的解除是指当事人双方提前终止劳动合同的法律效力，解除双方的权利和义务关系。劳动合同一经订立，双方应认真履行，不得擅自解除。但是，如果发生特殊情况，劳动合同的当事人经协商一致后可以解除劳动合同。

(1) 在下述条件下，企业有权提出解除劳动合同。第一，合同期满或者当事人约定的劳动合同终止条件出现。第二，经劳动合同当事人协商一致。第三，在试用期间，发现员工不符合录用条件的。第四，严重违反劳动纪律或企业、组织的规章制度。第五，给企业或组织造成重大利益损害、依法被追究刑事责任的。

(2) 出现下列情形时，企业需提前 30 日书面通知后方可辞退员工。第一，患病或者非因工伤，医疗期满后，不能从事原工作也不能从事由企业或组织另行安排的工作的。第二，不能胜任工作，经过培训或者调整工作岗位仍不能胜任工作的。第三，劳动合同订立时所依据的客观情况发生了重大的变化，致使劳动合同无法履行，经当事人协商不能就变更劳动合同达成协议的。第四，企业或组织濒临破产进行法定整顿期间或者生产经营状况发生严重困难，确需裁减人员的，应当提前 30 日向工会或全体员工说明情况，听取其意见，并向劳动部门报告。

(3) 企业在下述情况下，不得提出解除劳动合同。第一，合同期未满，又不具备在(1)中陈述的各项理由。第二，因工伤残，因病或非因工伤在规定的医疗期限内的。第三，女工在怀孕、生育和哺乳期的。第四，员工家庭遇到严重的自然灾害和严重的意外灾害的。

(4) 出现下列情形时，员工有权提出解除劳动合同。第一，合同期满或约定的合同终止条件出现。第二，经国家有关部门确认，劳动安全、卫生条件恶劣，严重危害员工身体健康以及以暴力、威胁或者非法限制人身自由的手段强迫劳动的。第三，在试用期间。第四，企业不履行劳动合同，或者违反国家政策、法规，侵害员工合法权益的。第五，提前 30 日书面通知企业或组织解除劳动合同的。

二、劳动合同具体条款解读[1]

[案例 **9-1**]

因劳动者拒不签订书面劳动合同发生的争议

小刘是深圳某公司员工，每月工资 3000 元。2007 年 12 月 31 日，小刘与公司的劳动合同期满后继续留在该公司工作。其间，公司多次通知其续签劳动合同，但小刘总是找各种理由拖延不签。2008 年 6 月 1 日，小刘因个人原因辞工，并要求公司按照《劳动合同法》的规定支付其未签订劳动合同期间的双倍工资。公司不同意支付，理由是并非公司不与其签订劳动合同，而是小刘自己不愿意。小刘因此申请劳动仲裁，要求公司支付。

1. 关于劳动合同订立的法律规定

我国《劳动法》第 19 条规定：“劳动合同应当以书面形式订立。”《劳动合同法》第 10 条规定：“建立劳动关系，应当订立书面劳动合同。”因此，我国法律规定劳动合同必须以书面形式订立。《劳动合同法》第 82 条规定：“用人单位自用工之日起超过一个月不满一年未与劳动者订立书面劳动合同的，应当向劳动者每月支付二倍的工资。用人单位违反本规定不与劳动者订立无固定期限劳动合同的，自应当订立无

① 廖名宗. 2008. 劳动合同法新型案例研究. 中国人力资源开发, (18): 66-71.

固定期限劳动合同之日起向劳动者每月支付二倍的工资。”

2. 用人单位应如何预防此类争议

首先，用人单位应当依法及时与劳动者签订书面劳动合同，避免因超过法定时限而支付劳动者双倍工资。实践中，有的用人单位人数多，劳动合同签订量大，稍不注意，容易遗漏。因此，用人单位一定要加强劳动合同管理，应根据实际情况、配备一定的专职人员负责劳动合同管理，避免出现忘签的情况。其次，针对劳动者拒不签订书面劳动合同的，用人单位应当准备相关证据。一旦发生争议，劳动者如果不承认自己不愿签订书面劳动合同，那么用人单位应当承担举证责任，即需证明不是用人单位不与其签订劳动合同，而是劳动者自己拒绝签订。有了这方面的证据，即使有争议，在仲裁和诉讼中，用人单位也能主动。

[案例 9-2]

因签订无固定期限劳动合同发生的争议

某保险公司与朱某的劳动合同于 2007 年 12 月 31 日期满，该公司仍留用朱某，并与朱某协商续签劳动合同。至 2008 年 1 月 31 日，朱某已在该公司连续工作 10 年，朱某因此提出续签无固定期限劳动合同，该公司只同意与其续签三年期的劳动合同。朱某因此申请仲裁，要求签订无固定期限劳动合同。劳动争议仲裁委员会裁决支持了朱某的诉求。

1. 我国关于签订无固定期限劳动合同的法律规定

无固定期限劳动合同是指用人单位与劳动者约定无确定终止时间的劳动合同。这里所说的无确定终止时间，是指劳动合同的期限长短不能确定，但并不是没有终止时间。只要没有出现法律规定的可以解除或者终止的条件，双方当事人就要继续履行劳动合同规定的义务。

《劳动法》第 20 条规定，劳动者要求签订无固定期限劳动合同必须具备三个条件：劳动者在同一用人单位连续工作十年以上；双方同意续签劳动合同；劳动者提出要签订无固定期限劳动合同。《劳动法》规定该条的本意是对工龄长的“老员工”予以特别保护，促进劳动关系的稳定。实践中，不少人认为无固定期限劳动合同是“铁饭碗”、“终身制”，认为无固定期限劳动合同一经签订就不能解除。因此，很多劳动者把无固定期限劳动合同视为“护身符”，千方百计要与用人单位签订无固定期限劳动合同；同时，用人单位则将无固定期限劳动合同看成“终身包袱”，想方设法逃避签订无固定期限劳动合同的法律义务。

用人单位常用的规避方法是，如果劳动者在同一用人单位已经连续工作满 10 年，用人单位先提出与劳动者签订固定期限劳动合同，劳动者如果不同意，坚持要求签订无固定期限劳动合同，用人单位则与劳动者终止劳动合同，双方不再续签，劳动者的权益不能得到保护。有的劳动者为了保住“饭碗”，只好忍气吞声地与用人单位签订固定期限的劳动合同。由于《劳动法》第 20 条规定的条件“双方同意续签劳动合同”是个漏洞，实际执行情况与立法初衷相差甚远。

2.《劳动合同法》的补充规定

立法者意识到《劳动法》的这一不足之处，通过《劳动合同法》予以完善。《劳动合同法》第 14 条第 2 款第(1)项规定，劳动者在用人单位连续工作满十年，劳动者提出或者同意续订、订立劳动合同的，除劳动者提出订立固定期限劳动合同外，应当订立无固定期限劳动合同。即《劳动合同法》取消了《劳动法》规定的“双方同意续签劳动合同”这一条件，劳动者连续工作满十年，只要提出签订无固定期限劳动合同，用人单位必须续签。

《劳动合同法》第 14 条还规定了以下三种可以签订无固定期限劳动合同的情形：①用人单位初次实行劳动合同制度或者国有企业改制重新订立劳动合同时，劳动者在该用人单位连续工作满十年且距法定退休年龄不足十年的；②连续订立二次固定期限劳动合同，且劳动者没有本法第三十九条和第四十条第一项、第二项规定的情形，续订劳动合同的；③用人单位自用工之日起满一年不与劳动者订立书面劳动合同的，视为用人单位与劳动者已订立无固定期限劳动合同。本案例与上述三种情形无关。

[案例 **9-3**]

因工作地点变更发生的争议

某电子公司 2008 年 5 月底从深圳搬迁至广东惠州，李某等 30 名员工因家在深圳而不愿去惠州工作。他们于 2007 年与该公司签订了劳动合同，劳动合同对工作地点没有约定；这 30 名员工的劳动合同均跨过 2008 年，且至 2008 年 5 月底均未到期。因这些员工不愿去惠州工作，该公司以不服从工作安排、旷工，严重违反公司规章制度为由解除了他们的劳动合同。30 名员工因此申请仲裁，要求按照其在该公司的工作年限计付解除劳动合同经济补偿 80 多万元。

1. 现行立法关于工作地点的规定

《劳动法》第 19 条规定劳动合同必须具备 7 项内容，但并不包括“工作地点”。实践中因工作地点不明确，一旦工作地点发生变动，容易产生争议。《劳动合同法》弥补了《劳动法》的不足，在第 17 条第 1 款第(4)项明确规定“工作地点”是劳动合同的必备条款。

2. 对工作地点变更争议的处理意见

工作地点是劳动者的劳动场所，是劳动合同的履行地。由于劳动管理的“属地化原则”，工作地点不仅涉及劳动仲裁地、最低工资标准、社会保险等一系列问题，而且有的因两地距离遥远，对劳动者的家庭生活将造成很大影响。

在《劳动合同法》颁布以前，由于法律对工作地点没有规定，劳动仲裁部门和人民法院裁判结果不一，影响了司法的统一性和严肃性。为了避免出现这种情况，深圳劳动仲裁部门和法院经共同探讨形成的统一做法是：用人单位在深圳市行政区域内搬迁的，双方应当继续履行劳动合同；劳动者因此提出解除劳动合同并要求用人单位支付解除劳动合同经济补偿金的，不予支持。用人单位由深圳市行政区域内向深圳市行政区域外搬迁的，劳动者可以拒绝去新的工作地点工作，并可以依据《劳动法》第 26 条第(3)项的规定要求支付解除劳动合同经济补偿金。

3. 用人单位应如何与劳动者约定工作地点

《劳动合同法》虽规定“工作地点”是劳动合同的必备条款，弥补了《劳动法》的不足，但对如何约定并未作出规定。如果约定的地点范围太窄，不便于用人单位灵活调遣和安排劳动者去新的工作地点；如果约定太泛，不仅员工不会接受，而且可能导致无效。因此，约定工作地点应当遵循以下两个原则。

一是地点确定原则，即工作地点一定要明确，双方不会产生分歧和争议。如果约定为“全国”或者“全球”，应当认定为无效。因为这一范围太大，实际工作地点并不明确。如果这种约定合法，就意味着用人单位可以在全国或者全球范围内随时调遣员工，这显然有悖《劳动合同法》的立法本意。

二是兼顾用人单位业务发展需要和劳动者实际情况原则。所谓兼顾用人单位的业务发展需要，是指因用人单位的经营范围、经营模式和发展速度千差万别，在约定工作地点时应当充分考虑其特点。如果用人单位的经营范围限定在某一个地方，可以明确用人单位注册地所在城市为工作地点。如果用人单位是连锁经营或者有分支机构，双方约定的工作地点可以不限于一个，可以多个，甚至写明某个区域，如华南地区。《劳动合同法》并未规定只能约定一个工作地点，约定一个或者几个，均属有效。如果用人单位是跨国公司，尤其是对招聘到海外工作的劳动者，可以约定一个或几个国家作为工作地点，如深圳的中兴通讯股份有限公司和华为技术有限公司在全球 100 多个国家和地区都建立了分支机构，对这样的公司，可以约定一个或几个国家。

所谓兼顾劳动者的实际情况，是指应当允许劳动者根据自身特殊情况选择工作地点，如某员工因身体原因有严重的高原反应，不适合去西藏等高原地区工作，如果其所在公司在西藏等高原地区有分支机构，那么应当允许该员工选择不去西藏等高原地区工作。对此情况，在约定工作地点时，可以采用“排除法”，即约定哪些城市或地区劳动者可以不去，在这些地区以外的地点劳动者就应当接受用人单位的调遣和安排。

[案例 **9-4**]

因劳动者单方解除劳动合同发生的争议

朱某是深圳某港资服装公司女工，该公司未足额为其缴纳社会养老保险。2008 年 4 月 3 日，朱某休完产假回公司即以此为由向公司提出解除劳动合同，要求补足社会养老保险并支付解除劳动合同经济补偿。劳动争议仲裁委员会裁决支持了朱某的诉求。

1. 劳动者可以随时解除劳动合同的条件

《劳动法》第 32 条规定了劳动者可以随时通知用人单位解除劳动合同的三种情形如下：①在试用期内；②用人单位以暴力、威胁或者非法限制人身自由的手段强迫劳动的；③用人单位未按照劳动合同约定支付劳动报酬或者提供劳动条件的。《劳动合同法》第 38 条除上述三种情形外，另外增加了几种情形，其中包括用人单位未依法为劳动者缴纳社会保险费。本案中，朱某就是依据《劳动合同法》第 38 条的新规定提出解除劳动合同。

2. 对法定解除劳动合同条件的评价

《劳动合同法》第 38 条增加了几种劳动者可以解除劳动合同并要求经济补偿的情形。实践中，用人单位未依法为劳动者缴纳社会保险的现象非常普遍。除用人单位未依法为劳动者缴纳社会保险外，有的用人单位还存在以下违法行为，即未按照法律规定的险种缴纳社会保险，如有的用人单位为了降低风险，只选择缴纳了工伤保险和医疗保险，其他保险则不缴；未足额缴纳社会保险，如养老保险缴费金额大，用人单位为了降低成本，往往不按员工的实际工资缴纳，而是只按照较低的标准缴纳。

[案例 9-5]

因终止劳动合同发生的争议

2008年5月18日，深圳某公司员工刘某年满60周岁，达到法定退休年龄。该公司为其到社会保险部门办理退休手续，该员工缴费年限9年。根据《深圳经济特区企业员工社会养老保险条例》第23条规定，享受按月领取养老金的员工应同时具备以下条件：①按规定缴纳养老保险费；②达到国家规定的退休年龄；③有本市户籍的员工在1992年7月31日以前参加工作的，缴费年限累计满10年；有本市户籍的员工在1992年8月1日以后参加工作的，缴费年限累计满15年；非本市户籍的员工实际缴费年限累计满15年。社会保险部门据此不予批准发放其养老金。该公司则以其达到退休年龄为由终止其劳动合同。该员工不服，申请劳动仲裁，要求用人单位继续履行劳动合同，其理由是他未能依法享受基本养老保险待遇，根据《劳动合同法》，用人单位不得终止其劳动合同。

1. 关于劳动合同终止的法律规定

《劳动法》第23条规定："劳动合同期满或者当事人约定的劳动合同条件出现，劳动合同即行终止。"实践中，用人单位根据《国务院关于工人退休、退职的暂行办法》规定，男性员工年满60周岁则达到退休年龄，即行终止劳动合同。

《劳动合同法》第44条取消了约定终止劳动合同，扩大了劳动合同终止的法定情形，共包括劳动合同期满等六种，其中第(2)项就是"劳动者已开始依法享受基本养老保险待遇"，劳动合同终止。

2. 对《劳动合同法》第44条第(2)项规定的评价

《劳动合同法》第44条第(2)项规定旨在实现劳动者享受养老保险待遇与终止劳动合同 "无缝对接"，最终保障劳动者权益。但实践中，劳动者达到法定退休年龄并不一定就可以依法享受基本养老保险待遇。本案中，刘某因缴费年限未达到法定标准，不可能依法享受养老保险待遇。此情形下，如依照《劳动合同法》第44条第(2)项规定，用人单位不得终止其劳动合同，这是否意味着只要劳动者不主动提出解除劳动合同，就可以一辈子工作？如果这样，显然与国家的退休政策相悖。

技术上可以通过修改《劳动合同法》，或者制定《劳动合同法实施条例》和《司法解释》予以完善。

[案例 **9-6**]

被迫辞职可以得到经济补偿金

A 是某公司职工，2007 年 3 月与公司签订了为期五年的劳动合同，2009 年 3 月，公司更换了主要负责人，新负责人以 A 不适合工作为由，要求与 A 解除劳动合同，A 不同意。公司便采取了增加 A 劳动强度、减少 A 奖金收入等办法予以刁难。A 在不堪忍受的情况下，提出如果公司提出解除劳动合同，他本人可以签字同意。但公司坚持让 A 自己先写“辞职报告”，然后由公司批准。A 坚决不同意这样做，但公司许诺：如 A 照办，公司可以给予 A 一笔比较丰厚的生活补助，还可以按照劳动法有关规定支付解除劳动合同的经济补偿金。在这样的情况下，A 于 2009 年 5 月向公司递交了“辞职报告”，立即被公司批准，但此后的生活补助和经济补偿金却毫无踪影。A 找公司索要，公司拿出 A 的“辞职报告”说，生活补助是单位对被辞退人员的抚恤，根据劳动法规定，经济补偿金在用人单位提出解除劳动合同时才支付，A 是自动辞职，没有上述两项待遇。A 非常气愤，提出申诉，并提供了公司要求他递交“辞职报告”的证据。劳动争议仲裁委员会经审理，裁决公司支付 A 两个月工资的经济补偿金，仲裁费用由公司承担。

本案关键是 A 提交的“辞职报告”是自愿还是被迫的。本案的 A 掌握并提供了相应证据，从而使这一案件得到处理。

2008 年 1 月 1 日正式实施的劳动合同法规定，“用人单位依照本法第三十六条规定向劳动者提出解除劳动合同并与劳动者协商一致解除劳动合同的”，“用人单位应当向劳动者支付经济补偿”。“经济补偿按劳动者在本单位工作的年限，每满一年支付一个月工资的标准向劳动者支付。六个月以上不满一年的，按一年计算；不满六个月的，向劳动者支付半个月工资的经济补偿。”根据上述规定，解除劳动合同，如果是用人单位提出的，必须要依法支付劳动者经济补偿金，如果是劳动者主动提出的，则没有相应规定。

本来是公司希望并促使解除劳动合同，却采取种种刁难和欺骗手段，诱使劳动者提出“辞职”，显然是在规避法律规定，从而避免支付经济补偿金的责任。但是 A 掌握了公司强迫和诱骗自己递交“辞职报告”的证据，从而使本案的事实得以澄清。在被强迫和欺骗情况下，劳动者作出的意思表示不能认为是真实的，解除劳动合同的责任应由公司承担。

第三节　劳动争议

一、实例：末位淘汰制引发的劳动争议[①]

1. 背景

A 公司人力资源部王经理最近有些心烦。她刚忙完对员工的年终绩效考核，并据考核结果对员工进行了相应处理，就收到了员工起诉公司的一纸状书。

原来，A 公司为了在激烈的市场竞争中保持竞争优势，将鼓励先进、鞭策后进的“末位淘汰制”作为一项重要管理制度引入公司管理中。员工甲因在年度考核中得分为部门最后一名而收到公司的解聘通知书。甲不服，向当地劳动仲裁机构提起仲裁申请。仲裁委裁定 A 公司撤回与员工甲解除劳动合同的决定，与员工甲恢复劳动关系。王经理很困惑，末位淘汰制在许多知名企业执行，A 公司却为什么不能据此与考评居于末位的员工解除劳动合同?

2. 分析

这例劳动争议案件以 A 公司败诉而告终。其原因在于公司的“末位淘汰制”与企业的绩效考评制度不协调，从而在执行中与劳动法的相关条款有抵触。

根据公开、公平的原则和通过完善内部规章制度的方式来“淘汰”不合格员工，实行“末位淘汰制”并不是没有法律依据。据《劳动法》第 26 条规定：劳动者不能胜任工作，经过培训或者调整工作岗位，仍不能胜任工作，用人单位可以解除劳动合同，但是应当提前 30 日以书面形式通知劳动者本人。

案例中 A 公司败诉，关键在于依据“末位淘汰制”淘汰的员工，并不能被证明不胜任其工作岗位，公司与其解除劳动合同，缺乏依据。

据调查得知，A 公司绩效考核的标准和有效性值得质疑。首先，考评表中仅列举了若干考评指标，但没有对每项指标进行具体描述，缺乏清晰的考评标准。因此，该考评只是部门主管的主观判断，无法证明甲的工作表现不符合公司要求；其次，考评表上的许多指标与甲的工作岗位的岗位说明书上列明的岗位要求不一致。用考评依据岗位说明书以外的要求对甲进行考评，自然不公平、不合理。

因此，与这样的绩效考核制度相结合的末位淘汰制缺乏合理性。甲处于末位只是表明他在本部门的考评分数的序列，并不能作为不能胜任工作的依据，自然也就不能作为解除劳动合同的依据。

---

① 田莉萍. 2004. 劳动争议预防. 经理不可小觑. 中国人力资源开发, (6): 79-82.

另外，依据《劳动法》第26条，劳动者即便被证明不能胜任工作，公司也应为其提供转岗培训机会，而不是仅凭一次考评结果就与劳动者解除劳动合同。也就是说，“末位淘汰”作为企业内部竞争上岗的管理手段是可以的，但只能将员工淘汰在岗位以外，而不能淘汰在企业以外。

王经理所质疑的知名企业的做法，其实恰恰避免了此类劳动争议的发生。比如，海尔集团的做法是“三工并存、动态转换”，全体员工分为优秀员工、合格员工、试用员工，据工作业绩和贡献大小进行动态转换，不合条件者依次下转，直至待岗，经培训合格重新上岗。

二、企业与员工产生劳动争议的主要表现

(一) 忽视劳动合同管理

分析与劳动合同相关引发的争议可以发现，除一少部分因个别劳动者劳动合同法律意识淡薄，因擅自离职违约，给用人单位造成损失或因存在严重失职等过错被解除劳动合同引发争议外，大部分原因集中在一些涉案的用人单位劳动合同管理上存在问题。

(1) 劳动合同签订不全面。在国有企业中，有的用人单位只与在职正常上班的职工签订劳动合同，而忽略了与长期放假职工、停薪留职职工、自谋出路职工和下岗职工签订或变更劳动合同；在一些外资企业和民营企业中，不与劳动者签订劳动合同而存在事实劳动关系的现象大量存在。劳动合同签订得不全面，导致劳动关系双方权利义务不明确，为将来发生劳动争议埋下隐患。

(2) 劳动合同不规范。当前一大部分企业呈现小而杂的状况，企业性质复杂，再加上管理者素质较低，招用工人不是不签订劳动合同，就是签订的劳动合同不规范、手续不全或内容违反《劳动法》规定的内容。例如，口头合同(不能明确劳动关系双方的权利义务)、简单合同(内容不全、含义不清、缺少细节约束)、生死合同(用人单位为逃避责任要求劳动者工伤自理、后果自负)、一边倒合同(只注重用人单位利益，强调劳动者的义务和处罚条款)、抵押合同(利用劳动者求职心切，收取抵押金或证件)、填空合同(合同书是劳动保障部门的文本，但该填的项目不填，随意更改)、违心合同(劳动者找工作不易，找到合适的工作更不易，明知利益受损还要签)等，这些不规范合同的存在，为劳动争议埋下了隐患。

(3) 履行劳动合同的方式与程序不当。在企业劳动合同管理中，劳动合同执行、变更、解除、终止程序不合理、处理不及时，是企业在劳动争议中败诉的重要原因。

(二) 企业规章制度不合理、不健全或没有依照合理程序制定执行

从劳动争议处理的实践看，因企业规章制度存在问题而引起劳动争议的现象时有发生。目前，我国企业在制定和实行企业内部劳动规则方面存在一些不容忽视的问题。

(1) 企业规章制度不合理。自《劳动法》实施以来，一些用人单位未按法律法规的规定，及时建立、调整、修订企业规章制度的相关内容，致使规章制度本身不合法，也不合理，一旦发生争议，企业无法得到法律支持，必将承担败诉风险。例如，有的企业规定女性职工合同期内不得结婚生育，严重侵害了女工的合法权益。

(2) 企业规章制度不健全。企业在制定规章制度时缺乏缜密思考和长远考虑，导致制定出来的规章制度不全面，无法全面规范职工的行为。又如，企业在制定内部规章制度时无合理程序，导致规章制度自相矛盾，从而引发劳动争议。企业规章制度尤其是劳动管理规章制度不健全造成的直接后果就是企业在处理员工违纪行为、解除劳动合同时没有合法合理的理由，由此导致劳动争议。

(3) 企业未按合理程序制定执行规章制度。《公司法》第 122 条规定，“公司研究决定生产经营的重大问题、制定重要的规章制度时，应当听取公司工会和职工的意见和建议。”而不少企业对规章制度的制定和修改程序不规范，没有按照上述法律规定征求企业工会和职工代表的意见和建议，造成规章制度的合法性不强。有些企业在执行规章制度时存在随意性，尤其是在处置违纪职工时程序不合理，从而引发劳动争议。

(三) 人力资源管理人员缺乏预防劳动争议的知识与技能

上述在劳动合同管理和规章制度的制定执行方面的缺陷反映了企业人力资源管理基础薄弱、管理不规范，而企业人力资源管理部门对劳动争议处理重视不够，缺乏处理劳动争议的经验，也是影响劳动争议有效预防的重要原因。企业没有投入足够的资源来进行劳动争议管理的研究，人力资源管理人员在劳动争议管理上缺乏足够的培训，使得许多本来不该发生的争议因此发生，也使得劳动争议发生时，企业疲于应付，败诉率居高不下。

三、有效预防劳动争议的措施

(一) 依法加强劳动合同管理，从源头规范劳动关系

劳动合同是预防和减少劳动争议的法宝，也是处理劳动争议的主要依据。根据劳动用工合同化，劳动关系法制化的要求，企业人力资源管理部门在进行劳动合同的管理中，应该注意以下三个方面。

第一，企业要实行劳动合同的全面签订。针对上述问题，人力资源管理部门要从对没有签订劳动合同的职工的分类入手，逐个处理。

第二，要注意劳动合同的合法有效性和完备性。用人单位和劳动者，在建立劳动关系前应慎重对待，充分协商，遵循《劳动法》及有关法规，达成一致意见后，按规定程序正式签订劳动合同。涉及培养费、商业秘密等，劳动关系双方应在平等协商的基础上，将相关培训协议、保密合同、竞业禁止条款列为劳动合同的附件。

第三，加强劳动合同履行的管理。尤其是合同变更、解除以及续订时，应及时履行必要的文字程序。签订合法完整和有效的劳动合同，不仅是预防劳动争议的前提，更重要的是作为之后工作的依据。因此，企业应加强对劳动合同执行、变更、解除、终止、续订等各个环节的严格管理。

(二) 依法建立和完善企业规章制度，杜绝无章可循

企业在依法建立健全劳动合同管理制度的基础上，建立一整套与劳动合同制度相配套的人力资源管理规章制度，以加强管理的法制化和规范化，杜绝违法、违规、违约行为。

企业要依据劳动法律法规及规章政策，根据实际需要制定人力资源管理规章制度。规章制度可以分为两部分。一部分是基本规章制度，如考勤制度、工资分配制度、劳动安全卫生制度、奖惩制度、劳动合同管理制度、考核聘任制度等。另一部分是企业根据自身实际需要制定的规章制度，如在技术密集型企业及外贸企业可以制定员工保守商业秘密等制度；对资金密集型企业，企业可以制定员工使用高值办公设备、工具(包括交通工具)的保管和损坏赔偿责任制度等。

(三) 加强培训，避免有法不知

为解决职工和企业人力资源管理部门法律意识淡薄、法律知识缺乏问题，企业应对职工和人力资源管理人员进行相关培训。

根据《劳动法》规定，企业有对职工进行职业培训的义务，为预防劳动争议的发生，企业应当在以下方面加强对职工的培训：①劳动法律法规的普及教育；②企业规章制度的学习；③自身权利和义务的学习。在这一环节，应突出对劳动合同及相关规章制度的学习，以免因企业和职工对相关条款的理解存在较大差异而引发劳动争议。

(四) 合理处置违纪职工，规避法律风险

在人力资源管理实践中，违纪员工处理已逐渐成为热点和难点问题，许多企业在对违纪员工的处置方法与程序上存在缺陷，导致本来不该发生的劳动争议发生了，

也使本来应该胜诉的劳动争议败诉了。

一些企业之所以对职工的违纪行为处理失当，关键在于未按法律法规的规定程序办事。

(五) 借鉴他人经验、利用外部资源，预防劳动争议

劳动争议涉及的情况非常复杂，企业人力资源管理部门如果能加强与劳动争议相关的外部单位的联系，充分利用外部资源，借鉴他人经验，则能在预防劳动争议上起到事半功倍的效果。

人力资源管理部门要加强与劳动争议处理机构，尤其是地方劳动争议仲裁委员会(简称仲裁委)的联系，向仲裁委的劳资专家咨询企业规章制度的合法合理性，对把握不准的重要处理决定先咨询后执行，以避免劳动争议败诉风险。

[案例分析]①

A 公司是一家从事半导体设备制造的跨国企业，总部位于美国硅谷。中国内地分公司于 20 世纪 90 年代初建立，目前拥有员工 1000 多名。2008 年年底，该公司借助公司网站正式就当前经济形势对公司的影响做了阐述，并根据现状及对未来的预计，与员工进行了关于将实行结构重组和控制运行成本的沟通说明。公司宣布，由于全球经济危机，我们的客户和本公司的经营情况正在变得越来越差，将不得不采取重组的策略，调整计划主要目的在减少成本，最终会导致公司某些工作岗位的减少。

公司决定，通过公布的预期业务变化，实行明确的成本控制指标，以确保公司处于相对赢利的财务状况。由于约 35%的成本下降通过减员所获得，计划在全球削减 12%约 1800 个职位。公司希望通过人员的自然流失和自愿离职作为第一步的减员措施。随之，裁员活动在全球各区域包括中国内地推开。

1. 裁员中的主要工作

1) 合理确定裁员对象

A 公司期望实现理性裁员的目标，在满足降低成本的目的后，更试图维护与提高企业的核心竞争优势，借机调整公司经营战略。公司的裁员对象主要由三个部分组成。

---

① 吴文艳. 2009. 企业如何顺利通过“裁员关”. 中国人力资源开发, (5): 37-40.

第一，以往业绩低下者。被裁员工中20%左右属于低绩效人员。以前年年考核，但末尾淘汰制总出于某种原因而很难充分实现。公司希望依据绩效标准实施的裁员，优化人力资源构成，管理层认为此次裁员活动可顺势实现末尾淘汰制度。但在裁员沟通中，考虑到员工的心理承受能力及裁员措施的平稳实施，经理都会以市场的变化和公司的重组作为沟通基础，并未涉及能力问题，从而顺利推进了裁员工作。

第二，冗余、沉淀性员工。重组过程中，公司各部门在控制成本、效率优先前提下实行部门重构，精简人员，实施结构调整和人员重新配置，重复性员工、重叠职位的裁减占总裁员的30%左右。具体裁员比重的分配按成本目标和业务量的数据，由总到分、由上到下分配。具体到每个部门，则根据自己的业务预期和人员的利用率及绩效指标进行内部的成本预算计划，包括减员计划。以公司工程团队为例，由于业务量剧烈下降，根据预期业务量、内部每个员工使用率指标，得出相应工程人员的数量，从而确定多余人员数量并实施调整。例如，某区域现有人员151个工程师，到季度末，由于业务量下降及利用率、考核指标要求，只需112个工程师，因此需要对余下的39人作出调整。其中有几位是产品专家，且在偏远地区工作，需要保留，因此最后裁员数量确定为35位。该团队对工作岗位上重复或相对能力较弱的员工，实施了裁员。

第三，外包员工。外包员工的裁减极大缓解了内部员工的裁员压力。如上例中，151位员工中有36位为外包员工，该部门采取了尽可能减少外包员工以保留核心员工的做法。最终裁员的35位员工中有16位为内部员工，19位为外包员工。对外包员工的取舍，同样有比较明确的业务量指标和绩效考核计划，占总的裁员员工的比重为30%左右。继续保留他们中的优秀员工或对未来发展有用的员工，有利于维持长期的外包合作关系，也是公司长期策略性的计划内容。

2) 制订详细的裁员沟通计划

公司人力资源部精心设计了裁员计划，以保证裁员沟通的有效运作。具体要求包括当部门经理通知裁员前，须有至少一次的一对一沟通，交流公司的形势及对员工的影响；正式面谈前，要求部门经理对那些已经进入裁员名单的人，进行一定的心理暗示；负责主谈的部门经理要设计好谈话时间和地点，并对会谈内容预先设计，说明公司的情况及减员的缘由，及离职经济补偿方案；谈话要抓住要点，尽可能直接将决定告诉员工，并强调不可改变；裁员原因应强调经济形势而回避员工个人因素，更不能进行人身攻击；沟通中应注意倾听，避免争执，直至员工心平气和地接受决定等。另外，计划还要求公司律师、人力资源部管理者、心理专家等给予协助，防止被裁员工出现过激行为。

3) 准备裁员沟通指导手册

为稳定公司局面，正确理解公司政策，手册对管理层和各级经理进行了较为详细的裁员沟通指导。第一，要求各级管理层，了解员工言论，观察和聆听相关反馈。第二，洞察员工对此次调整计划的反应。第三，经常和员工沟通。最后，诚实对待员工，包括说明自己不清楚的情况。手册中还详细列举了员工最可能问的问题及答案要点，如对应“这一次的衰退与减员与之前有什么不同？”的参考答案是：“这次的情况源于全球经济的衰退，预计影响较前更深广，相应的重组计划将实现整个公司成本结构的控制，除了自愿离职计划，不得不采取减少工作职位的措施。”

4) 提供再就业培训和经济补偿

公司经过慎重的挑选，与一家实力和信誉都较好的人力资源服务公司签订了服务合约，一方面通过自信心训练、再就业能力训练等帮助被裁员工尽快找到工作，另一方面帮助推荐工作岗位。公司还为每个员工争取到成本控制范围内最大限度的经济补偿，被裁员工可以获得“N+4”个月的工资收入(N 为员工在本公司工作的年限，N+4 最多不能超过 12 个月)。对被裁员工的帮助，一定程度上消减了裁员对企业形象的损害。

2. 值得借鉴之处

(1) 立足战略高度长远考虑裁员影响。A 公司从战略视角出发，确定了变革型裁员和成本控制型裁员相结合的裁员道路。经济不景气时实施成本控制型裁员是企业紧急应对策略，而如何通过前瞻而系统思考，将这种短期行为化被动为主动，以短期衔长期，优化企业人力资源配置，实行变革型裁员和成本控制型裁员相结合，对企业发展竞争实力更具战略性。A 公司此次的裁员活动，既关注企业目前的成本控制和财务平衡，又关注未来发展的战略重点及相关竞争优势的保存，人员裁减建立在战略与组织结构调整基础上。

(2) 消除负面效应，加强裁员沟通。A 公司重视裁员沟通活动，制定了详细的沟通方案，实施了有效的沟通活动，既重视裁员相关信息的沟通，也重视公司发展目标和变革内容的沟通，使被裁员工全面认识裁员的意图；在沟通方式上，采取多渠道、双向灵活的形式，密切关注员工行为变化；在沟通活动安排上，既重视裁员前的沟通也重视裁员后的沟通；注意形成坦诚和信赖的沟通态度。结果在预先设想好的内容与步骤中沟通顺利结束，经理们还通过此次交流聆听到了员工的很多真实想法。

(3) 关心被裁员工，提供帮助计划。人性化的裁员管理中，必然包括对被裁员工们今后工作和生活的帮助。A 公司的经济补偿计划和帮助再就业计划，使被裁员工得到较好的心理安抚，使公司得以顺利完成减员任务。

[思考题]

1. 什么是员工关系管理？其具体内容包括哪些？

2. 简述员工关系管理的目标。

3. 企业在减薪或裁员时应如何进行员工忠诚度的培养？

4. 分析案例：张小姐在某公司工作一年多了。最近在工作中出了几次差错导致被解雇。张小姐提起劳动争议仲裁。仲裁机构在审查公司与张小姐签订的合同时发现，没有公司盖章，也没有合同鉴证机关的鉴证，只有一个法人代表的个人签字。你觉得张小姐可以打赢官司吗？

5. 分析案例：夏红刚应聘到一家公司，工作 1 个月后，发觉自己不适合这份工作，想与用人单位解除劳动合同。但合同约定，夏红需工作满一年。按照新的劳动合同法，夏红是否可以辞职？

6. 简述产生劳动争议的主要原因有哪些？

7. 结合实际情况，阐述如何有效预防劳动争议。

主要参考文献

安鸿章. 2001. 工作岗位的分析技术与应用. 天津：南开大学出版社.

安世民，张灵霞. 2009. 浅析我国中小企业员工关系管理. 商场现代化.

边文霞. 2008. 员工招聘实务. 北京 ：机械工业出版社.

陈幸伟. 2009. 与员工携手共渡难关——金融危机中的员工忠诚管理策略. 中国人力资源开发.

谌新民. 2005. 人力资源管理概论. 北京：清华大学出版社.

戴维·沃尔里奇. 2000. 人力资源教程. 刘磊译. 北京：新华出版社

高振勇. 2006. 构建与经营战略匹配的薪酬体系. 中国人力资源开发.

格林豪斯，卡拉南，戈德谢克. 2006. 职业生涯管理. 王伟译. 北京：清华大学出版社.

顾琴轩. 2009. 绩效管理. 上海：上海交通大学出版社.

顾亦鸣，龚礼雄. 2009. 提升人力资源管理部门的角色作用. 中国人力资源开发.

郭京生. 2008. 绩效管理案例与案例分析. 北京：中国劳动社会保障出版社.

胡八一. 2008. 人力资源规划实务. 北京：北京大学出版社.

坎普，维奥哈伯，西蒙内提. 2002. 面试战略——如何招聘优秀员工. 叶晓辉译. 上海：上海交通大学出版社.

李宝元. 2007. 职业生涯管理：原理·方法·实践. 北京：北京师范大学出版社.

李坚. 2009. 小企业员工管理必备手册. 北京：企业管理出版社.

李立国，程森成. 2004. 绩效反馈面谈的 SMART 原则. 中国人力资源开发.

李淑敏，时勘. 2009. 基于胜任特征的培训需求分析. 中国人力资源开发.

李旭旦，吴文艳. 2009. 员工招聘与甄选. 华东理工大学出版社

李艳，赵淑芳. 2009. 员工关系管理实务手册. 北京：人民邮电出版社.

李中斌，曹大友，章守明. 2007. 薪酬管理. 北京：中国社会科学出版社.

林振兴. 2009. 人力资源管理的 6C 模式. 中国人力资源开发.

刘理晖，潘溯恺. 2008. 执行招聘管理. 北京：中国发展出版社.

刘昕. 2007. 薪酬管理. 北京：中国人民大学出版社.

马新建. 2008. 薪酬管理与公平分配. 北京：北京师范大学出版社.

彭剑锋. 2009. 人力资源管理概论. 上海：复旦大学出版社.

乔治·T.米尔科维奇，约翰·W.布德罗. 2001. 人力资源管理(第 8 版). 彭兆祺等译. 北京：机械工业出版社.

邵洁笙，潘宁红. 2005. 跨过职业生涯高原. 中国人力资源开发.

沈磊，齐树天. 2008. 卓越的人力资本管理构建企业优势. 中国人力资源开发.

石先广. 2008. 劳动合同法下的员工关系管理. 北京：中国劳动社会保障出版社.

苏文平，方维敏. 2006. 专业技术类人才职业生涯发展方略探讨. 中国人力资源开发.

孙健敏. 2009. 人力资源管理. 北京：科学出版社.

孙立莉. 2001. 职务说明书编写“五步”. 中国人力资源开发.
孙显狱. 2008. 建构系统化人力资源成本管理指标体系. 中国人力资源开发.
孙玉斌. 2010. 薪酬设计与薪酬管理. 北京：电子工业出版社.
孙宗虎，赵淑芳. 2009. 职业生涯规划管理实务手册. 北京：人民邮电出版社.
万希. 2007. 跨国公司的员工招聘新招. 中外企业文化.
王惠忠. 2004. 企业人力资源管理. 上海：上海财经大学出版社.
王丽娟. 2009. 员工招聘与配置. 上海：复旦大学出版社.
王孟. 2008. 企业培训评估如何“落地”. 中国人力资源开发.
王萍. 2004. 自助式薪酬方案. 中国人力资源开发.
王少华，姚望春. 2008. 员工培训实务. 北京：机械工业出版社.
魏玉梅. 2005. 企业年度培训方案实例. 中国人力资源开发.
吴冬梅. 2008. 人力资源管理案例分析. 北京：机械工业出版社.
吴中兵. 2002. 企业人力资源成本分析. 北京：中央财经大学出版社.
相正求，花军刚. 2008. 薪酬设计与实施. 广州：华东理工大学出版社.
萧鸣政. 1997. 工作分析的理论与方法. 北京：兵器工业出版社.
肖传亮. 2009. 员工培训管理. 北京：中国劳动社会保障出版社
肖鸣政. 2007. 工作分析及其作用. 中国人才.
解进强，史春祥. 2008. 薪酬管理实务. 北京：机械工业出版社.
杨维富，王仁理. 2008. 人力资源战略规划. 北京：中国发展出版社.
张健康. 2003. 人事经理如何做好人力资源规划. 人才瞭望.
张莉洁. 2002. 工作分析——企业人力资源工作的基石. 中国人力资源开发.
张贤友，周鸿，苏力. 2007. 兖矿集团岗位评价设计与实施. 中国人力资源开发.
张严松，周瑜弘，李健. 2006. 人力资源管理案例精选精析. 北京：中国社会科学出版社.
张艳，倪金样. 2008. 构建有效的人力资源战略规划体系. 中国人力资源开发.
张一驰. 2003. 人力资源管理教程. 北京：北京大学出版社.
赵曙明，马希斯，杰克逊. 2008. 人力资源管理. 北京：电子工业出版社.
郑江锋，王锋，张永胜. 2004. C公司的薪酬体系设计. 中国人力资源开发.
郑晓明，吴志明. 2006. 工作分析实务手册. 第2版. 北京：机械工业出版社.
朱哗. 2005. 岗位评价释义及岗位评价技术研究. 中国人力资源开发.
朱勇国. 2007. 工作分析. 北京：高等教育出版社.

Bendersky C. 2007. Complementarities in organizational dispute resolution systems: how system characteristics affect individuals conflict experiences. Industrial and Labor Relations Review, (1)

Bowen D E. 2004. Understanding hrm-firm performance linkages: the role of the strengh of the hrm system. Journal of Management Review, (2)

Chadler, Alfred D J. 1977. The Visible Hand: the Manegerial Revolution in American Business. Belknep Press of Harvard University Press.

Dzamba A. 2001. Compensation strategies to useamid organizational change. Compensation & Benefits Management, (4)

Hinkin T R, Tracey J B. 2000. The cost of turnover: putting a price on the learning curve. The Cornell Hotel and Restaurant Administration Quarterly, (6)

Kaplan R S. Norton D P. 2008. Mastering the management system. Harvard Business Review, (1)

Kaynak H. 2003. The relationship between total quality management practices and their effects on firm performance. Journal of Operational Management, (21)

Rothwell W. 2008. Strategic curriculum design for management training. Journal of Management Development, (3)

Rousseau D M. Schema.2001. Promise and mutuality: the building blocks of the psychological contract. Journal of Occupational and Organizational Psychology, (4)

Rutherford M W, Buller P F, McMullen P R. 2003. Human resource management problems over the life cycle of small to medium-sized fifm. Human Resource Management, (4)

Sumerall S W, Lopez S J, Oehlert M E. 2000. Competency-based education and training in psychology. Charles C Thomas, (2)

Torrington D, Hall L, Taylor S. 2002. Human Resource Management. Financial Times Management, Prentice Hall.

附录 A　XX 公司招聘管理制度

1. 目的

为完善规范员工招聘录用程序，充分体现公开、公平、公正的原则，不拘一格选拔人才，制定本制度。

2. 适用范围

本制度适用于公司所有岗位。

3. 招聘原则

(1) 机会均等原则：在公司出现职位空缺时，公司员工享有和外部应征者一样的应征机会，具体程序见内部招聘有关条款。

(2) 双重考查原则：所有招聘都需经过用人部门和行政人事部门的双重考查，经公司分管用人部门的高层领导批准后由行政人事部门发录用通知。

(3) 适量选材原则：对应聘人员知识、技能、心理承受能力、从业工作的经验等进行全面考核，选择合适的人员从事合适的岗位。

(4) 行政人事部门应确保招聘活动符合国家法律法规和公司有关制度，并不断拓宽招聘渠道，改进测试评价手段，降低招聘成本，提高招聘效率。

4. 权限与组织

(1) 公司招聘的类别分为内部招聘和外部招聘，具体工作由行政人力部统一组织实施，其他部门协助。

(2) 各部门负责人应在每年做次年工作计划的同时拟订人员需求计划，填写《年度人员需求计划表》经行政人事部门审议，分管人力资源的高层领导审核，经公司最高领导批准后留在行政人事部门备案，作为招聘的依据。

(3) 如果有计划外的人员需求或因员工离职需补充人员，部门负责人应填写《用人需求申请表》，经公司分管人力资源的高层领导批准后交行政人事部门实施。

5. 招聘实施

1) 制订人力资源需求计划

(1) 各部门经理根据整体业务实际需求和工作发展状况，核查本部门各职位及岗位匹配程度，拟定人力资源需求计划，提出正式的员工需求，并于每年 12 月 20 日前制订次年《人力资源需求计划》，报行政人事部审核。

(2) 行政人事部负责人根据公司年度发展计划、编制情况及各部门人力资源需求计划，制定公司的招聘计划提交总经理审批。

(3) 行政人事部负责人根据经批准的《公司年度人力资源需求计划》安排次年全公司招聘工作。

2) 部门招聘申请

(1) 用人部门有招聘需求时，部门经理须填写《部门增补员工申请表》，交行政人事部负责人审核后，上报总经理审批确认。

(2) 对《公司年度人力资源需求计划》内的职位空缺招聘，行政人事部负责人核准该部门人力资源需求计划并确认需求申请。

(3) 当招聘需求数量或职位超出《公司年度人力资源需求计划》时，即预算外招聘，由行政人事部负责人报总经理审批招聘需求申请。

(4) 当员工离职需另填补空缺时，缺员的部门经理必须填报《部门增补员工申请表》，由行政人事部负责人核准并确认需求申请。

3) 发布招聘信息

(1) 对已经确认需求的招聘信息，并可进行公司内部招聘的岗位，行政人事部负责人首先在公司内部公布，公司内部员工经本部门经理同意后可向行政人事部负责人申请该职位，亦可推荐适合人选。

(2) 同时为满足招聘的全面需求，行政人事部负责人将根据招聘职位的不同，通过如下渠道对外发布招聘信息：专业网站招聘、人才现场招聘会、报纸及专业杂志、委托猎头服务等具有针对性的方式。

(3) 招聘信息内容将根据公司组织结构中的岗位描述、部门提供的招聘申请表等公布。

4) 行政人事部负责人初步筛选应聘者简历

(1) 行政人事部负责人负责收集所有应聘者的求职信及履历。

(2) 行政人事部负责人根据履历对应聘者进行初步筛选，以减少不必要的面试次数及时间。

(3)行政人事部负责人负责将初步筛选后的履历分发给用人部门，用人部门经理确定需面试者及面试时间，由行政人事部负责人通知应聘者面试。

5) 面试流程

(1) 行政人事部负责人负责初试，了解应聘者一般情况，如性格、人际技巧、应聘动机、人事关系现状等；并向接受面试人员简单介绍公司业务，回答他们一些简单问题，同时在《面试意见表》中的相应位置填写面试评价。

(2) 行政人事部负责人将初试合格者推荐给用人部门复试，用人部门经理指派负责面试人选，通常为该新增职位的直属上级，主要考核应聘者专业方面的经验及能力，并解答有关招聘职位的工作描述。如有需要，用人部门可设计笔试试题，考核应聘者知识掌握程度。同时，用人部门须在《面试意见表》中的相应位置填写面试评价。

(3) 在录用过程中，行政人事部负责人仅负责提供其人力资源管理的意见，而录用的决定权在于用人部门，其评价应包括决定是否录用、备选或不予考虑内容，由行政人事部负责人提交公司总经理审批。

(4) 部门经理以上级别员工须由公司总经理直接面试并决定是否录用。

(5) 普通员工录用由部门经理决定。财务、人事及涉及公司机密的员工由总经理决定。

6) 录用流程

(1) 行政人事部负责人负责通过电子邮件方式对经审批同意录用的应征者发放《录用通知书》。

(2) 行政人事部负责对被录用的员工需进行必要的背景调查(如履历资料是否正确等)，填写《面试意见表》中的社会背景调查部分，归入员工档案。

(3) 行政人事部负责办理录用手续，在新员工到职前，通知行政部门确定新员工需要购买的文仪器材、安排办公位置。

(4) 新员工到职后，填写《员工登记表》，并要求新员工提交 1 寸彩照 4 张、身份证、学历证明等证件原件或复印本，核查无误后供行政人事部负责人填写《新员工报到单》存档。

(5) 行政人事部负责为每位新员工建立员工个人档案。

(6) 行政人事部负责在新员工报到一周内与其签订《劳动合同》等相关协议。

(7) 行政人事部负责为新员工按照规定时间办理各种统筹事宜，包括保险基金的转移迁入、变更手续及社保档案的调入等。

附录B 公司综合管理人员培训制度

1. 高层管理人员培训

第一条 凡本公司高层管理人员必须有创新和开拓的思想观念，为此应做到以下两点。

(1) 从旧观念的羁绊中解脱出来，勇于创新。

(2) 解除过去经验的束缚，接受新思想、新观念，创造性地开展工作。

第二条 凡高层管理人员应具有下列意识。

(1) 引进新产品或改良原有产品。

(2) 掌握新的生产方法，了解公司经营的新技术。

(3) 努力开拓新市场、新领域。

第三条 每位高层管理人员必须随时培养自身素质。

(1) 身为高层管理者的责任心、使命感。

(2) 独立经营的态度。

(3) 严谨的生活态度。

(4) 诚实、守信的经营方针。

(5) 热忱服务社会的高尚品质。

第四条 凡本公司高层管理人员须以企业经营效益的提高为目的，培养创造利润的思想观念。

第五条 高层管理人员应随时进行市场调查研究营销方案，以推进营销活动，促进效益的提高。

第六条 营销研究的基本步骤。

(1) 确定研究主题，决定研究的目标。

(2) 决定所需要资料及资料来源。

(3) 选择调查样本。

(4) 实地搜集资料。

(5) 整理、分析所收集的资料。

(6) 进行总结并写出报告。

2. 中层管理人员培训

第七条 对中层管理人员进行教育培训的基本目标。

(1) 明确公司的经营目标和经营方针。

(2) 培训相应的领导能力和管理才能。

(3) 具有良好的协调、沟通能力。

第八条 凡本公司中层管理人员应坚持以下标准。

(1) 为下属的工作、晋升提供足够的支持和机会。

(2) 适当地分派工作，使下属有公平感。

(3) 所订的计划得到下属的理解和衷心的支持。

(4) 信守向下属许下的诺言。

(5) 在发布命令、进行指导时，做妥善考虑。

第九条 中层管理人员应具备以下的条件。

(1) 具有相关工作的知识。

(2) 掌握本公司的管理方法。

(3) 熟练掌握教育培训技术。

(4) 努力培养作为领导者应具备的人格。

第十条 中层管理人员应具备以下能力。

1) 计划能力

(1) 明确工作的目的和方针。

(2) 掌握有关事实。

(3) 以科学有效的方式从事调查。

(4) 拟定实施方案。

2) 组织能力

(1) 分析具体的工作目标和方针。

(2) 分析并决定职务内容。

(3) 设置机构，制订组织图表。

(4) 选任下属人员。

3) 控制能力

(1) 执行制订的客观标准和规范。

(2) 严格实施标准，及时向上级反馈。

第十一条 中层管理人员应采用下列指示的方法。

1) 口头指示

(1) 条理清楚，切合主题。

(2) 明确指明实行的时间、期限、场所等。

(3) 保证对下属传达的明确性。

(4) 指出实行时应注意之处，并指明困难所在。

(5) 耐心回答下属的提问。

2) 书面指示

(1) 明确标明目标，逐条列举要点。

(2) 提前指示应注意的问题。

(3) 必要时以口头命令补充。

(4) 核查命令是否已被下属接受。

第十二条 中层管理人员贯彻指示的要求。

(1) 整理指示内容。

(2) 严格遵循贯彻程序。

(3) 确认下属已彻底理解指示。

(4) 使下属乐于接受指示，并改进他们的工作态度，提高其工作积极性。

第十三条 中层管理人员人际关系的处理要求。

(1) 善于同其他管理人员合作，彼此协助。

(2) 乐于接受批评建议。

(3) 彼此交换信息、情报，不越权行事。

(4) 对上级与下属的关系处理应以工作效果为原则，不将个人情绪带到工作中。

第十四条 中层管理人员接见下属的要求。

(1) 选择适当的场所，以亲切的态度使下属放松。

(2) 涉及私人问题时确保为下属保密，使其减少顾虑。

(3) 留心倾听，适当询问，使下属无所不谈。

(4) 应注意不要轻易承诺。

第十五条 中层管理人员为维持正常的工作关系应注意如下五个方面的内容。

(1) 认识到人是有差异的，尊重下属的人格。

(2) 把握工作人员的共同心理和需要。

(3) 公平对待下属，不偏不倚。

(4) 培养下属的工作积极性，重视他们的意见和建议，并且保留他们正确的意见。

(5) 妥善解决下属工作和生活中遇到的问题。

第十六条 中层管理人员配置人力时应注意如下三个方面的内容。

(1)根据每位员工的知识、能力安排合适的职位，做到人尽其才、才尽其用。

(2) 给下属适当的鼓励，使其在工作中具有成就感，形成良好的开端，增强工作的积极性。

(3) 有效地实施训练，增强下属的工作能力。

第十七条 中层管理人员对待下属时应注意如下四个方面。

(1) 不要对下属抱有成见和偏见。

(2) 不以个人偏好衡量别人。

(3) 冷静观察实际工作情况，不要使下属产生受人监视的感觉。

(4) 利用日常的接触、面谈、调查，多侧面了解下属；严守下属的秘密；公私分明。

第十八条 中层管理人员发挥下属积极性应注意如下五个方面。

(1) 适时对员工加以称赞，即使是细微行为也不要忽视；同时不可以忽视默默无闻、踏实肯干的下属。

(2) 授予下属权责后，不要作不必要的干涉，同时尽可能以商量的口气而不是下命令的方式分派工作。

(3) 鼓励下属提出自己的见解，并诚心接受，尊重下属的意见。

(4) 鼓励并尊重下属的研究、发明，培养其创造性。

(5) 使下属充分认识到所从事工作的重要性，认识到自己是不可或缺的重要一员，产生荣誉感。

第十九条 中层管理人员批评下属时应注意如下五项。

(1) 要选择合适的时间，要冷静，避免冲动。

(2) 在适当的场所，最好是无其他人在场的情况下。

(3) 适可而止，不可无端的讽刺，一味指责。

(4) 不要拐弯抹角，列举事例。

(5) 寓激励于批评中。

第二十条 中层管理人员培养后备人选时应注意。

(1) 考察后备人选的判断力。

(2) 考察后备人选的独立行动能力。

(3) 培养后备人选的协调、沟通能力。

(4) 培养后备人选的分析能力。

(5) 提高代理人的责任感和工作积极性。

3. 基层管理人员培训

第二十一条 基层管理人员是负责公司实际工作的最基层管理者，他们与公司内部各级的关系如下。

(1) 和上级的关系——辅助上级。

(2) 和下级的关系——指挥监督下属。

(3) 横向关系——与各部门同事互助协作。

第二十二条 基层管理人员的基本责任。

(1) 按预定工作进度、程序组织生产。

(2) 保证产品的质量。

(3) 降低生产成本。

第二十三条 基层管理人员的教育培训职责。

(1) 向新员工解释公司有关政策、传授工作技术，指导新员工工作。

(2) 培训下属使其有晋升机会。

(3) 培训后补人员。

(4) 其他教育培训职责。

第二十四条 基层管理人员处理人际关系注意事项。

(1) 对下关系：进行家庭调查；举行聚会、郊游；为下属排忧解难。

(2) 对上关系：反映员工意见，听取上级要求，报告自己的建议和看法。

(3) 横向关系：与其他部门的同事通力合作。

(4) 积极开展对外活动，树立良好的公司形象，形成良好的公共关系。

第二十五条 基层管理人员必须具备的能力。

(1) 领导能力及管理能力。

(2) 组织协调能力。

(3) 丰富的想象能力，敏锐的观察力。

(4) 丰富的知识和熟练的工作技能。

第二十六条 基层管理人员教育培训的种类。

(1) 后备管理人员教育培训。

(2) 培训发展计划。

(3) 再培训计划。

(4) 调职、晋升教育培训。

第二十七条 考核管理基层人员教育培训注意事项。

(1) 出勤率。

(2) 员工的工作积极性。

(3) 产品的质量。

(4) 原材料的节约情况。

(5) 加班费用的控制。

第二十八条 高层管理人员和中层管理人员须授予基层管理人员合理的权力，并且进行必要的教育培训。

4. 附则

第二十九条 凡公司管理人员(含高层、中层、基层)的教育培训均按本制度执行。

附录C 企业绩效考核制度

第一节 总则

第一条 考核目的

为全面了解、评估员工工作绩效，加强和提升员工绩效，提高劳动生产率，增强企业活力，调动员工的工作积极性和主动性，提高公司工作效率，制定此管理办法。

第二条 考核范围

公司除总经理办公室以外的全体员工，包括正式员工、试用员工，共分工勤系列、行政财务市场系列、工程技术系列、软硬件开发系列和中高层管理系列等五大系列。

第三条 考核原则

(1) 以实际绩效为准绳的原则，考核必须以日常观察到的事实或工作表现为依据，进行准确而客观的评价，不得凭主观印象下判断。

(2) 考核所依据的事实必须与所承担的工作有关，员工的非职务行为，不能作为考核的依据。

(3) 考核者在进行考核时，应严格按照制度、原则和程序进行考核，公平公正，客观评价被考核者，排除好恶感，亲善关系，同情心以及偏好等个人因素的干扰，减少人为的考核偏差。

第四条 考核宗旨

(1) 考察员工工作绩效。

(2) 作为员工奖惩、调迁、调薪、晋升、辞退管理依据。

(3) 了解、评估员工工作态度与能力。

(4) 作为员工培训与发展的参考。

(5) 促进员工不断提高和改进工作绩效的方法。

第二节 细则

第一条 考核类别

(1) 转正考核，适合试用期员工，主要针对试用期的工作表现、工作业绩、公司融入度等进行考核，考核结果将作为转正、延期试用和辞退的依据。

(2) 晋升考核，适合职位、薪资晋升的员工，主要针对原岗位工作表现、工作业绩、胜任度、新岗位适应度等进行考核，考核结果将作为是否加薪、是否升职的依据。

(3) 绩效考核，公司绩效管理的组成部分，是公司绩效、个人绩效提高的动力。适合所有考核对象，主要从业绩、效率、工作量、质量、态度、忠诚度、领导力等方面进行考核，考核结果直接与个人绩效工资、奖金挂钩。按照考核周期分：

① 月度考核，考核周期为自然月，考核结果与员工月度绩效工资挂钩。

② 年度考核，考核周期为财政年，考核结果决定年度奖金的分发。

③ 项目考核，考核周期为项目开发周期，考核结果将作为项目验收和项目奖金发放依据。

第二条 考核形式

绩效考核的责任主体是各职位的直接管理者，不采取全方位考核的方式，但上级管理者拥有员工考核结果调整的权力。

第三条 考核内容和指标

1. 月度考核和年度考核的内容

1) 员工考核的考核内容

(1) 指标性目标：可以量化的关键业绩指标的考核。

(2) 重点工作指标：不能量化,但对完成工作非常重要的指标的考核。(以上部分权重为 70%，具体分配由考核责任人确定)

(3) 追加目标和辅助任务考核：主要是对工作中的追加目标和任务的考核。(此项权重为 10%)

(4) 工作行为与态度考核。(此项权重为 20%)

(5) 不良事故考核。

(6) 内部投诉考核。

2) 部门经理及以上具有管理职能岗位的具体指标

(1) 部门指标性目标：针对部门可以定量衡量的考核目标。

(2) 部门重点工作指标：针对部门不能量化，但对公司和部门的业绩形成非常重要的指标的考核。(以上部分权重为 70%，具体分配由考核责任人确定)

(3) 追加目标和辅助任务考核：主要是对工作中的追加目标和辅助任务的考核。(此项权重为 10%)

(4) 管理行为与态度考核。(此项权重为 20%)

(5) 不良事故考核。

(6) 内部投诉考核。

第四条 考核程序

(1) 各部门员工在月底提交下月工作计划到部门经理，部门经理审查通过后汇总提交主管领导，经主管领导审核通过后将返回到员工并于每月 30 日前送人力资源部备案。

(2) 各级经理将设定的考核目标填写到相应的月度、年度(或考核周期)考核表中，并确定每项目标的权重，呈报上级主管认定后，统一交至人资部备案。

(3) 月底各部门员工提交工作总结到部门经理，部门经理审查通过后汇总到主管领导，主管领导审核通过后返回到员工，同时于每月 30 日前送人资部，作为监察考核的公平公正的依据。

(4) 月底部门经理根据已确定的考核指标组织实施考核。部门经理在考核时，必须依据客观事实进行评价，尽量避免主观，同时做好行动督导记录，以便进行考核面谈。

(5) 部门经理根据考核结果与员工进行考核面谈，同时接受考核复议。

(6) 根据面谈信息和复议结果对考核结果进行修正。

(7) 考核的结果，经上级主管核准后报人力资源部，以便进行必要的调整。

(8) 人力资源部在对各部门考核结果进行调整后(强制分布)，呈报总经理核准，并按核准后的考核结果执行。

(9) 最终考核结果于每月 10 日前汇总公布、存档人力资源部，备份财务部，作为绩效工资发放标准。

第五条 考核结果

(1) 考核结果(项目考核除外)采取等级强制分布法，即考核结果分：A(优秀)、B(良好)、C(称职)、D(基本称职)、E(不称职)等五个等级。

(2) 月度考核各等级的绩效工资发放标准和强制分布比率如表 FC-1 所示。

表 FC-1 月度考核各等级绩效工资发放标准和强制分布比率

等级	A(优秀)	B(良好)	C(称职)	D(基本称职)	E(不称职)
标准	140%	120%	100%	80%	60%
比率(%)	5	20	50	20	5

例如，员工甲基本工资为 3000 元/月，某月份考核他的考核成绩是 E 等(不称职)，那么该月份他的薪资计算是： 3000×(1+60%)=4800(薪酬计算及内容参见《薪酬制度》)。

(3) 年度考核各等级的年度奖金发放标准及强制分布比率如表 FC-2 所示。

表 FC-2　年度考核各等级的年度资金发放标准及强制分布比率

等级	A(优秀)	B(良好)	C(称职)	D(基本称职)	E(不称职)
标准	2 月基本工资	1.5 月基本工资	1 月基本工资	0.5 月基本工资	无
比率(%)	5	20	50	20	5

(4) 连续 3 次月度考核为 A(优秀)的员工，给予基本工资晋升一级。

(5) 月度考核不称职的员工，免月度奖；连续两次考核不称职者，予以警告；累计 3 次月度考核不称职的员工，给予辞退，不予资遣。

(6) 对评定为“优秀”或“不称职”的员工，部门经理需另附具体说明，报人力资源部核实及总经理批准。

(7) 建立内部投诉机制，投诉根据情况分为 A(重大、重复)、B(一般)、C(轻微)。投诉表最后报人力资源部备案。

(8) 不良事故考核根据相关不良事故造成不良后果的程度，划分为 A(重大)、B(一般)、C(轻微)三个等级。具体不良事故条款及等级由各部门根据具体工作情况确定并报人力资源部备案。

(9) 不良事故惩罚办法表 FC-3 所示。

表 FC-3　不良事故惩罚办法

系列＼等级	A(重大)	B(一般)	C(轻微)
年薪制	不享受考核年薪和奖励年薪	扣除 50%考核年薪和奖励年薪	扣除 20%考核年薪和奖励年薪
等级薪酬制	不享受月度奖金	扣除 50%月度奖金	扣除 20%月度奖金

(10) 凡出现涉及公司制度规定的严重违纪、违规行为，实行单项否决，予以辞退。

(11) 考核成绩与职务晋升的关系，由人力资源部根据具体情况拟订，呈报总经理核准后执行。

(12) 培训资格的确认。①凡涉及需要提高员工履行工作职责能力的培训，由各级经理根据考核结果提出，经部门汇总后报人力资源部统一安排。②凡涉及员工职业发展能力培养，由部门经理根据员工连续两年考核优秀的结果以及员工职业发展报告，报人力资源部，以便编制单独的职业培训计划。

第三节　考核说明

第一条　考核责任

本考核办法责任主体是公司全体员工，各员工以及各级直线经理必须强化考核、绩效等观念，切实、认真、公平、公正地进行考核，人资部负责组织、指导、监控和提供技术支持。

第二条 工作计划

员工每周末、每月底根据个人的岗位职责、部门的工作职责、部门的工作任务、部门领导的工作分解等做好下周、下月的工作计划，工作计划将作为考核确定指标的依据，同时工作计划性也将作为考核的一项指标。

第三条 工作总结

员工每周末、每月底根据本周、本月实际的工作进行总结和分析，部门经理和上级主管领导都将对工作总结进行审核并签署审查结论，作为月度考核评鉴依据。

第四条 考核面谈

考核初步结果出来反馈到各部门经理后，各部门经理需要与员工做考核面谈，面谈的主要目的在于。

(1) 肯定业绩，指出不足，制订绩效改进计划，为员工职业能力和工作业绩的不断提高指明方向。

(2) 讨论员工产生不足的原因，区分下属和管理者应承担的责任，以便形成双方共同认可的改善点，并将其列入下一考核周期的改进目标。

(3) 员工与主管互动的过程中，确定下一考核周期的各项工作目标及考核指标；考核面谈信息反馈到人力资源部，可根据实情酌情修正考核结果。

第五条 考核复议

员工在考核结果出来一周内，对考核结果或考核过程不满的可向人力资源部提出复议，人力资源部将会同员工的直接领导和主管领导结合员工工作计划、工作总结、考核面谈记录等进行复核，并在 3 天内给出复核结果。对复评结果不满意，又不能依据公司相关制度进行说明的，将考虑强制执行。

第六条 考核资料

考核资料包括工作计划、工作总结、考核表(包含考核指标)、自评、初评、复评、考核面谈记录、复议记录、最终考核结果等是员工成长的记录，成为晋升、调薪、调动、培训等的参考资料，在员工在职档案予以妥善保管。

第七条 绩效管理

各阶段的考核实施后，员工和部门领导需要对考核进结果行反思，分析原因、找出症结、总结经验、得出教训、寻找改进改良办法、摸索绩效管理模式，将考核上升到绩效管理，做到考核成绩、评出效益。

第四节 附则

第一条 本管理办法未尽事宜，参照公司其他有关制度的相应条款。

第二条 本规定的修改、补充和最终解释权归行政人力资源部。

第三条 本规定由总经理核准并颁布，自颁布之日起开始实施。

附录D　企业薪酬管理制度

第一节　总则

第一条　为体现公司按劳分配的原则，结合公司的经营管理理念，制定本薪酬管理规定。

第二条　本薪酬制度体现以下四项基本原则。

(1) 公平、公正、客观的分配原则。

(2) 有效激励的原则。

(3) 在同行业人力市场具竞争力的原则。

(4) 按劳分配，按绩取酬，多劳多得，绩优酬厚的原则。

第三条　坚持工资增长幅度不超过本公司经济效益增长幅度，员工平均实际收入增长幅度不超过本公司劳动生产率增长幅度的原则。

第四条　公司支付的薪酬，按国家规定交纳个人所得税，并由公司代扣代缴。

第二节　适用范围

第一条　本薪酬制度适用对象为公司内从事以常规性工作为特征的岗位，包括中层管理人员(总监、部门经理)、财务行政岗位(会计、出纳、人事、行政、文员、司机、工勤)、市场岗位(采购、销售、售后服务、多媒体制作)、技术岗位(软硬件开发、工程技术)。

第二条　高级管理人员及年薪制员工不属于本制度范围。

第三节　薪酬结构

第一条　员工的薪酬构成

(1) 基本工资。

(2) 绩效工资。

(3) 奖金及福利。

员工的薪酬构成如图FC-1所示。

第二条　基本工资是指员工在公司享受到的基本岗位工资和技能工资。不同的岗位、不同的学历、技术技能专长等，基本工资有所区别。

第三条　员工的基本工资共分5个系列，9个职等，28个职级。每个等级相对应的薪资点值见附表一、二、三。

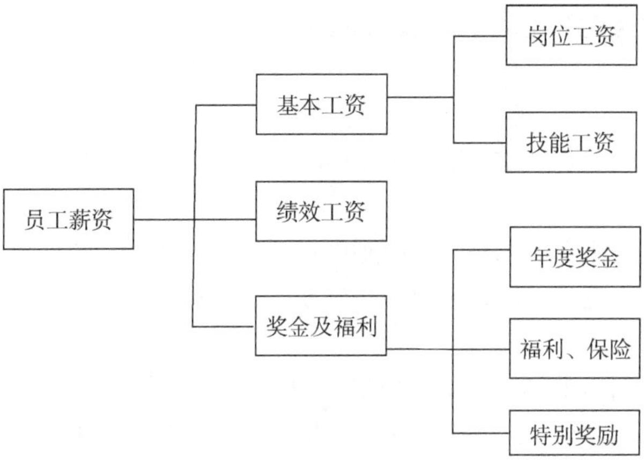

员工的薪酬构成

第四条　绩效工资为浮动性工资，根据个人阶段考核结果评定。

第五条　出勤不足(有请假的)，根据实际出勤天数折算，得出考核结果。

第六条　奖励和福利为非常规性收入，包括贡献奖励(包括一般性及重大技术革新与创造奖、研究开发奖励、合理化建议、成本节约奖、事故预防奖等)、总经理特别奖励、法定福利和保险和年度奖金。

第七条　年度奖金于年度考核后核发。

第八条　贡献奖励根据员工为公司所作出的贡献计算，包括成本节约奖、事故预防奖、合理化建议奖、革新与创造奖、研究开发奖等，具体执行办法根据公司具体情况规定。

第九条　公司员工依法享受国家法定福利和保险，享受内容和享受标准，按国家有关规定处理。

第十条　凡国家、地区和行业规定的各项特殊津贴的发放办法，另行规定。

第四节　薪酬调整

第一条　员工基本工资的调整分转正加薪、晋级加薪、岗位调整调薪等，具体调整方式有以下 5 种。

(1) 试用期员工试用期满经过考核合格后，根据相应的岗位给予转正加薪。

(2) 连续 3 次考核为 A(优秀)的员工，考虑给予基本工资晋升一级。

(3) 月度考核连续两次考核不称职者，予以警告；累计 3 次月度考核不称职的员工，给予辞退。

(4) 在同一职等内，每经过一次年度考核为良好者，可以在本职等内向上晋升一个职级，考核为优秀者，可以在本职等内向上晋升两个职级。当晋升到本职等最高职级以后，不再晋升职级，除非晋升到更高的职等。

(5) 经晋升到本职等最高一级，并且连续两年的年度考核为优良者，可晋升职等。

第二条　工资调整由各部门报行政人力资源部统一安排,公司年度薪酬调整安排在每年三月份。

第三条　工资系数的调整，主要根据职业劳动力市场调查的实际数据和公司人力资源战略需求确定，以保证公司内不同职务的薪资收入水平符合社会公平和竞争的要求。

第四条　工资率的调整主要采取以下两种方式进行。

(1) 与当地社会零售物价指数挂钩，物价指数上升时，工资率与该指数同步提高，物价指数下降时，工资率保持不变。

(2) 与公司的经济效益挂钩，随动性调整。

第五条　原则上每人每年度不超过两次加薪机会。

第六条　公司每年年度加薪幅面不高于全体员工数量的 30%。

第五节　薪资计算及发放

第一条　基本工资的计算方法

基本工资=工资系数×工资率。

第二条　每一岗位薪资等级的确定根据工作评价进行评定。本公司工作评价采取因素评价法，由工作评价小组对各个岗位进行评价打分，总点值 3000 分。

第三条　绩效工资在每月考核后根据结果核发，考核结果由部门经理每月 10 日前报行政人资部综合平衡后，呈总经理核准。

绩效工资浮动标准表

等级	A(优秀)	B(良好)	C(称职)	D(基本称职)	E(不称职)
标准	140%	120%	100%	80%	60%
比率(%)	5	20	50	20	5

如：员工甲基本工资为 3000 元/月，某月份考核他的考核成绩是 E 等(不称职)，那么该月份他的薪资计算是 3000×(1+60%)=4800(元)

第四条　年度奖金根据年度考核结果确定额度，年度考核由部门经理执行，报行政人资部修正后呈总经理核准。年度奖金的核发标准为五等，具体分布如下。

等级	A(优秀)	B(良好)	C(称职)	D(基本称职)	E(不称职)
标准	2 月基本工资	1.5 月基本工资	1 月基本工资	0.5 月基本工资	无
比率(%)	5	20	50	20	5

第五条　年度奖金按当月员工实际在职月份分摊计算。

第六条　薪资计算期间为上月 1 日至上月底。下列各款项须从薪资中直接扣除。

(1) 个人所得税。

(2) 社会保险个人承担部分。

(3) 员工宿舍各项费用(入住公司宿舍者)。

(4) 该月应偿还向公司借贷的款项、预支工资及代垫款项。

(5) 其他应予以扣除的款项或罚款。

第七条　员工或依靠员工收入维持生活的受抚养亲属，遇有生育、疾病、遭遇意外伤害或死亡非常情况时，可向公司申请预支薪资，但以已出勤的时间内应得薪资为限。

第八条　公司薪资发放日为每月 15~20 日，发放上一个月份的工资。

第九条　员工应对本人的薪资负保密责任，不得公开谈论或打听他人薪资，否则一律按违纪处理。

第六节　薪酬复议

第一条　员工对自己的薪酬发放有异议的可申请复议。

第二条　复议内容

(1) 对薪酬计算有异议的。

(2) 对考核结果有异议的。

(3) 对薪酬定级有异议的。

(4) 对加薪有异议的。

(5) 对薪酬有关的其他事项有异议的。

第三条　复议程序。

(1) 员工向行政人力资源部提出复议申请，列明需复议的具体事项。

(2) 行政人力资源部协同财务或员工所在部门经理复核。

(3) 由行政人力资源部 2~3 天内给出具体回复，如复核出有出入，一并补发差额。

第七节　附则

第一条　本规定未尽事项另行规定，或参见其他规定的相应条款。

第二条　本规定解释权在行政人力资源部。

第三条　本规定由总经理核准。

第四条　本规定自颁布之日起生效，修改时亦同。

后　记

中国以“扩内需，调结构”为宗旨的经济转型，将对我国企业生产格局变化产生积极影响；刘易斯拐点来临、人口红利的逐渐消退，改变了劳动力供求关系，产生“用工荒、工资涨”现象，这将促使企业进一步转变用工思维；中国特色社会主义法律体系的基本形成、执法力度的加强，将越来越规范企业的用工制度，保护劳动者的基本权益。这一切一切的转变与完善将不可避免地影响着企业的人力资源管理理念，促进企业人力资源管理制度建设的不断完善与管理效率的逐步提升。

近年来，中国人力资源管理思想与实践得到了极大发展。一方面，人力资源管理专业教育欣欣向荣，几乎所有高等教育院校和高职高专学校都开设了人力资源管理专业；另一方面，人力资源管理理论研究及相关成果汗牛充栋，占据着各种书店、杂志和网络。人力资源管理资格认证、人力资源管理方面的培训和项目等备受青睐，市场潜力很大。因此，市场对于人力资源管理知识的需求非常迫切。这就需要人力资源管理工作者不断更新、完善相关知识，不断满足人们的知识需求。

本书正是在此背景下完成的。本书的主要特点有四个。①章节内容的安排始终围绕人力资源管理职能的“为什么”和“怎么做”予以展开。“为什么”主要侧重人力资源管理职能产生的原因，解决的是人力资源管理什么的问题；“怎么做”主要围绕该职能的流程进行阐述，并且依据该职能解决的问题选择关键流程给予重点讲解。②理论性与实践性相结合。理论性表现在充分借鉴当前国内外的一些理论研究成果，解决人力资源管理职能的“为什么”问题。实践性则表现在大量运用当下企业案例，讲解人力资源管理各职能“怎么做”的问题。③综合性。在本书每章内容介绍完后，在附录中给出一个综合咨询案例，对本章内容“为什么”和“怎么做”问题给予再一次演绎。④时代性。本书的理论分析、案例选取、制度约束等基本采用目前企业所遇到的情形，和当前的实际相一致。

本书是作者十几年讲授人力资源管理课程和实际工作中的一些体会。同时感谢华南师范大学经济与管理学院给予的出版机会，感谢华南师范大学经济与管理学院2008级本科生梁思敏、刘婷婷、邓柱润、卢家亮、曾航升、黎泽民、詹玉蓉、王君、周伟彬等同学的参与。

当然，由于本人的学识和水平有限，书中难免有疏漏之处，期待您的意见反馈(E-mail：liushanmin020@163.com)。